Kim Jin-kyeong

# L'ÉCOLE DES CHATS

## TOMES 1, 2, 3

Illustrations de Kim Jae-hong

Traduit du coréen par Lim Yeong-hee et Françoise Nagel

Ciara T.

Titres originaux : *« Goyangi Hak-kyo » : Sujeong donggul eui bimil ; Mabeob eui seonmul ; Sijakdoin Ye-eon*


Mas de Vert
B.P. 20150
13631 Arles cedex

ISBN : 978-2-87730-976-9

LE SECRET
DE LA GROTTE
DE CRISTAL
1

Cher lecteur,

Vous avez peut-être déjà eu un animal familier. Un chien, ou un chat par exemple. Et à force de vivre avec lui, de l'appeler par le joli nom que vous lui avez donné, vous avez eu l'impression qu'il faisait partie de la famille. Peut-être même avez-vous écrit son nom sur la boîte à lettres, à côté du vôtre.

« Maintenant, notre minet fait vraiment partie de la famille ! » avez-vous songé avec bonheur.

Bien sûr, il n'en restait pas moins inimaginable que votre chien ou votre chat reçoive un jour du courrier.

Mais, sait-on jamais... Supposez qu'il reçoive pour de bon une lettre ? Une lettre envoyée, non par un être humain, mais par l'un de ses semblables ? A la seconde où vous l'ouvrez, le monde se transforme en un univers enchanté. Un univers où les minets chantent en s'accompagnant à la guitare et font des tours de passe-passe d'un coup de baguette magique.

Eh bien, ce sont exactement les choses incroyables qui se sont passées ! Chez Minjun, justement. Et qui est Minjun ? C'est un petit garçon qui vit à Séoul, la capitale de la Corée. Mais cela aurait pu se passer juste à côté de chez vous...

# UNE LETTRE POUR MORI

*Poum ! Poum ! Poum !* Des bruits de pas résonnent sur le chemin. D'après leur lourdeur, ce doit être un adulte. Ah oui ! C'est le père de Minjun. Il porte sa tenue de randonneur, un sac sur les épaules. Comme aujourd'hui nous sommes dimanche, il doit rentrer d'une excursion en montagne.

— Tiens ? Qu'est-ce que c'est ?

Au moment de franchir le portail, le père de Minjun s'arrête net devant la boîte aux lettres. Il vient de remarquer quelques mots maladroitement écrits sur le couvercle en fer-blanc. Il s'approche pour regarder de plus près et s'aperçoit que ce sont les noms de tous les membres de la famille : Papa, Maman, Nayeong, Minjun, Mori...

Le père de Minjun rit doucement : Mori, c'est le chat de la maison. Et cette écriture un peu gauche, ça ne peut être que celle de Minjun. Son petit garçon est en troisième année de l'école primaire.

Il appelle sa femme dans la cour :

— Chérie, viens voir un peu !

— Qu'y a-t-il ?

— Regarde la boîte aux lettres... Je crois que Minjun commence enfin à aimer Mori. Tant mieux ! Comme ça, il arrivera plus vite à oublier Brin-d'Osier, tu ne crois pas ?

Vous voulez savoir qui est Brin-d'Osier ? C'est un vieux chat qui a quitté la maison, il y a quelques jours. Il habitait avec Mori chez Minjun. A l'origine, c'était un chat errant, mais il est venu vivre à la maison avant la naissance de Nayeong, la grande sœur de Minjun. A son arrivée, il était déjà assez grand. Il devrait donc avoir plus de quinze ans aujourd'hui.

Lorsque Brin-d'Osier a disparu, Minjun en a eu le cœur brisé. Son père a supposé que Brin-d'Osier avait quitté la maison pour aller finir sa vie dans un coin retiré. C'est ce que font les chats, en général. Quand approche l'heure de la mort, ils essaient souvent de s'éloigner des humains. Plusieurs jours avant son départ, Brin-d'Osier était resté assis, immobile, sans manger, installé tout en haut d'un tas de vieilleries dans la remise.

— Eh bien, moi, je n'en suis pas si sûre, répond la mère de Minjun, d'un air de doute. Minjun n'oubliera pas Brin-d'Osier aussi facilement.

— Pourquoi ça ?

— Tu sais, Minjun reste souvent seul à la maison. C'est pour ça que Brin-d'Osier comptait tellement pour lui. Surtout quand il pleut, la maison est sombre, même en plein jour. Et la tuyauterie est si vieille que chaque fois qu'on tire la chasse dans les toilettes, ça fait un bruit terrifiant... C'est peut-être à cause de ça qu'il a commencé à avoir des sortes d'hallucinations.

— Des hallucinations ? s'étonne Papa, les yeux ronds de surprise.

— C'était avant que Brin-d'Osier quitte la maison. Comme ce jour-là il pleuvait, j'étais rentrée plus tôt, pour les enfants. Je me suis aperçue que Minjun avait laissé entrer Brin-d'Osier dans la maison. Je l'ai grondé, mais il m'a dit en pleurant qu'il avait vu quelqu'un traverser la salle de séjour. Il était terrorisé. A ce moment-là, Brin-d'Osier est entré par la porte entrouverte et, les poils tout hérissés, il a tellement sifflé et craché que l'homme a disparu. C'est pour ça qu'à mon avis, Mori aura du mal à remplacer Brin-d'Osier.

— Tu crois ?

Inquiet, le père de Minjun fronce les sourcils. C'est vrai, Minjun a pratiquement grandi avec Brin-d'Osier. Les parents travaillent tous les deux, et Brin-d'Osier était le seul à accueillir le petit garçon à la maison et à lui faire

fête quand il rentrait de l'école. Nayeong arrive toujours plus tard car elle est en sixième au collège. Les jours de pluie surtout, il n'y avait que Brin-d'Osier pour lui tenir compagnie dans la maison sombre.

Quant à Mori, il ne reste pas souvent à la maison. C'est un petit voyou qui ne pense qu'à lui et vient se faire cajoler uniquement quand l'envie lui en prend. Sinon, dès qu'on veut le caresser, il s'enfuit. Avec sa bande de chats errants, il rôde dans le quartier et s'amuse à tailler en pièces les sacs-poubelle. Les femmes du voisinage sont même venues un jour se plaindre à Maman. Et encore ! S'il ne s'agissait que de ça, ce ne serait pas trop grave. Mais parfois aussi, il ramène à la maison des chats de gouttière aux allures de brigands. Alors, chaque fois, Brin-d'Osier rappliquait et les chassait. Doux et gentil comme un ange avec Nayeong et Minjun, il devenait soudain féroce lorsqu'il se bagarrait avec les chats errants. Jamais il ne battait en retraite, c'était toujours lui qui l'emportait. Bien sûr, après la bataille, il se retrouvait souvent couvert de plaies et de bosses. Mais c'était pour ça que Minjun préférait Brin-d'Osier à Mori-l'agitateur.

Aujourd'hui, comme d'habitude, Minjun s'engage dans la ruelle et arrive devant sa maison vers quatre heures de l'après-midi. Vous voulez savoir ce que ce jour a de particulier ? Eh bien, c'est aujourd'hui que va survenir un événement des plus mystérieux, quelque chose de magique.

— Brin-d'Osier ! appelle Minjun.

Mais aussitôt, il se souvient :

— Quel idiot je suis ! C'est vrai, Brin-d'Osier n'est plus là.

En passant le portail, les épaules basses, la mine maussade, il remarque la boîte aux lettres.

— Ça alors, il y en a, des lettres !

Minjun prend le courrier et entre dans la cour.

— Miaou !

Mori s'approche à l'improviste et se frotte contre ses jambes. Comme c'est curieux ! Minjun ne s'y attendait pas du tout. Il jette son cartable sur les marches du perron, en même temps que le courrier et le sac dans lequel il transporte ses chaussons de gymnastique, puis caresse Mori.

— Toi aussi, tu t'ennuies sans Brin-d'Osier ?

Mori se laisse câliner un moment en ronronnant, mais tout à coup ses oreilles se dressent sur sa tête. *Floc !* Une lettre a glissé et est tombée sur le sol de la cour avec un petit bruit sec. Sa curiosité aussitôt allumée, le chat bondit lestement et atterrit sur la lettre.

— Attention ! Il ne faut pas la déchirer !

Vite, Minjun saisit l'enveloppe, lui jette un coup d'œil distrait, puis s'exclame, stupéfait :

— Quoi ! Pour Mori ?

Il secoue la tête.

— Ce n'est pas possible !

La tête inclinée sur le côté, l'air incrédule, il regarde de nouveau la lettre. Pas de doute ! Les mots « Pour Mori » sont clairement écrits sous l'adresse de la maison. Minjun secoue la tête puis examine la partie supérieure de l'enveloppe. Au lieu de l'adresse de l'expéditeur, ne figure que le nom de Brin-d'Osier.

— Brin-d'Osier ? Il a envoyé une lettre ? Pour Mori ?

Le cœur de Minjun se met à battre à grands coups dans sa poitrine. Pourtant, non, ce n'est pas possible, il ne peut y croire ! L'écriture est malhabile, comme si on avait griffé le papier avec un gros clou. Fébrilement, Minjun déchire l'enveloppe, les mains tremblantes. Et dedans, il trouve une lettre, soigneusement pliée. Essayant de calmer les cognements de son cœur, il l'ouvre.

Minjun sent son cœur battre si fort qu'il va éclater.

— Ça alors ! C'est bien Brin-d'Osier qui a envoyé cette lettre !

Son regard ne peut quitter l'empreinte de la patte sous la signature. Il n'y a pas de doute, il manque la deuxième griffe. L'an dernier, au cours d'une féroce bagarre avec les chats du quartier, Brin-d'Osier a perdu une griffe.

Brin-d'Osier a envoyé une lettre ! On a reçu une lettre de Brin-d'Osier ! Dans sa tête, Minjun ne cesse de se répéter ces mots. Il brûle d'envie d'en parler à quelqu'un. Comme il voudrait que sa grande sœur Nayeong soit déjà rentrée ! Il attend avec impatience son retour. Mais elle n'arrive toujours pas. Alors, prenant Mori dans ses bras, Minjun lui brandit la lettre sous le nez.

— Regarde, Brin-d'Osier t'a envoyé une lettre !

Mori se rend-il compte de ce qui se passe ? Il n'en a pas l'air, il se tortille dans tous les sens pour tenter de s'échapper des bras de Minjun.

— Idiot ! Je te dis que tu as reçu une lettre de Brin-d'Osier.

Minjun serre Mori encore plus fort contre son cœur. Mais le chat se débat de plus belle, si bien qu'il finit par lui

Cher ~~Mou~~, Mori,

Comment vas-tu ? Tu as été surpris de ma soudaine disparition, pas vrai ? Minjun et Nayeong aussi ont dû être très étonnés. Mori, je me rappelle le premier jour où tu es arrivé chez Minjun. Tu n'étais alors qu'un chaton à peine sevré. J'ai l'impression que c'était ~~heir~~ hier, mais aujourd'hui, tu es grand et tu dois être devenu un adulte paisible et respectable. Je suis sûr que tu te débrouilleras très bien sans moi.

La nuit de mon départ, j'ai suivi le chat qu'on nomme « Boîte-à-Lettres » et je suis arrivé à l'école. Quelle école ? me diras-tu. L'École des Chats, bien sûr ! Tu en as déjà peut-être entendu parler. Vois-tu, en général, lorsque nous autres, les chats, atteignons l'âge de quinze ans, nous quittons la maison où nous avons vécu avec les hommes. À partir de ce moment-là, nous restons entre chats. Une fois partis de chez nous, nous allons d'abord à l'École des Chats, où l'on nous enseigne tout ce qui est nécessaire pour vivre dans notre monde à nous.

Il n'y a pas longtemps que je sais ~~encore~~ écrire. Alors, je t'écris. On peut dire que j'ai appris vite, comparé aux autres. C'est que j'avais déjà un peu étudié en regardant les vieux cahiers de Minjun et de Nayeong.

Le cours va bientôt recommencer, je ne veux pas t'en raconter plus pour l'instant. En fait, il nous est interdit d'envoyer des lettres. Je le ferai en secret, par l'intermédiaire de Mot-d'Amour, la chatte qui habitait avant au bureau de ~~piste~~ poste. C'est ma meilleure amie.

J'aurais beaucoup de choses amusantes à te raconter, mais ça suffit pour aujourd'hui. Je t'écrirais bientôt.

Miaou !

Signé, Brun-d'Osier

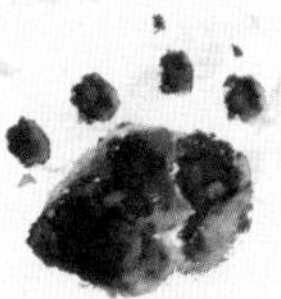

griffer le bras. Avec un sursaut d'étonnement, Minjun se décide à le lâcher.

— Espèce d'andouille ! Tu ne comprends pas ? Brin-d'Osier est allé à l'Ecole des Chats !

Sans prêter attention aux exclamations de son jeune maître, Mori, qui n'a pas du tout apprécié d'être traité ainsi, file vers l'angle de la maison et disparaît.

— Après qui tu criais comme ça ? dit une voix derrière le dos de Minjun.

C'est Nayeong. Il ne l'a pas entendue arriver.

— Grande sœur !

Aussitôt, le visage de Minjun s'illumine. Il n'a jamais été aussi content de la voir.

— Que se passe-t-il ?

— Regarde ça, s'écrie-t-il, tout fier.

Et il lui tend la lettre. Nayeong, intriguée, l'examine.

— Qu'est-ce que c'est que ça ? C'est toi qui l'as écrite ?

— Mais non ! Je n'écris tout de même pas aussi mal !

Minjun lui montre l'enveloppe portant le nom de Brin-d'Osier.

— Ouaouh ! s'exclame Nayeong. Je le crois pas ! Est-ce que ça ne serait pas quelqu'un qui voudrait nous faire une blague ?

— Non, regarde là, l'empreinte de la patte sous le nom de Brin-d'Osier.

— Eh bien quoi, l'empreinte ? Ça ne prouve rien.

— Regarde bien, il manque une griffe.

— C'est vrai, tu as raison ! En se battant contre les chats de gouttière, Brin-d'Osier a perdu une griffe... Ça veut dire que c'est vraiment lui qui a envoyé cette lettre !

Aussi excitée que son frère, Nayeong se met à sautiller de joie.

— Nous allons fabriquer une boîte, dit-elle.

— Pour quoi faire ?

— Si nous recevons d'autres lettres de Brin-d'Osier, il faudra les ranger soigneusement.

Quelle bonne idée ! Toute l'attention de Minjun se concentre immédiatement sur la réalisation de ce projet. Nayeong déniche une boîte en carton assez grande et, ensemble, les deux enfants la décorent avec soin. Dessus, ils collent des papiers de couleur, y ajoutent des soleils, des lunes et des étoiles découpés dans des feuilles dorées et argentées. Sans oublier, bien sûr, une silhouette de chat.

A présent, les lettres de Brin-d'Osier arrivent régulièrement, à quelques jours d'intervalle. Nayeong et Minjun les attendent avec une impatience mêlée de joie. Même quand ils sont à l'école, les lettres de Brin-d'Osier ne quittent pas une seconde leurs pensées. Ils ont bien envie d'en parler à leurs camarades, avec quelque fierté, il faut l'avouer, mais ils n'en ont pas le droit. Brin-d'Osier leur a recommandé à plusieurs reprises dans ses lettres de garder le secret. Malgré tout, Nayeong et Minjun n'ont pas pu s'empêcher d'en parler chacun à leur meilleur ami. C'était plus fort qu'eux. Ils mouraient tout simplement d'envie de s'en vanter auprès de quelqu'un.

Pourtant, le meilleur ami de Minjun ne l'a pas cru. Il a eu beau insister, son camarade s'est contenté de laisser échapper un petit rire incrédule.

— Toi, plus tard, tu écriras des romans, a-t-il dit.

Sans doute est-ce mieux ainsi, après tout. Comme ça, le secret est bien gardé et la boîte continue à se remplir.

# UN RENDEZ-VOUS LONGTEMPS ATTENDU

Il existe, chez les chats, une vieille coutume : l'assemblée nocturne. Elle consiste pour les chats habitant un même quartier à se réunir en plein cœur de la nuit, dans un lieu et à une heure déterminés.

Les hommes ignorent par quel miracle les chats se retrouvent ainsi ensemble et ce qu'ils font au cours de leur réunion. Mais les chats le savent. Mis à part ceux qui vivent enfermés chez eux, tous sont parfaitement au courant de ces rencontres nocturnes. Car c'est là qu'est traitée une grande partie des affaires importantes qui concernent le monde des chats.

C'était un mois avant que Brin-d'Osier quitte la maison. Comme d'habitude, il se rendit au rassemblement et emmena Mori avec lui. Dans son quartier, les chats se réunissaient d'ordinaire sur un vaste terrain vague, un peu à l'écart des habitations. Autrefois, il y avait là de misérables cabanes en planches, collées les unes contre les autres comme des sardines. Mais comme on les avait démolies avec des bulldozers pour pouvoir construire à la place de nouveaux immeubles, le terrain était abandonné. C'était autour d'un rocher, à l'endroit le plus élevé, que la réunion se déroulait.

A l'époque des cabanes, une sorcière habitait dans une maisonnette, juste au pied du rocher. Devant chez elle, il y avait toujours un petit drapeau blanc accroché au bout d'une longue tige de bambou. C'était là que, régulièrement, après avoir disposé des offrandes de nourriture, elle célébrait le *gut* – les cérémonies du chamanisme. Ces jours-là, les chats pouvaient se régaler de morceaux de poisson et d'autres restes.

— Tout le monde est là ? demanda d'une voix enrouée le chat Boîte-à-Lettres, assis au sommet du rocher.

De partout, des *miaou* fusèrent, réveillant quelque peu l'ambiance silencieuse qui régnait dans ce lieu désert. Boîte-à-Lettres était le plus âgé de l'assemblée. On disait qu'il avait même dépassé les vingt ans. Jadis, il avait habité le bureau de poste situé au pied de la colline ; puis, à quinze ans passés, il était parti. Sa fourrure était marron clair, proche du jaune, son corps gros et trapu. C'était sans doute pour ça qu'on l'avait surnommé Boîte-à-Lettres. Quand il bâillait en ouvrant tout grand la bouche, il ressemblait tellement à une boîte à lettres que soudain l'envie vous prenait de glisser une enveloppe dans sa gueule. Mais d'habitude, ce n'étaient pas des lettres qui y entraient, mais de pauvres petites souris. Et comme c'était un véritable glouton, vous ne devinerez jamais combien de ces malheureux rongeurs avaient été enfournés dans ce gouffre ! Dix ? Cent ? Cinq cents ? Mille, peut-être ?

Les discours de Boîte-à-Lettres étaient en général ennuyeux : « Les chats doivent marcher à pas de loup pour ne pas se faire repérer par les souris » ; « il faut soigneusement aiguiser ses griffes jusqu'à ce qu'elles soient tranchantes comme des lames de rasoir » ; « les chats doivent préserver leurs coutumes » ; et autres maximes de cette sorte.

Lorsqu'ils étaient las d'écouter Boîte-à-Lettres, certains chats, désœuvrés, se mettaient à faire leur toilette ; d'autres jouaient à se donner des coups de patte et à se mordiller. Pourtant, jamais ils ne se faisaient réprimander. Au contraire, c'étaient les chats trop sages qui étaient punis, car leur comportement était considéré comme indigne de félins. Aussi n'était-ce pas si terrible de venir assister à l'assemblée nocturne, même si le discours était un peu assommant. D'ailleurs, de temps en temps, on y parlait de l'école que les chats âgés de plus de quinze ans pouvaient être admis à fréquenter. Dans ces moments-là, les chats, curieux, la bouche ouverte, dressaient les oreilles pour écouter.

Une fois la réunion terminée, Brin-d'Osier s'attarda. Il avait des questions à poser à Boîte-à-Lettres.

— Euh... Boîte-à-Lettres, appela-t-il.

— Oui, que puis-je faire pour toi ?

— Il y a une chose qui me tracasse.

— Ça tombe bien, moi aussi, j'ai à te parler. Alors, que veux-tu savoir ? demanda Boîte-à-Lettres en baissant les yeux vers Brin-d'Osier.

— Bon, moi, je pars, coupa Mori avec impatience, après avoir attendu un moment son compagnon.

Il n'avait probablement qu'une envie, c'était d'aller jouer avec ses copains de gouttière.

— Pourquoi ? lança Arlequin qui suivait Mori partout où il allait. On peut bien attendre encore un peu.

Arlequin était un chat un peu lent qui manquait totalement de perspicacité.

— Non, ça va me prendre du temps, intervint Brin-d'Osier. Rentre sans moi, Mori.

Ce dernier ne se le fit pas dire deux fois, il tourna les talons et s'éclipsa. Tout en jetant des regards furtifs derrière lui, Arlequin lui emboîta aussitôt le pas. Brin-d'Osier resta

un moment à regarder Mori s'éloigner en folâtrant, puis d'un bond sauta au sommet du rocher. La lueur de la pleine lune illuminait le paysage tout entier. Au pied de la colline, les lumières étincelantes de la ville se répandaient en une mer resplendissante. Boîte-à-Lettres regardait vers le bas, la mine grave. Il paraissait différent, ce soir-là ; il avait un air sévère, mais gentil tout de même.

— Il m'est arrivé une chose étrange, commença Brin-d'Osier.

— Je t'écoute.

— Depuis quelque temps, j'aperçois des ombres.

— Des ombres ?

A ces mots, les yeux de Boîte-à-Lettres se mirent à briller d'un étrange éclat.

— Oui, répondit Brin-d'Osier. C'est arrivé il y a quelques jours. Il pleuvait. Minjun est rentré chez lui, dans la maison sombre, et il a poussé un cri de terreur. J'ai regardé à l'intérieur et j'ai vu passer furtivement quelque chose qui ressemblait à l'ombre d'un chat. Minjun, lui, a dit qu'il avait vu un homme. Depuis ce jour-là, j'ai l'impression de sentir la présence d'une ombre chez certains chats.

— Des ombres... Il est temps que tu fasses le voyage nocturne, murmura Boîte-à-Lettres d'un air mystérieux.

— Comment ?

— Tu sais, le voyage de nuit.

— Ah ! Je vois !

Lorsque les chats atteignent l'âge de quinze ans, ils quittent les humains pour rejoindre le monde des chats. Ils appellent cela « le voyage nocturne ». Tout simplement parce qu'ils effectuent le trajet de nuit. Brin-d'Osier en avait entendu parler, mais il n'était que vaguement au courant.

— Avant de faire le voyage nocturne, il faut une bonne préparation, dit Boîte-à-Lettres.

— Quel genre ?

— Il faudra tout d'abord bien t'essuyer les pattes.

— M'essuyer les pattes ?

— Oui, cela signifie qu'il ne faudra plus manger la nourriture que te donnent les humains. Tu devras rester seul et éviter leurs caresses. Abandonner toutes les habitudes que tu as prises en vivant avec eux. C'est cela qu'on appelle « s'essuyer les pattes ». Bien sûr, tu auras faim, et tu auras le cœur brisé.

— Je comprends...

— Il faut vraiment s'essuyer les pattes avec beaucoup de soin, insista

Boîte-à-Lettres avec gravité. Si tu t'y prends mal, tu risques de devenir un vagabond. Tu n'appartiens plus ni au monde des humains ni à celui des chats. Et alors, tu t'engages sur une mauvaise pente. Mais si tu t'essuies consciencieusement les pattes, tu peux être accepté à l'Ecole des Chats.

Brin-d'Osier sentit ses poils se hérisser. Il avait du mal à se représenter précisément à quoi cela ressemblait, mais devenir un vagabond lui paraissait un destin horrible.

— Elle existe vraiment, cette Ecole des Chats ?

— Naturellement ! On y enseigne beaucoup de choses, tout ce dont les chats ont besoin pour vivre entre eux. Et une fois qu'ils ont terminé leurs études, on leur confie de grandes responsabilités dans le monde des chats. Il faudra donc t'armer de courage.

— Quand devrai-je partir ?

Boîte-à-Lettres leva sa patte droite et désigna la lune.

— La lune va devenir de plus en plus mince, comme un croissant, puis, peu à peu, elle s'arrondira de nouveau. La prochaine fois qu'elle sera pleine, je viendrai te chercher. J'espère de tout cœur que tu seras prêt à ce moment-là pour aller à l'Ecole des Chats.

— D'accord, mais à propos de cette ombre dont je parlais tout à l'heure...

— Ah, ça ? Ce serait trop long à expliquer. Une fois que tu seras à l'Ecole des Chats, tu l'apprendras tout naturellement.

— Bon, si tu le dis...

Brin-d'Osier, après avoir salué Boîte-à-Lettres, s'en retourna d'un pas lent. En pensant à Minjun et Nayeong, il sentait ses yeux et sa truffe le picoter. Il arriverait sûrement à supporter la faim, mais faire semblant d'ignorer Minjun et Nayeong, ce serait peut-être au-dessus de ses forces. Pour Nayeong, ça irait encore, car elle était déjà grande. Mais Minjun... Brin-d'Osier le considérait un peu comme son petit frère.

Dès le lendemain, Brin-d'Osier commença à réduire progressivement ses repas. Il avait faim et se sentait sans énergie. Pour finir, il monta au sommet d'un tas de vieilles choses dans la remise et cessa complètement de s'alimenter. Ce qui inquiéta terriblement Minjun et Nayeong. Plusieurs fois, ils lui apportèrent de la nourriture et essayèrent de le faire manger ; mais chaque fois Brin-d'Osier refusait en sifflant et en crachant d'indignation. Il griffa même la main de Papa.

Brin-d'Osier avait le cœur lourd. Quand il se retrouvait seul dans la remise et essayait de trouver le sommeil, il regrettait de ne pouvoir se blottir sur les genoux tièdes de Minjun. Quand Nayeong lui proposait de la nourriture, il se forçait à la repousser, mais ses yeux laissaient couler de grosses larmes. « Si tu t'essuies mal les pattes, tu ne pourras pas aller à l'école, et tu deviendras un vagabond. »

Sans cesse, les avertissements de Boîte-à-Lettres lui revenaient à l'esprit. Il n'avait qu'un souhait, c'était que Boîte-à-Lettres l'emmène au loin le plus tôt possible. Chaque nuit, il surveillait la lune à travers la petite fenêtre de la remise.

Un soir, alors que la nuit s'avançait, le clair de lune illumina la lucarne. C'était la pleine lune. *Miaou !* Il entendit une voix un peu enrouée venant du dehors.

Enfin ! Boîte-à-Lettres venait le chercher. Brin-d'Osier tendit aussitôt le cou par la fenêtre puis sauta d'un bond sur le mur extérieur.

— Ça a été dur, n'est-ce pas ? demanda Boîte-à-Lettres. Mais je savais que tu réussirais. Maintenant, partons vite !

— Nous allons à l'Ecole des Chats ?

— Bien sûr !

Boîte-à-Lettres eut un sourire affectueux puis sauta au bas du mur. Le cœur de Brin-d'Osier débordait de joie. Et aussi d'appréhension, il fallait bien l'avouer.

— C'est loin, l'Ecole des Chats ?

— Oui, assez.

Quelques instants après avoir quitté le quartier, Brin-d'Osier et Boîte-à-Lettres arrivèrent sur la grand-route. De l'autre côté, se trouvait une colline. Malgré l'heure tardive, de temps en temps, une voiture surgissait de l'horizon, fonçant à un train d'enfer, sans même respecter les feux de signalisation. C'était si dangereux qu'à la moindre seconde d'inattention, ils se seraient retrouvés projetés dans l'autre monde, sans jamais arriver à l'Ecole des Chats ! Brin-d'Osier et Boîte-à-Lettres attendirent qu'il n'y ait plus un seul véhicule en vue, avant de traverser la route à toute allure. Ouf ! Boîte-à-Lettres, en sentant son ventre lourd ballotter contre ses pattes à chaque bond, en avait des sueurs froides ! Ils gravirent ensuite des collines, traversèrent des

villages et encore d'autres routes, et enfin atteignirent une haute montagne. Le chemin en pente était rude ; mais ils le suivirent sans crainte de s'en écarter ni de se perdre, car dans l'air flottaient encore les odeurs des innombrables chats qui étaient déjà passés par là. Boîte-à-Lettres se fraya adroitement un passage à travers les arbustes et les buissons. A mesure que l'odeur des chats devenait plus forte, ils sentaient que l'école ne devait plus se trouver très loin.

— Voilà, nous sommes arrivés.

Dans une clairière au fin fond d'un bois se dressait une grande maison à un étage avec un sous-sol. Elle devait être inhabitée, car on n'y discernait aucune odeur humaine. Les portes à la peinture écaillée tombaient en morceaux, lui donnant une allure de demeure hantée.

Brin-d'Osier respira un grand coup. Odeurs et vent frais, chuchotements des feuilles d'arbres, tout cela était nouveau pour lui. C'était la première fois de sa vie qu'il flairait la présence d'un si grand nombre de chats.

# UN CHANT INACHEVÉ

Brin-d'Osier sur ses talons, Boîte-à-Lettres entra dans le vestibule. L'intérieur de la maison semblait illuminé par la clarté de la lune. Bien sûr, pour des yeux humains, l'endroit aurait semblé trop faiblement éclairé, mais comme vous le savez, les chats voient très bien dans l'obscurité. De tous les coins de la maison parvenaient des miaulements.

Comme ils allaient traverser le vestibule, Boîte-à-Lettres, posant la patte sur une grande planche de bois renversée sur le sol, ordonna tout à coup :

— Arrête-toi. Tu sais ce qui est inscrit sur cet écriteau ?

Brin-d'Osier baissa les yeux vers le panneau de chêne. L'odeur de chats qui s'en dégageait était si puissante qu'elle lui picota le bout du nez. Ce morceau de bois devait être l'objet le plus imprégné d'odeurs félines au monde ! Il y en avait de si faibles qu'on pouvait à peine les distinguer.

C'étaient sûrement les odeurs des chats qui avaient quitté l'école depuis longtemps.

— C... L... I... épela Brin-d'Osier. Je connais ces lettres, mais pour le reste, je ne suis pas sûr.

— Ah, c'est vrai ! Tu n'as pas encore appris à lire et à écrire. Mais je vois que tu connais tout de même quelques lettres.

— Oui, j'ai regardé dans les vieux cahiers de Minjun et Nayeong...

— C'est la devise de l'Ecole des Chats. Il est écrit : « Chats Libres et Indépendants ». Les chats qui quittent l'école, après la fin de leurs études, gravent ces lettres avec leurs griffes. Moi, j'ai contribué à écrire la lettre C.

L'école devait avoir formé d'innombrables élèves depuis sa création, car les lettres étaient toutes profondément creusées dans le bois de l'écriteau.

— Toi aussi, Boîte-à-Lettres, tu as été élève ici ?

— Bien sûr !

Boîte-à-Lettres redressa les épaules, d'un air important.

— Quand tu sortiras à ton tour, tu devras y laisser la trace de tes griffes. A ce moment-là, tu feras comme moi partie des anciens de l'école.

Et sur ces mots, il frotta affectueusement son nez contre celui de Brin-d'Osier. Puis il le conduisit au premier étage, dans une pièce dont l'unique fenêtre faisait face à la porte.

Baignant dans le clair de lune qui pénétrait par la croisée, un chat à l'air très âgé était assis sur une chaise. A voir sa silhouette renversée contre le dossier, on aurait dit un homme. On se serait même attendu à le voir soudain se lever et marcher sur deux pattes. Devant lui se dressait une colonne de cristal. Dans la lueur de la lune, elle émettait une lumière verdâtre.

— Voici le directeur de notre école.

Brin-d'Osier s'avança en miaulant pour frotter son museau contre celui du directeur. C'est ainsi que font les chats pour se saluer. Mais, avec un sursaut, il recula brusquement. Il avait senti, provenant de la pierre, un air glacial, aussi coupant qu'une lame de poignard.

— Sois le bienvenu. Les élèves m'appellent Chaussettes, dit avec un doux sourire le directeur en voyant Brin-d'Osier hésiter. Et toi, comment t'appelles-tu ?

La fourrure sur la partie inférieure de ses pattes était toute blanche, comme s'il avait réellement porté des chaussettes de laine. De longs poils soyeux recouvraient le reste de son corps. Il avait les yeux bleus et l'air indulgent d'un grand-père. N'empêche qu'il donnait en même temps – on n'aurait su dire pourquoi – l'impression qu'il valait mieux surveiller sa conduite en sa présence !

— Je m'appelle Brin-d'Osier.

— C'est un très joli nom. Mon vrai nom est difficile à prononcer. Il y a peu de chats qui y arrivent correctement. Appelle-moi simplement Chaussettes. Mais si tu es curieux de le savoir, je vais te dire mon vrai nom : c'est Birman de Stapha Angkor Vat. Stapha Angkor Vat signifie « la tour d'Angkor Vat ». Elle se trouve très loin d'ici, dans le Sud de l'Asie. Et comme tu le sais, « Birman » désigne les chats qui vivaient jadis dans cette région. Ce qui veut dire que je fais partie des chats sacrés de Birmanie, originaires d'Angkor Vat. Et toi, d'où viens-tu ?

Chaussettes se mit à poser à Brin-d'Osier une foule de questions. Il sembla particulièrement intéressé par l'ombre que Brin-d'Osier avait croisée chez Minjun, et il l'interrogea en détail sur ce sujet. Sans doute Boîte-à-Lettres lui en avait-il déjà parlé. Ce dernier, pendant ce temps, s'ennuyait ferme et bâillait à s'en décrocher la mâchoire.

— Merci de t'être donné la peine de répondre à toutes mes questions, conclut Chaussettes.

Sur ce, il redressa les épaules et, comme pour célébrer un rite sacré, il fixa du regard la pierre, tout en dodelinant de la tête et en murmurant dans ses moustaches des mots incompréhensibles. Brin-d'Osier sentait une douleur sourde dans sa queue, car cela faisait déjà un bon moment qu'il était assis dessus. Il n'attendait que son autorisation pour partir.

— Je pense que ta place est dans la classe de Cristal, décréta Chaussettes en levant la tête après un long silence.

Puis il s'approcha et frotta son nez contre celui de Brin-d'Osier. Stupéfait, Boîte-à-Lettres les dévisagea tour à tour. Chaussettes, reprenant place sur son siège, ordonna :

— Boîte-à-Lettres, conduis Brin-d'Osier auprès du professeur Barbu.

— Entendu.

Brin-d'Osier suivit son guide dans un couloir étroit puis descendit par petits bonds un escalier qui menait au sous-sol.

— Ça n'a pas été trop dur ? demanda Boîte-à-Lettres.

— J'avais un peu le trac.

— Un peu ? Tu sais dans quel état j'étais quand j'ai rencontré le directeur pour la première fois ?

— C'était comment ?

— J'avais tellement peur de lui que je me suis fait pipi dessus.

— Non !

Brin-d'Osier se mit à glousser. Toute la tension qui s'était accumulée en lui se relâcha. Il éprouvait une profonde gratitude envers Boîte-à-Lettres.

— Le directeur de l'école est quelqu'un de vraiment extraordinaire, expliqua Boîte-à-Lettres. C'est un grand poète. Il a voyagé dans le monde entier, écouté l'histoire de tous les chats de la terre. C'est grâce à cela qu'il a acquis une grande sagesse. Il est beaucoup plus sage que la plupart des hommes. Tu sais, les chats voient, entendent et sentent mieux que les humains. Et en plus, ils peuvent entendre ce que toutes sortes d'arbres et d'animaux racontent, alors que les hommes en sont bien incapables. Notre directeur connaît un chant qui contient tout cela, une mélodie sans fin. Aucun chat jusqu'à présent n'a entendu ce chant en entier. Mais un jour, il y en aura un. Et ce sera le seul.

— Un seul chat ? Qui est-ce ? le pressa Brin-d'Osier en s'approchant tout contre lui.

— Je ne connais pas son nom. Tout ce que je sais, c'est qu'il succédera au directeur de l'école. Il se pourrait même que ce soit toi, Brin-d'Osier.

— Certainement pas ! Il y aura d'abord toi.

— A ma connaissance, tu es le deuxième chat jusqu'à maintenant qui ait frotté son nez contre celui du directeur.

— C'est pas vrai !

Brin-d'Osier s'interrompit, incrédule. Son cœur était si profondément ému que sa voix se brisa.

— Qui était le premier chat ? Ce ne serait pas toi, par hasard ?

— Non, ce n'est pas moi. C'était un élève de la classe de Cristal. On raconte qu'il est parti en pèlerinage, il y a longtemps de ça. Dans notre école, ce chat est considéré comme un héros légendaire. Moi, je ne l'ai jamais vu. J'en ai seulement beaucoup entendu parler. Et tu ne vas pas tarder, toi aussi.

Et Boîte-à-Lettres se mit à discourir avec enthousiasme, tout fier de rapporter à son compagnon un récit héroïque.

Brin-d'Osier essaya de se représenter ce chat voyageur parti à l'aventure, comme un moine en quête de vérité, ce chat courageux et sage, avec sa longue barbe blanche et son bâton de pèlerin.

# La classe de cristal

Boîte-à-Lettres s'arrêta devant une porte rouge sur laquelle était accroché un anneau en corne de bœuf.

*Toc ! Toc ! Toc !* Il frappa plusieurs coups. La porte s'ouvrit avec un grincement.

Brin-d'Osier, emboîtant le pas à son guide, entra dans la pièce. Dans la clarté de la lune qui pénétrait par la fenêtre, se découpait distinctement la silhouette d'un poêle entouré d'un bric-à-brac d'objets hétéroclites. Brin-d'Osier, médusé, en resta bouche bée. Un poêle rouillé, un globe terrestre, un aigle empaillé recouvert de toiles d'araignée, des livres sacrés, des livres de prophétie de l'époque antique éparpillés en désordre, toutes sortes d'objets remplissaient pêle-mêle la pièce. Sur le poêle, une grosse pelote de laine remuait doucement.

— Professeur Barbu !

— Oui ?

Soudain, une tête émergea de la pelote. Elle avait des yeux, un nez, une bouche, des oreilles. Puis des pattes et les contours d'un corps se déroulèrent peu à peu. Cela commença à ressembler à un chat. En le regardant de plus près, on pouvait apercevoir, suspendue à un cordon autour de son cou, une petite pierre de cristal.

— J'étais justement en train de me dire qu'il ne manquait plus qu'une boîte à lettres rouillée pour compléter cette pièce. Et te voilà, tu arrives à point ! Tu es peut-être rouillé, mais ce n'est pas une raison pour venir aussi peu souvent. Quel gros paresseux !

Brin-d'Osier étouffa un petit rire, tandis que Boîte-à-Lettres, blessé dans son amour-propre, rougissait jusqu'aux oreilles.

— Voici le dernier élève de votre classe, annonça-t-il avant de se tourner vers son compagnon : Brin-d'Osier, présente-toi. C'est le professeur Barbu.

Brin-d'Osier, s'efforçant de reprendre son sérieux, sauta sur le poêle et frotta son museau contre celui du professeur.

— Bon, je vais m'en aller, prévint Boîte-à-Lettres.

Sa tâche accomplie, il salua et ouvrit la porte. Puis, faisant brusquement volte-face, il lança d'un ton moqueur :

— Une pelote de laine comme vous aurait plutôt sa place dans un cours de tricot pour filles. Sûrement pas ici !

Et sur ces paroles, il se hâta de disparaître. Le professeur Barbu resta assis un moment, l'air ahuri, puis, ayant recouvré ses esprits, dirigea ailleurs sa colère.

— Petits voyous ! s'exclama-t-il. Un nouveau camarade vient d'arriver, et au lieu de lui souhaiter la bienvenue, vous ne pensez qu'à batifoler.

C'est alors que deux autres chats surgirent de derrière une vieille table sous laquelle ils s'amusaient à rouler sur le sol. Interrompant leur jeu, ils s'avancèrent timidement.

— Oh, mais tu es Mot-d'Amour, je ne me trompe pas ? s'écria Brin-d'Osier, tout heureux de voir un museau familier.

Il en aurait mis sa patte au feu : cette chatte, à la robe grise égayée de reflets roux, ça ne pouvait être que Mot-d'Amour.

C'était elle qui avait occupé le bureau de poste après le départ de Boîte-à-Lettres. Les employés de la poste l'adoraient, même si elle faisait parfois des bêtises. Oh, ce n'était pas grand-chose ! De temps en temps, il lui arrivait de déchirer une lettre avec ses griffes. Mais le plus curieux, c'est qu'il s'agissait toujours de lettres d'amour, de ces petits mots tendres que s'envoient les amoureux. C'est pourquoi on l'avait surnommée Mot-d'Amour.

— Waouh ! C'est toi, Brin ? Je suis drôlement contente de te retrouver ici ! Ce coquin de Mandragore ne me plaît pas du tout. Il est trop grand et trop fort pour moi. J'ai toujours peur de mourir écrasée quand je joue avec lui.

Le compagnon de jeu de Mot-d'Amour s'approcha de Brin-d'Osier et frotta son nez contre le sien. Brin-d'Osier trouva que son odeur ressemblait un peu à celles qui flottent dans les herboristeries.

— Salut ! Je m'appelle Mandragore, lança-t-il d'une voix tonitruante, un large sourire aux lèvres.

De taille imposante, Mandragore paraissait deux fois plus costaud que Brin-d'Osier. C'était sûrement parce qu'il avait été élevé au ginseng sauvage qu'il était devenu aussi fort. Le vieil homme chez qui il avait vécu vendait des herbes médicinales. C'était lui qui lui avait donné ce nom de Mandragore. Quand le ginseng sauvage atteint l'âge de mille ans, il se métamorphose en un petit enfant ; alors, on l'appelle mandragore, car la racine de la mandragore, elle aussi, évoque la forme d'un corps humain.

— Votre attention, s'il vous plaît ! ordonna le professeur Barbu. Bienvenue à tous dans la classe de Cristal. Je suis votre professeur principal. Mon véritable nom est Aladin. Je viens de Perse, qui se trouvait autrefois dans la région de l'ancienne Egypte. Les cours débutent demain soir. Aujourd'hui, vous pouvez me poser toutes les questions que vous voulez à propos de notre école. Mais pour commencer, il faut que je vous apprenne deux règles en vigueur dans cet établissement. Premièrement, vous ne devez plus utiliser la porte principale de la maison ni celle d'aucune autre pièce. A partir de maintenant, il faudra passer par les fenêtres, par les fentes des murs en ruine, ou bien par les tuyaux de poêle. C'est comme ça que se déplacent les chats dignes de ce nom. Deuxièmement, pendant le cours, il est recommandé

de faire sa toilette au moins trois fois, ou de jouer à attraper des souris, ou encore de s'amuser à se donner de petits coups de patte. Un chat qui reste calme trop longtemps n'est pas un vrai chat, vous êtes d'accord ?

Brin-d'Osier, Mot-d'Amour et Mandragore poussèrent des cris de joie. Décidément, le règlement de l'école leur plaisait beaucoup !

— Professeur, est-ce qu'il n'y a que la classe de Cristal dans notre école ? demanda Mot-d'Amour.

— Non, il y a aussi la classe de l'Assemblée nocturne et celle des Chats sauvages. Dans la première, comme son nom l'indique, on apprend ce qui est nécessaire pour diriger une assemblée nocturne. Quant à la classe des Chats sauvages, comme son nom l'indique aussi, on y enseigne les choses indispensables à la vie dans la nature.

# L'ÉPÉE MAGIQUE

— Et nous, qu'allons-nous apprendre ? demanda Brin-d'Osier. Le cristal ?

— Ce n'est pas une question simple.

Tout en caressant sa barbe, le professeur Barbu expliqua :

— Où sont nés, d'après vous, les chats domestiques ? C'était en Egypte, il y a environ cinq mille ans. Là-bas, grâce au Nil, les récoltes étaient abondantes. On les conservait dans d'immenses greniers au bord du fleuve. Et bien sûr, cela attirait une multitude de rats. Vous savez pourquoi ?

— Ils venaient manger les céréales, répondit aussitôt Mandragore en décochant à Mot-d'Amour un regard plein de fierté.

— Et quand il y a beaucoup de rats au même endroit, qui arrive ensuite ?

— Les chats ! s'écria de nouveau Mandragore, triomphant.

Mot-d'Amour le regarda avec condescendance. trop facile ce genre de questions, il n'y avait vraim de quoi se vanter !

— Exact, approuva le professeur. Les chats sauvages se mirent à affluer dans les greniers pour chasser les rats. Ils venaient de Libye, dans le Nord de l'Afrique. Les Egyptiens qui gardaient les greniers commencèrent alors à les apprivoiser et à les domestiquer. Ils pensaient que c'était la meilleure façon de les remercier. Car les rats leur causaient vraiment beaucoup de soucis. Puis, il y a environ trois mille ans, les chats domestiqués d'Egypte s'embarquèrent sur des bateaux et se répandirent dans les autres pays. Qui sont donc, d'après vous, les ancêtres des chats domestiques comme nous ?

— Les chats égyptiens !

Mandragore bomba le torse, tout fier d'avoir démontré ses connaissances. Mot-d'Amour secoua vigoureusement la tête avec dédain.

— Tu as raison, dit le professeur. Mais si on remonte encore plus loin, on peut dire que ce sont les chats sauvages de Libye.

— Mais les chats domestiques d'Egypte et les chats sauvages de Libye, qu'ont-ils à voir avec le cristal ? interrogea Mot-d'Amour.

— Eh bien, attends un peu la suite de l'histoire. Nos

ancêtres, les chats domestiques d'Egypte, ont accompli beaucoup de choses extraordinaires. Je vais vous montrer un dessin.

Le professeur Barbu souleva le couvercle du poêle et en sortit un grand rouleau de papier, qu'il suspendit au tuyau rouillé en pleine clarté de la lune.

— Le soleil se lève tous les matins à l'est, traverse le ciel, et se couche le soir à l'ouest. Une fois le soleil couché, la nuit tombe. A ce moment-là, la lune se lève dans le ciel et éclaire la Terre. Mais, à votre avis, que fait le soleil, pendant ce temps ?

— Comme il doit se relever le lendemain, il faut qu'il aille de nouveau vers l'est, dit Mot-d'Amour, chancelant sous le vigoureux coup de patte que Mandragore lui asséna.

Agacée, elle montra les dents en lui jetant un regard indigné.

— Vous pouvez jouer, mais ne vous battez pas, s'interposa le professeur. Mot-d'Amour a raison. Pendant la nuit, le soleil retourne vers l'est, et il doit pour cela traverser le monde des ténèbres. Or ce monde-là est effrayant et extrêmement dangereux.

A ces mots, les trois chats fixèrent le professeur Barbu avec intensité.

— Ce n'est pas facile de le franchir. Le dieu des Ténèbres guette sans cesse le soleil pour tenter de l'avaler au passage. Ce qu'il veut, c'est faire de notre monde une terre d'ombre où le jour ne se lèverait plus jamais. Car alors il pourrait dominer l'univers. C'est pourquoi il se transforme en reptile géant, un serpent encore plus gros et plus long que le Nil. Si, une nuit, cet animal gigantesque réussissait à engloutir le soleil, celui-ci ne pourrait plus se lever le jour suivant. Et le monde se retrouverait complètement plongé dans l'obscurité.

Brin-d'Osier ravalant sa salive, contempla le dessin accroché au tuyau du poêle. Mot-d'Amour et Mandragore, qui avaient cessé leurs taquineries, écoutaient le professeur avec beaucoup d'attention. Ce dernier poursuivit en désignant le dessin :

— C'est pour cette raison que le soleil se métamorphose en chat. Pour pouvoir se battre contre le serpent géant. Il ne peut pas traverser le monde des ténèbres sous son apparence solaire en continuant à irradier sa lumière. Comme vous le voyez sur le dessin, il se transforme en chat et il se bat avec une épée magique. C'est un combat acharné et féroce, mais le Chat-Soleil finit par couper en petits morceaux le serpent des ténèbres. Ce dessin représente le moment fatal. Vous voyez là, c'est ce qu'il est en train de faire. C'est ainsi que le soleil peut retourner vers l'est et se lever de nouveau le lendemain. En fin de compte, le Chat-Soleil est notre lointain ancêtre à tous.

Brin-d'Osier, Mot-d'Amour et Mandragore étaient tellement fascinés par l'histoire qu'ils en restaient muets.

— Combien de serpents a-t-il tués jusqu'à maintenant ? se décida enfin à demander Mandragore.

— Comment ? fit le professeur, dérouté par cette question inattendue.

Il avait l'air embarrassé.

— Hum, c'est une bonne question, mais... à mon avis, il n'y a aucun chat au monde qui connaisse la réponse.

— C'est pas vrai ! lança Mot-d'Amour pour se moquer de Mandragore. Je croyais que tu savais tout !

Et, avec un petit gloussement, elle lui tira la langue.

— Allons, allons, dit le professeur. Cette fois, c'est moi qui pose une question. En quelle matière, à votre avis, a été fabriquée l'épée du Chat-Soleil ?

— En cristal, peut-être ? proposa Brin-d'Osier.

— Exactement. C'est une épée de cristal. Le cristal a le pouvoir de vaincre l'obscurité. Et le mot « cristal » dans le nom de notre classe désigne cette épée magique.

— Donc, dans la classe de Cristal, on apprend ce qu'il faut faire pour se battre contre le dieu des Ténèbres ? demanda Brin-d'Osier.

— En quelque sorte, répondit le professeur d'un ton évasif.

— On apprend la magie aussi ? ajouta Mot-d'Amour.

Mais elle n'obtint qu'une réponse tout aussi vague.

— Oui, mais ce n'est pas du tout le genre de magie que vous croyez...

— Mais d'où vient le dessin du Chat-Soleil ? demanda à son tour Mandragore.

— Comment ça, d'où il vient ? Vous avez bien vu que je l'ai sorti de ce poêle, non ?

— Quoi ?

— Je plaisantais ! Mais vous n'avez pas le sens de l'humour, à ce que je vois.

Le professeur Barbu désigna de nouveau la feuille de papier.

— On a trouvé ce dessin gravé sur le mur d'un temple en Egypte. Ceci n'en est qu'une photographie.

Les trois élèves sentirent leur cœur cogner plus fort dans leur poitrine. Ils s'imaginaient déjà dans le rôle de l'héroïque Chat-Soleil. Crispant leurs pattes de devant comme s'ils tenaient l'épée magique, ils jetèrent des coups d'œil vers les recoins obscurs sous la table. Ils redoutaient d'y découvrir le serpent géant enroulé sur lui-même.

— Il fait déjà jour, remarqua soudain le professeur. N'oubliez pas, les cours commencent ce soir. Jusque-là, essayez de dormir.

Sur ces paroles, il bondit sur le rebord de la fenêtre avant de disparaître. Les trois chats repérèrent un coin sombre dans la pièce et s'y blottirent pour faire un somme. Mais, trop excités, ils eurent le plus grand mal à trouver le sommeil. Enfin, à force de se tourner et de se retourner, ils s'assoupirent. Dehors, le soleil s'était déjà levé.

# Des gémissements dans la grotte de cristal

Brin-d'Osier, Mot-d'Amour et Mandragore se réveillèrent au coucher du soleil et sortirent se promener autour de l'école pour prendre l'air. Afin de marquer son territoire, Mandragore se frottait contre toutes les souches d'arbres et urinait sur tous les rochers qu'il trouvait sur sa route.

— Bonjour ! les saluaient parfois des chats inconnus en les croisant.

Ce devaient être les élèves des autres classes. Dans la cour de l'école s'élevait un grand orme devant lequel les trois amis aperçurent un chat assis, parfaitement immobile. Ses poils, assez longs – mais tout de même pas autant que ceux du professeur Barbu –, étaient gris mélangé de marron foncé et paraissaient rêches. Mot-d'Amour, trouvant étrange ce chat gris, assis comme un bouddha de pierre, s'approcha de lui et l'interpella.

— Salut !

Le chat gris, sans même lui accorder un regard, continua à contempler le faîte de l'orme. Il avait l'air plein d'assurance, mais dans son expression flottait une ombre indéfinissable. Mot-d'Amour leva la tête, curieuse de voir ce qu'il observait. Mais il n'y avait rien d'autre que les branches de l'arbre.

— Pff ! Quel chat bizarre !

Grommelant dans sa moustache, Mot-d'Amour rejoignit ses camarades. Ils se dirigèrent côte à côte vers la fenêtre de la pièce du sous-sol.

— Il n'a pas l'air méchant, mais... je ne sais pas pourquoi, il ne me fait pas bonne impression, murmura Brin-d'Osier comme pour lui-même.

Il n'en était pas sûr, mais il pressentait une ombre chez le chat gris.

— Qu'est-ce qui te fait dire ça ? demanda Mot-d'Amour, les yeux écarquillés.

Le chat gris devait sûrement lui plaire.

— Oh, rien... répondit Brin-d'Osier, évasif.

Et, sans crier gare, il fit un brusque bond en l'air. Mais, fausse alerte ! ce n'était qu'un moineau qui venait de passer au-dessus de sa tête. En tout cas, cela eut l'heureux effet de détourner l'attention de Mot-d'Amour.

— Les moineaux d'ici sont trop rapides, dit Brin-d'Osier avec nostalgie. Quand j'étais chez Minjun, j'arrivais quand même à en attraper quelques-uns...

Il sauta par la fenêtre et atterrit à l'intérieur de la pièce. Le professeur Barbu n'était pas encore arrivé.

— Au fait, chat de génie, que vas-tu demander au professeur aujourd'hui ? demanda Mot-d'Amour d'un ton moqueur à Mandragore.

Ce qu'elle voulait, en fait, c'était le ridiculiser pour avoir posé la veille une question

stupide. Pour toute réponse, Mandragore se jeta sur elle et menaça de lui arracher les moustaches. Amusé, Brin-d'Osier se lança dans la bataille, dans le camp de Mot-d'Amour. Mais même en unissant leurs forces, ils ne réussirent pas à vaincre Mandragore.

— Ce n'est pas drôle de jouer avec toi, dit Mot-d'Amour, affectant un air désinvolte.

Elle lissa sa fourrure comme si de rien n'était, tandis que Brin-d'Osier et Mandragore léchaient vigoureusement leurs poils emmêlés.

— Moi, il y a quelque chose que j'aimerais vraiment demander au professeur... commença Brin-d'Osier.

— Quoi donc ? voulut savoir Mandragore.

— Il a un collier de cristal autour du cou, mais où a-t-il trouvé cette pierre ? Et vous avez remarqué ? Le directeur de l'école aussi porte un gros morceau de cristal.

— C'est ce que vous n'allez pas tarder à apprendre, car le cours de ce soir consiste justement à visiter la Grotte de Cristal, dit le professeur Barbu qui s'était installé sur le poêle rouillé sans que personne l'ait vu entrer.

Interdits, les trois chats le regardèrent. Comment était-il arrivé là aussi vite ? Etait-ce un tour de magie ?

— Suivez-moi.

Le professeur Barbu s'élança sur une branche d'arbre qui pendait devant la fenêtre. Les trois compagnons le suivirent en file indienne. Dehors, la nuit était déjà tombée et l'obscurité paraissait d'autant plus épaisse que la lune n'était pas encore levée. Après avoir dépassé la châtaigneraie qui entourait l'école, ils gravirent la colline. Se frayant un chemin entre les arbrisseaux couverts de fleurs blanches, ils arrivèrent au pied d'un grand chêne sacré. Le terrain à cet endroit était assez plat, et çà et là se dressaient des rochers éparpillés.

Le professeur Barbu écarta les branches des arbustes qui poussaient devant le plus gros des rochers. C'est alors qu'ils aperçurent l'entrée d'une cavité, à peine assez grande pour laisser passer un chat. Les trois camarades s'y faufilèrent à la suite de leur professeur. Au bout de quelques pas, ils arrivèrent dans un espace aussi vaste que plusieurs salles de classe réunies. Malgré l'obscurité, le sol, le plafond et les parois de tous côtés luisaient faiblement. Quelque chose de glacial leur piquait les pattes. Ce devaient être les fameuses pierres de cristal.

— Nous sommes venus trop tôt, constata le professeur Barbu. Attendons un peu. On y verra bientôt un peu plus clair.

Ils se mirent à tâter les parois et le sol de la grotte du bout de leurs pattes.

— Ne vous éloignez pas trop, ajouta le professeur d'une voix plutôt tendue. Restez près de moi.

Bientôt la grotte s'éclaira. On aurait dit que la clarté de la lune pénétrait par une crevasse, quelque part dans le plafond. A mesure que la nuit s'avançait, la lune brillait avec de plus en plus d'intensité. De grands cristaux aux arêtes aiguës s'élevaient du sol. Sous le reflet de la lune, ils émettaient une multitude de lueurs verdâtres qui se confondaient en une immense lumière étincelante. La grotte tout entière semblait illuminée de vert.

— Oh, c'est trop beau ! s'exclama Brin-d'Osier.

Mandragore, comme enivré, se mit à arpenter la grotte, frottant ses joues sur chaque arête de cristal. Il voulait sûrement laisser son odeur sur toutes les pierres.

— C'est ici qu'on doit extraire le cristal, dit Brin-d'Osier à Mot-d'Amour en frissonnant. Il fait un peu froid, tu ne trouves pas ?

Il avait l'impression qu'une pointe de glace pénétrait tout au fond de son cœur. Mot-d'Amour et Mandragore, qui devaient éprouver la même sensation, vinrent se blottir contre lui.

— Voilà, nous sommes dans la Grotte de Cristal, annonça le professeur Barbu. Vous savez, il n'est pas donné à tout le monde de toucher le cristal. Car, ainsi que je vous l'ai dit, il a le pouvoir de vaincre l'obscurité. Et comme nous avons tous une ombre plus ou moins grande dans le cœur, le cristal nous fait l'effet d'une lame de glace. Pour être capable de le manier sans risque, il ne faut pas avoir d'ombre dans le cœur.

Le professeur Barbu, pour appuyer ses dires, montrait la pierre de son collier en la tenant dans ses pattes.

— A quoi servait cette grotte autrefois ? demanda Brin-d'Osier. C'est très faible, mais je flaire de nombreuses odeurs de chats.

— Il y a très longtemps, cette grotte abritait l'Ecole des Chats. Mais maintenant, on ne l'utilise presque plus.

— Pourquoi ? demanda Mot-d'Amour.

— Tu le sauras plus tard, fit le professeur pour éluder la question.

La lumière pénétrait jusqu'à l'extrémité de la grotte qui devenait de plus en plus lumineuse. La lune devait être maintenant haut dans le ciel. Ils s'aperçurent alors que la paroi du fond s'ouvrait sur une autre caverne, plus petite, dans laquelle se déversait la lueur verdâtre des cristaux. Et tout à coup :

— Ouh... ouh... ouh...

Des sons indescriptibles s'en écoulèrent, pareils à des gémissements. Puis il y eut de longs grondements effroyables, qui éclataient comme des malédictions. Une odeur écœurante de sang et de brûlé chatouilla leurs narines.

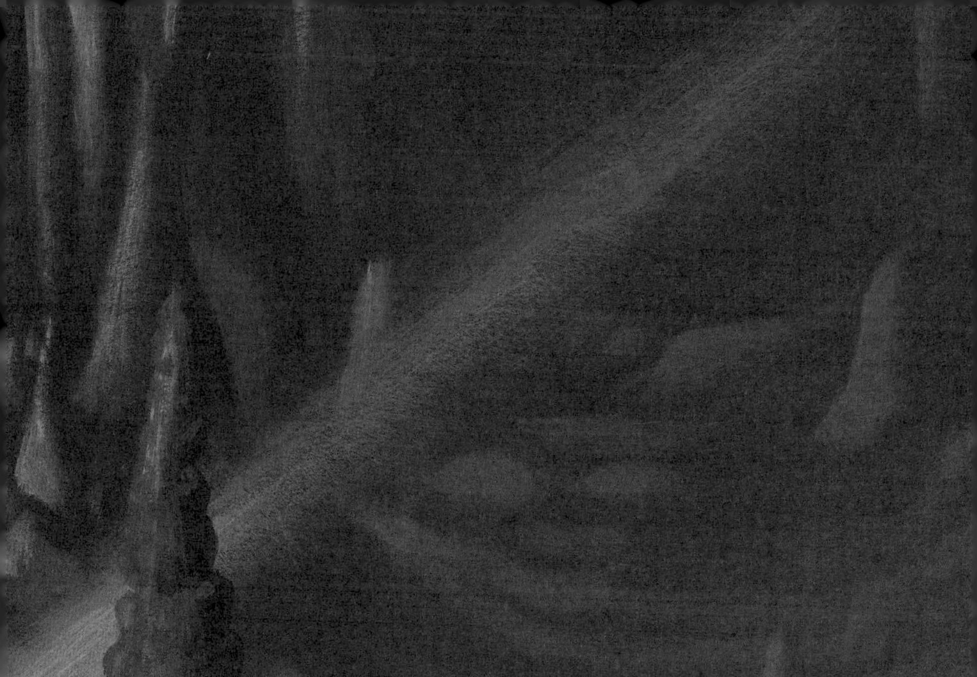

Instinctivement, ils sortirent leurs griffes et se mirent en position d'attaque, le dos arqué, les dents étincelantes. Leur échine se tendit comme un arc, si fort que les vertèbres craquèrent.

— Détendez-vous, tout va bien, leur conseilla le professeur avec douceur. Cette nuit, la lune doit être plus brillante que prévu. Nous sommes restés trop longtemps. Il faut rentrer maintenant.

Cependant, même s'il s'efforçait de garder son calme, il sentait lui aussi ses longs poils se hérisser sur son dos comme des épines.

Il poussa devant lui ses élèves et tous sortirent de la grotte à la queue leu leu. Une foule de questions se pressaient dans la tête de Brin-d'Osier. Mais pour l'instant, il se sentait incapable de prononcer un mot. Les gémissements provenant de la petite grotte résonnaient encore à ses oreilles, des cris de douleur comme si quelqu'un avait été frappé à de multiples reprises par une épée de glace, un son glacial qui vous parcourait les veines et semblait vous emplir tout le corps...

Longtemps après leur retour dans la salle de classe, les chats restèrent muets.

# L'OMBRE DES CHATS

— C'était quoi, ce gémissement que nous avons entendu tout à l'heure ? demanda Mot-d'Amour, brisant enfin le silence.

Brin-d'Osier et Mandragore, les oreilles dressées, fixaient le professeur Barbu avec attention.

— N'essayez pas de tout savoir d'un coup. Avec le temps, vous en apprendrez plus, et cela se fera tout naturellement.

Mais, justement, les trois élèves mouraient d'envie d'en apprendre plus. Car ces sons plaintifs, qui donnaient la chair de poule, leur paraissaient chargés d'une étrange tristesse.

— Si vous tenez absolument à le savoir... je peux vous en dire quelques mots.

Le professeur Barbu hésita un instant avant de poursuivre avec lenteur :

— Ce n'est pas parce qu'ils atteignent l'âge de quinze ans, que tous les chats viennent à l'école. Vous en êtes conscients, n'est-ce pas ?

— Oui, répondit Mot-d'Amour. Certains continuent à vivre avec les humains et d'autres se font vagabonds.

— C'est effectivement le cas pour la plupart. Mais il y en a également qui deviennent des ombres.

— Des ombres ?

— Vous en avez déjà rencontré ?

— Non, j'ai seulement l'impression d'avoir vu un jour quelque chose qui y ressemblait, murmura Brin-d'Osier d'une voix mal assurée.

— Quand ? demanda Mot-d'Amour, les yeux remplis de curiosité.

— C'était chez Minjun. Il pleuvait ce jour-là. Quelque chose comme l'ombre d'un chat a traversé rapidement la pièce principale de la maison. J'ai ressenti à peu près la même chose qu'en entendant les gémissements dans la grotte. Mais bien sûr, ce n'était pas aussi fort.

Comme s'il avait senti un courant d'air froid, Brin-d'Osier frissonna malgré lui.

— Ce que tu as vu était probablement l'ombre d'un chat, dit le professeur. Il arrive que des chats abandonnés par les humains leur en gardent rancune. A force d'en vouloir aux hommes, ils n'arrivent même plus à vivre tout seuls. Et plus le temps passe, plus ils s'accrochent à leur rancune. Ils deviennent alors comme une ombre obscure de l'humanité. Les chats qui vivent ainsi, on les appelle des ombres.

Le professeur Barbu fronça les sourcils, l'air grave.

— Ça veut dire que les plaintes de tout à l'heure... dit Mot-d'Amour.

— Oui, cela venait d'un chat-ombre. C'était le roi des ombres. Nous l'appelons le Chat Noir.

— Pourquoi le Chat Noir se trouve-t-il dans la Grotte de Cristal ?

Le professeur réfléchit quelques secondes avant de répondre :

— Ça s'est passé à l'époque où Chaussettes, notre actuel directeur, était professeur principal de la classe de Cristal, c'est-à-dire il y a très longtemps. Les ombres ont attaqué l'école. Comme je vous l'ai dit tout à l'heure, à l'époque, l'école se tenait dans la Grotte de Cristal. C'était le jour de l'éclipse solaire. Une multitude d'ombres ont envahi la grotte.

— L'éclipse solaire ? Qu'est-ce que c'est ? demanda Mandragore.

Mot-d'Amour lui donna un coup de patte, comme pour dire : « Tu ne sais même pas ça ? »

— Et toi, tu le sais ? lança Mandragore. Je parie que non...

— C'est quand la lune cache le soleil, chat de génie !

Furieux des moqueries de Mot-d'Amour, Mandragore se jeta sur elle. Le professeur, sans leur prêter attention, continua en hochant la tête :

— C'est exact, Mot-d'Amour. Quand la lune cache le soleil, le monde se retrouve plongé dans l'obscurité. A mesure que l'éclipse approche, les ombres gagnent en force et leur nombre augmente. Puis, pendant l'éclipse, le cristal perd son pouvoir de vaincre l'obscurité. C'est pourquoi beaucoup d'élèves et de professeurs de l'Ecole des Chats furent blessés ou perdirent la vie ce jour-là. En fait, l'école faillit disparaître totalement.

Brin-d'Osier ravala sa salive. Mot-d'Amour et Mandragore, arrêtant leur bagarre, dévisagèrent le professeur Barbu. Celui-ci reprit :

— Le directeur de l'école mourut. Tous les professeurs et les élèves des autres classes furent tués, et seuls trois élèves de la classe de Cristal, avec Chaussettes, leur professeur principal, résistèrent et combattirent jusqu'au bout. A cette époque-là, la classe comptait beaucoup d'élèves, mais seuls ces trois-là survécurent. Les ombres étaient trop nombreuses. Chaussettes et ses trois élèves, épuisés, étaient à deux doigts de succomber à leur tour.

— Que s'est-il passé alors ? demanda Mandragore, toutes les fibres de son corps tendues à se rompre. Que sont devenus les quatre chats qui se battaient contre le Chat Noir et ses ombres ?

— Ce fut un rude combat. Mais c'est alors que le soleil commença à se libérer de la lune. Le Chat Noir avait dû penser qu'il gagnerait la bataille avant la fin de l'éclipse, mais ces quatre chats avaient résisté plus longtemps. Lorsque les rayons du soleil pénétrèrent dans la grotte, les cristaux se mirent à briller et les ombres fondirent sous leur éclat. Même le Chat Noir, si puissant, perdit son pouvoir. Les quatre chats le capturèrent et l'emprisonnèrent derrière des colonnes de cristal, au fond de la grotte.

Le professeur Barbu, sous le coup de l'émotion, poussa un profond soupir. Mandragore l'imita.

— Et que sont devenus les trois chats qui étaient élèves à l'époque ? demanda Mot-d'Amour.

— Tous avaient été grièvement blessés dans cette féroce bataille, et deux d'entre eux ont fini par succomber peu de temps après. Notre actuel directeur et un autre élève furent les seuls survivants.

— Cet élève rescapé... ce ne serait pas vous, par hasard, professeur ? demanda Brin-d'Osier timidement.

Le professeur Barbu secoua la tête avec un sourire.

— Je n'étais même pas né à l'époque. J'ai entendu dire que l'élève survivant, une fois guéri de ses blessures, était

parti en pèlerinage. Il disait qu'il voulait continuer à apprendre. C'était il y a très longtemps. Depuis, aucun chat n'a eu de ses nouvelles. Peut-être qu'il étudie tout en parcourant les forêts et les rivières du monde entier, comme notre directeur l'a fait en son temps. Je ne peux m'empêcher de l'envier. On dit qu'il a frotté son museau contre celui de Chaussettes.

Il fixa son regard sur Brin-d'Osier et le considéra pensivement. Au souvenir des paroles de Boîte-à-Lettres, celui-ci sentit son visage s'enflammer et son cœur battre plus fort : « A ma connaissance, tu es le deuxième chat jusqu'à maintenant qui ait frotté son nez contre celui du directeur. »

Tous restèrent un moment plongés dans leurs pensées. Chacun s'efforçait d'imaginer la scène du farouche combat qui s'était déroulé dans la Grotte de Cristal. Ils songeaient aussi au Chat Noir enfermé dans les profondeurs de la caverne.

Le professeur Barbu reprit la parole :

— Depuis cette bataille, on ne sélectionne plus que trois élèves pour la classe de Cristal. C'est en l'honneur des trois chats qui se sont battus jusqu'à la fin contre le Chat Noir.

Brin-d'Osier, Mot-d'Amour et Mandragore se sentaient en proie à des sentiments mêlés, à la fois fiers, tristes et effrayés...

— Le Chat Noir est prisonnier, mais il reste très dangereux, continua le professeur. Il ne faut jamais aller seul dans la Grotte de Cristal. L'histoire de cette grotte doit rester un secret. C'est une leçon particulière réservée aux élèves de votre classe. A partir de ce soir, vous suivrez les cours en commun avec les autres sections. Mais vous ne devez jamais révéler ce secret à vos camarades. Eux aussi, de leur côté, assistent à des cours qui leur sont spécialement destinés et que vous ne devez pas entendre.

Après avoir répété ses recommandations, le professeur Barbu sauta sur le rebord de la fenêtre. Le jour se levait déjà.

# LA BANDE À VIKING

Mot-d'Amour se réveilla de bonne heure. Au bruissement qu'elle fit en se levant, Brin-d'Osier et Mandragore dressèrent les oreilles. Elle envisagea un instant de jouer un tour à Mandragore qui dormait encore profondément. Mais, se ravisant, elle bondit sur la fenêtre en prenant grand soin de ne faire aucun bruit. Mandragore ouvrit un œil et le renferma aussitôt en poussant un grognement.

Le soleil n'était pas encore très haut. Pas un chat en vue, il devait être trop tôt. Le temps promettait d'être clair, splendide. Mot-d'Amour traversa la cour et se dirigea vers l'orme.

— Que pouvait-il donc regarder là-haut, ce chat gris ? songeait-elle.

D'un bond, elle se retrouva sur la table posée sous l'arbre. C'était là que le chat gris s'était tenu la veille. Renversant la tête en arrière, elle contempla pendant un

long moment la cime de l'orme. Mais il n'y avait rien que les branches se balançant dans la brise et les rayons du soleil miroitant entre les feuilles.

— C'est ma place ! dit une voix bourrue derrière son dos.

C'était le chat gris.

— Tu sais parler ? demanda Mot-d'Amour. Et moi qui te croyais muet ! Dans ce cas, explique-moi pourquoi c'est ta place ici.

— Quand on te dit de descendre, fais-le, un point c'est tout, intervint une autre voix. Il n'y a pas à discuter.

Cette voix-là appartenait à un chat marron clair aux rayures foncées. A voir les rides profondes qu'il avait entre les yeux, on devinait tout de suite qu'il avait très mauvais caractère.

— De quoi tu te mêles ? Je ne t'ai rien demandé ! lança Mot-d'Amour, piquée au vif.

— Voici Lynx, et moi je suis Viking, répondit le chat gris. Nous sommes dans la classe des Chats sauvages.

— Je m'appelle Mot-d'Amour, de la classe de Cristal. Pourquoi dis-tu que c'est ta place ici ?

En apprenant qu'elle faisait partie de la classe de Cristal, Viking ne put retenir une grimace d'amertume.

— Je viens des forêts de Norvège, expliqua-t-il. Les chats de ma race vénèrent les ormes. Nous croyons que le premier chat et la première chatte sont sortis de l'un de ces arbres. Ils étaient les ancêtres des chats de Norvège. Nos aïeux ont voyagé sur toutes les mers en compagnie des Vikings. C'est pour ça qu'on m'a donné ce nom.

— Nous, les chats siamois, nous avons aussi un lien particulier avec les ormes... prétendit Mot-d'Amour, qui n'avait pas envie de céder sa place aussi facilement.

— Tu fais la fière parce que tu es dans la classe de Cristal ? gronda le dénommé Lynx.

— Les Vikings ? coupa une autre voix. Ce ne sont pas ces pirates qui jadis écumaient les mers froides de l'hémisphère nord ? Autrement dit, des brigands !

C'était Mandragore. De derrière l'orme, il surgit, suivi de près par Brin-d'Osier. Ils avaient dû se lancer à la recherche de Mot-d'Amour, peu après son départ. Mandragore fit le tour de l'arbre à pas lents, tout en urinant quelques gouttes ici et là. En le voyant faire, Lynx, les poils du dos hérissés, émit un feulement menaçant. Car, par son petit manège, Mandragore signifiait qu'il ne tenait aucun compte des limites du territoire de Viking. Lorsqu'il s'approcha, Lynx cracha, ramassé sur lui-même, prêt à l'attaque.

— L'orme est sacré pour les chats des forêts de Norvège, prévint Viking. Ce que tu viens de faire est impardonnable. Ça ne se passera pas comme ça !

— Si tu veux rendre hommage à un orme, retourne dans tes forêts, répliqua Mandragore, sans se laisser intimider.

Lynx se tassa encore plus et gratta violemment le sol avec sa patte de devant. Plus que jamais, il était décidé à en découdre.

— Regardez-moi ça ! Vous avez été distingués entre tous les chats pour étudier dans cette école, et vous voulez vous battre comme des chiffonniers ? C'est honteux ! Si on essayait plutôt de trouver une autre solution ?

Sursautant, tous se tournèrent vers l'endroit d'où venait la voix. Un chat blanc tacheté de noir s'avança, arborant un sourire sournois.

— Je m'appelle Jojo, dit-il. C'est l'homme avec qui je vivais qui m'a donné ce nom. C'était un passionné du roman classique chinois *Les Trois Royaumes.* Les hommes sont tous comme ça. Ils baptisent leurs chats du nom de ce qu'ils aiment. Celui-là, c'était le personnage de Jojo dans son livre préféré. Je fais partie de la classe des Chats sauvages.

Désarçonnés, Mandragore et Brin-d'Osier se présentèrent à leur tour. L'atmosphère se détendit petit à petit.

— Tu as une meilleure idée ? demanda Viking.

— Bien sûr ! Vous pourriez marcher sur les pattes arrière, faire des sauts périlleux, ou tourner en rond en vous mordant la queue... Les idées ne manquent pas. Qu'en pensez-vous ? C'est trop banal ? Alors, si on faisait un concours de magie ? En tant qu'élèves de l'Ecole des Chats, vous devriez au moins être capables de cela.

— C'est une bonne idée, approuva Viking.

— Quelle sorte de magie ? Nous n'avons encore rien appris, dit Brin-d'Osier en regardant Viking d'un air de doute.

— La magie qu'on enseigne dans cette école n'est qu'un jeu d'enfant, affirma Viking, crâneur. Pas la peine de suivre des cours. On peut très bien s'exercer tout seuls.

— Ils sont soi-disant dans la classe de Cristal, ironisa à son tour Lynx, mais je suis sûr qu'en fait ils sont incapables du moindre tour de magie. On parie ?

— Très bien, allons-y ! s'exclama Mot-d'Amour avec emportement. Alors comme ça, tu t'appelles Lynx ? Moi, je trouve que tu ressembles plutôt à une hyène.

— Quoi ? Une hyène ?

Lynx s'élançait sur elle, toutes griffes dehors, quand il trébucha et perdit l'équilibre. De toute sa masse imposante,

Mandragore venait de lui asséner un grand coup dans le dos. Lynx fit demi-tour et bondit sur lui. Sans succès ! Il eut beau s'y reprendre à plusieurs fois, il se retrouvait toujours par terre, hors d'haleine. Il fallait se rendre à l'évidence, il ne faisait pas le poids contre un adversaire comme Mandragore.

— Arrêtez ! cria Viking.

— Bon, alors, c'est pour quand, ce match ? demanda Jojo avant d'ajouter, moqueur : Peut-être pas tout de suite, si vous n'êtes pas prêts. Mais dans une semaine environ, ça vous va ?

— Tout bien réfléchi, je trouve que ce n'est pas très raisonnable de faire un concours de magie maintenant, dit Brin-d'Osier en secouant la tête. Peut-être dans quelques mois...

— Comment se fait-il que des chats aussi médiocres aient pu être admis dans la classe de Cristal ? dit Lynx en prenant un air supérieur. Vous devriez échanger avec nous, ça ne vous dit pas ?

— Attendez un peu, on va vous montrer ! rétorqua Mandragore, brusquement fâché. D'accord pour dans une semaine. C'est pas des chats comme vous qui vont me faire peur. Vous êtes tout juste bons pour la parlotte.

— Ce sera donc dans une semaine, conclut Jojo.

— Entendu, dit Viking. Quant au lieu et à l'heure, on verra ça plus tard.

Viking pouvait bien faire le fanfaron, n'empêche qu'au fond de lui il se sentait mal à l'aise. Comment en étaient-ils arrivés là ? se demandait-il. Car, il fallait bien l'avouer, ils ignoraient tout de la magie. Il jeta un coup d'œil à Jojo. Ils étaient tous les deux dans la même classe, pourtant, ils ne s'étaient jamais adressé la parole jusque-là.

— Partons, Lynx.

Viking tourna les talons, donnant au passage un grand coup de queue à son camarade. Brin-d'Osier, voyant la bande s'éloigner en rigolant, ne put se défendre de froncer les sourcils.

# On élit un chef

Brin-d'Osier, Mot-d'Amour et Mandragore partirent vers la clairière où s'ouvrait l'entrée de la Grotte de Cristal. Comme l'endroit n'était pas facile à trouver pour les autres chats, c'était un lieu idéal pour leurs réunions secrètes.

— Mandragore, je trouve que tout à l'heure, tu ne t'en es pas mal sorti. Et moi qui croyais que tu n'étais bon que pour la bagarre ! J'ai découvert qu'en fait tu étais aussi très doué pour te battre avec des mots.

— Grâce à mon physique de costaud, j'étais toujours le chef de la bande dans mon quartier, dit Mandragore, avec un large sourire de satisfaction. C'est pour ça que je ne perds jamais dans les bagarres. Mais, dis-moi, est-ce que Viking ne te plairait pas un brin, par hasard ?

— Où vas-tu chercher des idées aussi farfelues ? rétorqua Mot-d'Amour, les yeux ronds.

— Alors, pourquoi es-tu allée toute seule sous l'orme ?

— Comme ça, pour prendre l'air.

— Mensonge ! Admets-le, tu l'aimes bien ? insista Mandragore avec un rire moqueur.

Et il donna un coup d'épaule à Mot-d'Amour qui perdit l'équilibre.

— Je te dis que non ! s'écria-t-elle sèchement en sautant sur lui.

Les deux chats roulèrent sur le sol, puis s'immobilisèrent tout à coup. Brin-d'Osier était tellement silencieux, cela les mettait mal à l'aise.

— Brin-d'Osier, qu'est-ce que tu as ? interrogea Mot-d'Amour.

— Plus j'y pense, plus je crois que nous nous sommes fait avoir. C'était absurde d'accepter un match de magie dans une semaine.

— C'est vrai ! approuva Mot-d'Amour, embarrassée.

Elle coula un regard furtif vers Brin-d'Osier :

— Par quel miracle allons-nous réussir à maîtriser la magie en quelques jours ? Est-ce que le professeur Barbu va nous apprendre ? Ça m'étonnerait ! Tout ça, c'est à cause de Lynx... Il m'a bien énervée, celui-là...

— Tu as raison, grommela Mandragore. Ce voyou de Viking était aussi très arrogant... Oh, et puis après tout, on verra bien.

Brin-d'Osier secoua la tête.

— Si vous voulez mon avis, dit-il, le vrai danger, c'est Jojo. Lynx est féroce, mais naïf. Quant à Viking, bien que la modestie ne l'étouffe pas, il n'est pas mauvais au fond. Mais Jojo est différent. La situation n'avait rien de grave. On aurait pu la régler par une simple bagarre. Pourtant il a bel et bien réussi par la ruse à nous convaincre d'accepter ce tournoi de magie.

Brin-d'Osier se sentait extrêmement vexé d'être tombé comme ça, bêtement, dans le piège de Jojo.

— Vous croyez qu'ils apprennent aussi la magie dans leur classe ? demanda Mot-d'Amour. Jojo avait l'air bien sûr de lui.

Elle se représenta les Chats sauvages pratiquant toutes sortes d'habiles tours de magie et d'acrobatie. Puis elle s'imagina après la défaite, ses deux camarades et elle, la tête basse...

— Jojo est très malin, ajouta-t-elle. Je suis sûre qu'il avait tout manigancé depuis le début. Nous aussi, il faut qu'on prépare quelque chose de notre côté.

— Quoi, par exemple ? dit Mandragore avec impatience.

Mot-d'Amour se creusa la tête pour trouver un plan génial.

— Attends un peu, marmonna-t-elle. Hum... oui, c'est ça ! Il nous faut un chef ! Brin-d'Osier, c'est toi le chef.

— Moi ?

— Pourquoi lui ? objecta Mandragore. Je suis le plus fort. C'est moi qui devrais être le chef.

— Regarde un peu ce qui s'est passé aujourd'hui, raisonna Mot-d'Amour. Je veux dire, la façon dont Jojo s'est comporté. Il ne s'agit pas de choisir un chef de bande. Ce n'est pas une question de force.

Elle se tourna vers Brin-d'Osier.

— C'est toi le chef. Parce que, toi au moins, tu sais réfléchir et nous conseiller quand il le faut. Tu es comme un vieux sage.

— Très bien, finit par acquiescer Mandragore. Je suis d'accord, c'est Brin-d'Osier qui ressemble le plus à Jojo.

— Quoi ? s'écria Brin-d'Osier. Je suis un vieux sage ? Je ressemble à Jojo ? C'est tout, oui ?

Et avec un sifflement de rage, il se jeta sur Mandragore et Mot-d'Amour. Les trois chats roulèrent par terre.

# LA BANDE DE VIKING EST PUNIE

— Arrêtez ! J'ai l'impression qu'on nous regarde, dit Mot-d'Amour, se figeant tout à coup.

Elle scruta les alentours d'un long regard circulaire.

— Comment ça, on nous regarde ? dit Mandragore, levant à son tour la tête.

— Là-bas, cria Brin-d'Osier qui avait distingué quelque chose.

D'un bond, il s'élança vers le chêne sacré, aussitôt suivi par ses deux camarades. Une ombre noire disparut prestement entre les buissons touffus. Les trois chats se clouèrent sur place.

— Qui cela peut-il être ?

— Ça devait être Viking et sa bande... grogna Mandragore.

— Si ces minables rats nous ont découverts, c'est la fin de notre cachette secrète, ajouta Mot-d'Amour en plissant les yeux vers le bois que l'obscurité envahissait peu à peu.

— Rentrons, dit Brin-d'Osier. C'est bientôt l'heure du cours.

Et aussitôt dit, aussitôt fait, il dévala le versant de la colline.

Le premier cours, une leçon d'histoire, devait se dérouler dans la pièce du sous-sol, la salle principale de la classe de Cristal. C'était le professeur Barbu qui enseignait cette matière.

Dès que Brin-d'Osier et ses deux amis entrèrent dans la pièce, Viking, prenant un ton supérieur, les interpella :

— Alors, ça avance, la magie ?

Mis à part les chats de sa bande, il n'y avait personne d'autre dans la salle.

— Si vous préférez renoncer, faites-le-nous savoir, dit Lynx avec un sourire sarcastique qui découvrit ses canines.

— Occupez-vous de vos oignons, au lieu de vous inquiéter des autres, rétorqua froidement Mandragore.

Brin-d'Osier, Mot-d'Amour et Mandragore s'installèrent sur leur table habituelle. Viking et sa bande étaient assis sur divers tas de vieilleries au fond de la pièce, Viking sur un amas de câbles électriques et de tuyaux de caoutchouc enchevêtrés, Jojo au sommet d'un amoncellement de

caisses solidement clouées. Quant à Lynx, il restait collé contre Viking, comme s'il avait été son garde du corps.

— Regardez-les ! grommela Brin-d'Osier. On dirait qu'ils ont choisi leur place selon leur nature.

— Que veux-tu dire ? demanda Mot-d'Amour en jetant un coup d'œil à Viking.

— Viking s'est assis sur un tas de tuyaux emmêlés. Ça veut dire que son cœur est aussi tordu que ces tuyaux. Jojo est impénétrable ; c'est pour ça qu'il se tient sur une pile de caisses hermétiquement fermées.

Mot-d'Amour se mit à glousser. Mandragore, qui n'avait pas tout saisi, considéra un moment la bande avec perplexité, puis soudain pris d'un fou rire, se roula par terre en se tenant le ventre à deux pattes.

Viking et sa bande, se rendant compte qu'on se moquait d'eux, fusillèrent Brin-d'Osier du regard.

Quelques instants plus tard, les autres chats de l'école commencèrent à arriver. Ceux de la classe des Chats sauvages se réunirent autour de Viking, tandis que ceux de l'Assemblée nocturne prenaient place dans des pots de terre et des casseroles éparpillées sur le sol.

A voir tous ces chats au milieu des ustensiles dispersés pêle-mêle dans la pièce, on aurait cru qu'un esprit était sorti de chaque objet, tel un génie engourdi après une longue période d'ensorcellement, et que se retrouvant enfin libre de ses mouvements, il essayait de se détendre. Il y avait vraiment de tout dans cette salle de classe ! Et chacun vaquait à ses petites affaires dans son coin : un chat, tout ensommeillé, piquait du nez, la langue entre les dents ; un autre tournait en rond sur lui-même pour essayer d'attraper sa queue ; un autre encore s'étirait par terre, son ventre blanc à l'air...

— Tout le monde est là ?

Fidèle à son habitude, le professeur Barbu apparut soudain sur le poêle rouillé, comme s'il en avait jailli sans que personne s'en aperçoive.

— Si le poêle rouillé avait un esprit, il ressemblerait à cette pelote de laine, murmura Brin-d'Osier dans ses moustaches, avec un léger sourire.

— Qu'est-ce que c'est que ce tas de laine ?

— C'est un chat, ça ?

La pièce était si silencieuse que les remarques moqueuses de la bande de Viking parvinrent jusqu'aux oreilles du professeur Barbu.

— Vous là-bas, vous êtes de la classe des Chats sauvages ? demanda-t-il en les fixant d'un regard sévère. Vous avez quelque chose à dire ?

Viking et sa bande, intimidés, se turent aussitôt.

— Je m'appelle Aladin, poursuivit le professeur. Dans cette école, on me surnomme Barbu. Je suis le professeur principal de la classe de Cristal et j'enseigne l'histoire des chats.

Il dévisagea les élèves tour à tour, essayant d'imprimer leur image dans son cerveau.

— Tu as entendu ? Cette pelote de laine s'appelle Aladin.

— C'est le prof principal de la classe de Cristal ? Tu veux rire ? Je le verrais plutôt dans une classe de tricot !

Viking et sa bande recommencèrent à jacasser.

— Comment vous appelez-vous ? demanda le professeur Barbu en élevant la voix. Si vous avez des choses à dire, parlez plus fort.

Silence.

— Vous n'avez rien à dire ? Bon, alors, comme punition pour vous être moqués de votre professeur pendant qu'il avait le dos tourné, vous ferez cinq sauts périlleux sur place, gronda-t-il. Vous pouvez bavarder autant que vous voulez. Mais se moquer de quelqu'un derrière son dos, ce n'est pas digne d'un chat.

La bande de Viking ne pipa mot, se bornant à afficher une moue de mécontentement.

— Pourquoi restez-vous immobiles ? Vous ne savez pas faire le saut périlleux ? Alors, laissez-moi vous aider.

Le professeur Barbu murmura quelques mots inaudibles et se gratta plusieurs fois sous les oreilles. Puis il

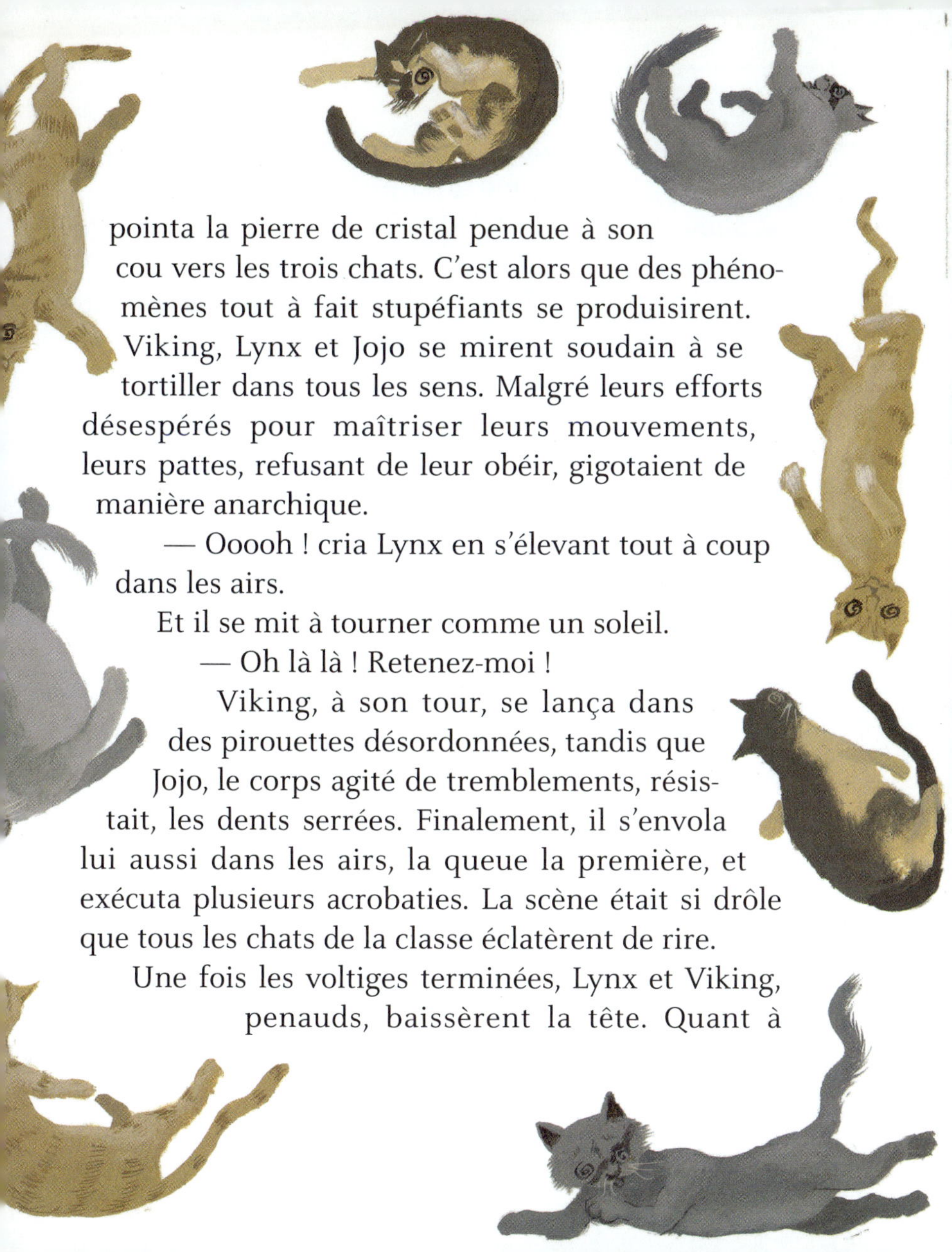

pointa la pierre de cristal pendue à son cou vers les trois chats. C'est alors que des phénomènes tout à fait stupéfiants se produisirent. Viking, Lynx et Jojo se mirent soudain à se tortiller dans tous les sens. Malgré leurs efforts désespérés pour maîtriser leurs mouvements, leurs pattes, refusant de leur obéir, gigotaient de manière anarchique.

— Ooooh ! cria Lynx en s'élevant tout à coup dans les airs.

Et il se mit à tourner comme un soleil.

— Oh là là ! Retenez-moi !

Viking, à son tour, se lança dans des pirouettes désordonnées, tandis que Jojo, le corps agité de tremblements, résistait, les dents serrées. Finalement, il s'envola lui aussi dans les airs, la queue la première, et exécuta plusieurs acrobaties. La scène était si drôle que tous les chats de la classe éclatèrent de rire.

Une fois les voltiges terminées, Lynx et Viking, penauds, baissèrent la tête. Quant à

Jojo, les yeux flamboyants de rage, les mâchoires crispées, il lança un regard furibond au professeur Barbu.

— Bien fait pour eux ! dit Mandragore en se léchant les babines de satisfaction.

— Tu avais raison, Brin, ajouta Mot-d'Amour, on dirait bien que Jojo n'est pas un chat ordinaire.

— C'est vrai, il y a quelque chose d'étrange en lui.

# LE CHAT DE LA PROPHÉTIE

— Bon, mettons-nous au travail, à présent.

Le professeur Barbu frappa quelques coups sur le tuyau du poêle rouillé. En entendant prononcer le nom « travail », tous se mirent soudain à s'affairer, comme s'ils s'étaient donné le mot. Certains se grattaient sous l'oreille, d'autres léchaient leur fourrure avec application, d'autres encore faisaient mine d'attraper des souris. En les voyant s'agiter ainsi, le professeur Barbu eut un sourire de contentement.

— Je vois que vous connaissez bien le règlement de l'Ecole des Chats. Pendant le cours, c'est exactement ce que vous devez faire, au moins trois fois. En revanche, il est interdit de vous bagarrer ou de dire du mal de quelqu'un dans son dos.

Le professeur Barbu ouvrit le couvercle du poêle rouillé et en sortit deux rouleaux de papier, ainsi qu'une longue et fine baguette de cristal. Tous les regards convergèrent vers lui. Il accrocha les deux rouleaux sur le tuyau du poêle et les laissa se dérouler. C'étaient deux dessins sur lesquels figuraient des chats. L'un d'eux, celui que la classe de Cristal avait déjà vu, représentait le Chat-Soleil en train de trancher le serpent géant avec l'épée magique.

L'autre montrait une chatte assise sur un trône comme une reine.

— Regardez bien ceci.

Le professeur Barbu désigna de sa baguette le tableau du Chat-Soleil. La lumière bleuâtre émise par le cristal illumina l'image.

— Notre histoire à nous, les chats domestiques, commence en Egypte. Regardez ce dessin. A cette époque-là les chats rendaient de multiples services aux hommes. C'est pourquoi les Egyptiens adoraient le dieu du Soleil sous la forme d'un chat mâle.

Puis la baguette de cristal désigna le dessin de la chatte assise sur un trône.

— La chatte que vous voyez ici représentait pour les Egyptiens la déesse de la Terre.

Toutes les chattes de la classe relevèrent le menton avec fierté. Le professeur Barbu tapota l'une de ses pattes de devant avec la baguette de cristal et continua :

— Ce fut une période de grande prospérité pour les chats. Dans notre histoire, on l'appelle l'Age d'or.

Tous les élèves, ravalant leur salive, regardaient le dessin avec attention. Dans la pièce, on aurait entendu une mouche voler.

— Ça n'a plus été l'Age d'or après cette période ? demanda brusquement Brin-d'Osier, rompant le silence.

Les autres chats, intrigués, tournèrent les yeux vers lui.

— C'est exact, répondit le professeur. L'Age d'or des chats s'est terminé avec l'ancienne Egypte.

— Pourquoi ?

Le professeur Barbu ouvrit le couvercle du poêle et en sortit deux autres rouleaux de papier. Puis il roula les dessins suspendus au tuyau avant de les ranger à leur place dans le poêle. Lorsqu'il étala les deux nouvelles feuilles, des sifflements de colère fusèrent d'un peu partout parmi les élèves. Sur le premier tableau, on voyait une sorcière attachée à un poteau au milieu des flammes. Sur le deuxième, des hommes pourchassaient des chats et les jetaient dans un feu.

— Au Moyen Age, en Europe, l'idée se répandit que les chats étaient des créatures maléfiques. C'est ainsi que les relations entre les hommes et les chats se sont dégradées. A l'époque, les hommes avaient très mauvaise opinion des sorcières. Ils croyaient qu'elles se livraient à la magie noire pour leur faire du mal. C'est pour ça qu'ils les brûlaient. Les hommes considéraient les chats comme les serviteurs des sorcières. Ils croyaient que, comme elles, ils pratiquaient la magie noire pour nuire aux humains. Les chats devaient vivre cachés dans le noir. Dans l'histoire des chats, on appelle cela la période de l'obscurantisme. Cela veut dire que c'était une période sombre, comme une nuit sans lune. Regardons maintenant un autre dessin.

Le professeur Barbu souleva de nouveau le couvercle du poêle et en sortit deux autres rouleaux. Intrigués, les chats, tendant le cou, regardèrent le couvercle avec attention. Combien de choses ce poêle contenait-il encore ? A coup sûr, le professeur Barbu devait recourir à la magie. Sinon, comment aurait-il pu extraire autant d'objets d'un poêle si petit ?

Le professeur Barbu déploya les deux nouvelles feuilles de papier.

— Waouh ! C'est notre directeur ! s'exclamèrent les chats en chœur.

Sur le tableau, Chaussettes semblait fixer les élèves d'un regard solennel. Mais en l'observant de plus près, on se rendait compte que ce n'était pas Chaussettes. En effet, ce chat-là n'avait pas de tache blanche à côté du nez. Derrière lui, on voyait plusieurs moines vêtus de robes orange ainsi qu'une tour au sommet pointu.

Sur l'autre dessin, apparaissait une gigantesque construction enfouie dans la jungle. Plusieurs grandes sculptures en forme de visage humain surplombaient les portes.

Le professeur pointa sa baguette sur le premier dessin.

— Il y a trois mille ans, les chats domestiques d'Egypte ont commencé à se répandre dans les autres pays. Pas seulement en Europe, mais aussi dans les contrées d'Asie, comme en Birmanie, en Chine, en Corée, etc. Ce fut une vraie chance, car en Asie, les humains avaient d'excellentes relations avec les chats. Regardez, le chat de ce dessin ressemble beaucoup à notre directeur. C'est un chat sacré de Birmanie. On lui a donné ce nom parce qu'il vivait près des temples de ce pays. Derrière lui, vous voyez les moines et la pagode ? Les moines birmans considéraient les chats comme des êtres sacrés, car le chat birman avait un pouvoir mystérieux.

— Notre directeur est aussi un grand magicien, alors ? demanda un chat qui, semblait-il, appartenait à la classe de l'Assemblée nocturne.

— Eh bien, ce n'est pas le genre de magie que vous imaginez... En tout cas, il est vrai qu'il possède un grand pouvoir. Maintenant, voyons ce dessin. C'est le temple d'Angkor Vat, où vivaient les chats birmans. C'est là que l'Ecole des Chats a été fondée. Il y a environ mille ans, se dressait à cet endroit une grande ville avec de nombreux temples, mais aujourd'hui ce n'est plus qu'une jungle inhabitée. D'après ce qu'on raconte, lorsque l'Ecole des Chats a ouvert ses portes pour la première fois là-bas, notre directeur a été le premier élève de la classe de Cristal.

Tous les chats, estomaqués, en restèrent bouche bée.

— Ça veut dire que Chaussettes... je veux dire, notre directeur, a plus de mille ans ? demanda Mandragore, les yeux ronds. Comment est-ce possible ?

— Tu aimes l'arithmétique, à ce que je vois. Tu m'as déjà demandé combien le Chat-Soleil avait tué de serpents...

Mot-d'Amour pouffa.

— En fait, personne ne le sait, reprit le professeur, l'air énigmatique. Mais une chose est sûre : il n'y a aucun chat au monde qui soit plus âgé que notre directeur.

— Comment se fait-il que l'école, qui se trouvait à Angkor Vat, ait déménagé jusqu'ici ? demanda Viking.

Pris de court, le professeur Barbu le considéra un bref instant.

— Notre directeur a voyagé dans le monde entier, dans l'espoir que la prophétie se réalise.

— La prophétie ?

— Parfaitement ! Dans l'histoire des chats, l'époque présente, celle où nous vivons, est appelée l'Age noir et blanc. Comme vous le savez, il y a des humains qui vivent en bonne intelligence avec les chats, et d'autres non. Quant aux chats eux-mêmes, certains sont de cristal et d'autres sont des ombres...

Le professeur Barbu sauta au bas du poêle et poursuivit ses explications, tout en faisant les cent pas parmi ses élèves.

— Dans l'Age noir et blanc, il y a des chats qui naissent par deux, comme de vrais jumeaux. Ils sont doués d'un pouvoir magique. L'un devient un chat de cristal et l'autre une ombre. Mais ces jumeaux se battent entre eux. C'est quelque chose d'horrible.

— Alors, notre directeur et vous, professeur, vous avez chacun un frère jumeau ? demanda Mot-d'Amour, les yeux brillants.

Le professeur Barbu réfléchit une seconde avant de répondre :

— Oui, nous avons des frères jumeaux qui sont

devenus des ombres. Se battre férocement entre frères pendant presque mille ans est une terrible tragédie. C'est pourquoi, depuis longtemps, nous espérons de tout cœur que l'Age noir et blanc se terminera bientôt.

— Mais la prophétie dont vous nous avez parlé, qu'est-ce que c'est ? demanda Jojo avec impatience.

— C'est ce que j'allais vous raconter. Il y a une légende qui se transmet dans le monde des chats depuis des temps immémoriaux. Comme cette prophétie a commencé à circuler à l'aube de l'Age noir et blanc, elle remonte à environ mille ans.

— Mille ans ?

— Je crois que c'est à peu près ça. Selon la prophétie, un jour viendra où un chat, sans avoir de frère jumeau, sera doué de pouvoirs magiques. Ce chat ouvrira un nouvel Age d'or. Le directeur et moi avons parcouru le monde entier en quête du chat annoncé par la prophétie. Nous avons ouvert une Ecole des Chats dans de nombreux pays. Mais nous sommes toujours à sa recherche.

De lourds soupirs se firent entendre un peu partout dans la salle. Mot-d'Amour, accablée, s'allongea à plat ventre. Viking, la mine maussade, s'écroula par terre.

— Ça suffit pour aujourd'hui, dit le professeur. Vous pouvez sortir prendre l'air.

Et pour signaler la fin du cours, il tapa légèrement le tuyau du poêle avec sa baguette de cristal.

Les chats, un par un, sautèrent sur la fenêtre et descendirent dans la cour.

# Le secret de la grotte de cristal

Le professeur Barbu ouvrit le couvercle du poêle et y glissa les dessins et la baguette de cristal. Puis il en sortit un petit instrument de musique qui ressemblait à une guitare. Après l'avoir accordé, il se mit à chanter.

*Il y a très longtemps,*
*Avec mon frère, mon vrai jumeau,*
*Je me suis battu,*
*Il y a très longtemps,*
*C'est une triste histoire,*
*Ah ! ah ! triste histoire d'il y a très longtemps...*

La voix du professeur Barbu était pure et douce. Ce qui, vu son physique, était plutôt inattendu ! Les accents tristes et poignants de la chanson remplirent la pièce et s'échappèrent par la fenêtre. Les chats qui étaient restés dans la salle, occupés à se gratter sous les oreilles ou à faire leur toilette, se rassemblèrent autour de leur professeur. Ceux qui étaient déjà sortis dans la cour l'observaient par la fenêtre.

Le professeur s'arrêta de chanter.

— Sortez tous, je dois me reposer, dit-il.

Les chats, tout en jetant des coups d'œil furtifs pardessus leur épaule, sortirent dans la cour. Mot-d'Amour et Mandragore les suivirent. Mais Brin-d'Osier s'approcha du professeur.

— Professeur, j'ai une question à vous poser.

Le professeur, reposant son instrument de musique, se tourna vers lui.

— Quelle est ta question ? Ça ne peut pas attendre le prochain cours ?

— Eh bien, c'est que... je me demandais si...

— Bon, vas-y, mais fais vite.

— Vous avez dit tout à l'heure qu'avec le directeur, vous aviez parcouru de nombreux pays, et que vous aviez ouvert plusieurs écoles à la recherche du chat de la prophétie.

— En effet, c'est ce que j'ai dit. Et alors ?

— Mais au précédent cours, vous nous aviez dit que lorsque les ombres avaient attaqué l'école, vous n'étiez même pas né. Alors là, je ne comprends plus.

Le professeur, amusé, sourit.

— Tu es vraiment intelligent, Brin-d'Osier. Et tu as raison. Quand s'est déroulée la bataille où le Chat Noir a été fait prisonnier, je n'étais pas né, en effet. Mais il est vrai aussi que j'ai voyagé en compagnie du directeur dans plusieurs pays, bien avant que l'Ecole des Chats ne soit transférée ici, en Corée.

Malgré ces explications, Brin-d'Osier dodelina de la tête. Tout cela n'avait aucun sens. La Grotte de Cristal se trouvait bel et bien ici, en Corée. Or, si le professeur avait accompagné le directeur dans ses voyages, avant que l'école ne s'installe en Corée, il aurait dû normalement être présent au combat de la Grotte de Cristal. Plus Brin-d'Osier réfléchissait, moins il comprenait. Il se gratta sous l'oreille. Le professeur Barbu éclata de rire.

— Ha ! ha ! ha ! Très bien, je vais te l'expliquer. Mais cela doit rester entre nous. Je veux que tu gardes le secret. Car vois-tu, apprendre quelque chose avant l'heure n'est pas forcément un bien. Souvent, il vaut mieux attendre d'être prêt.

Au mot « secret », Brin-d'Osier dressa les oreilles et s'assit, le cœur battant la chamade. Le professeur, la tête plongée dans le poêle, farfouilla à l'intérieur pendant un long moment. Puis il en sortit un vieux rouleau de parchemin et l'étala. C'était une carte très ancienne.

후지산
가지
카이로
앙코르 와트
푸나
N

— La Grotte de Cristal est un espace extrêmement mystérieux. Elle se trouve à Séoul, la capitale de la Corée, et en même temps ailleurs. Cela peut te sembler difficile à comprendre. Mais tout ce que je peux te dire, c'est que la Grotte de Cristal relie des espaces différents et existe en même temps dans des endroits différents. Autrement dit, la Grotte de Cristal est à Angkor Vat et également à Séoul. Elle est sur le mont Taishan en Chine et sur le mont Fuji au Japon.

— Vous voulez dire que la Grotte de Cristal où vous nous avez amenés l'autre jour se trouve aussi à Angkor Vat ?

— Exactement. Cette grotte que nous avons visitée possède plusieurs entrées. Et elle a effectivement une entrée à Angkor Vat. Si nous étions sortis par une autre issue, nous nous serions retrouvés quelque part, ailleurs qu'à Séoul. Ne me demande pas comment c'est possible ni pourquoi, car, moi aussi, je l'ignore. Tout ce que je sais, c'est que la Grotte de Cristal n'est visible, ni pour les humains, ni pour aucun autre animal. C'est un espace que seuls les chats peuvent voir.

Brin-d'Osier avait beau se creuser la cervelle, il n'arrivait toujours pas à comprendre le sens des paroles du professeur Barbu.

— Ça veut dire que la bataille de la Grotte de Cristal... s'est déroulée avant que l'Ecole des Chats ne s'installe ici à Séoul ?

— Ha ! ha ! tu as compris au moins cela ! Le directeur et moi avons le devoir de protéger la Grotte de Cristal. Nous devons également surveiller le Chat Noir qui y est emprisonné. Par conséquent, nous ne pouvons pas nous en éloigner. C'est pour cela que toutes les écoles que nous avons ouvertes se trouvaient dans des pays disposant d'un accès à la Grotte de Cristal.

— Dans ce cas, le Chat Noir doit être enfermé depuis très longtemps ?... Depuis combien d'années est-il là ?

— Je t'ai dit que cela s'est passé avant ma naissance. N'essaie pas d'en savoir trop à la fois. Il est préférable de ne comprendre que ce que tu es prêt à accepter. En tout cas, ne révèle pas le secret de la grotte aux autres chats. Quand cela sera nécessaire, je le leur dévoilerai moi-même.

Brin-d'Osier hocha la tête en signe d'assentiment. De toute façon, même s'il l'avait voulu, il aurait été incapable de le raconter aux autres, car lui-même n'y comprenait pas grand-chose. Un espace invisible... qui en plus existait dans plusieurs endroits à la fois... Tout cela était bien mystérieux.

# UN COURS DE MAGIE

— Pourquoi sors-tu seulement maintenant ? grogna Mandragore qui attendait Brin-d'Osier dehors. De quoi as-tu parlé avec le professeur Barbu ?

Brin-d'Osier, quoique légèrement embarrassé, marmonna d'un ton détaché :

— Oh rien ! Nous avons parlé du cours, c'est tout. Je voulais en savoir un peu plus sur le Chat-Soleil...

Mandragore, perdant aussitôt tout intérêt pour le sujet, détourna la tête. Quant à Mot-d'Amour, elle restait silencieuse, comme sans énergie.

— Mot, tu es malade ? demanda Brin-d'Osier.

— Non, non, ne t'inquiète pas, répondit-elle, éludant la question. Ce n'est rien.

Brin-d'Osier préféra changer de conversation.

— Qu'allons-nous faire pour ce concours de magie ? demanda-t-il, une note d'inquiétude dans la voix.

Comment apprendre la magie avant la prochaine nouvelle lune ?

— Est-ce que le professeur pourra nous enseigner quelques tours avant la date ? demanda à son tour Mandragore. Ça m'étonnerait beaucoup ! On ne peut tout de même pas laisser ces minables se moquer de nous... Chef, tu devrais en toucher un mot au professeur.

Et il fouetta l'air de ses pattes de devant, comme s'il s'était pour de bon trouvé aux prises avec Viking et sa bande.

— Il faudrait que j'avoue au professeur qu'on fait un concours de magie ? demanda Brin-d'Osier en regardant la demi-lune dans le ciel.

— Nous pourrions essayer de le supplier, dit Mot-d'Amour, d'une voix éteinte. Allons-y.

Brin-d'Osier et ses deux amis retournèrent dans la salle du sous-sol. Le professeur Barbu ne chantait plus. L'instrument de musique qui ressemblait à une guitare avait disparu. Il avait dû le ranger dans le poêle. Il était assis, les pattes croisées, à la manière des humains. Il semblait perdu dans ses pensées.

— Professeur ! Professeur Aladin !

— Quoi ? Vous avez appelé Aladin ? Que faites-vous ici ?

— Vous méritez bien ce nom d'Aladin, dit Mandragore d'un ton hésitant.

— N'essaie pas de jouer les flatteurs, Mandragore, rétorqua le professeur. Ça ne te va pas du tout... Que veux-tu ? Tu es pressé d'apprendre la magie ?

Se voyant percé à jour, Mandragore se gratta la tête et eut un rire gêné.

— Et toi, Mot-d'Amour, pourquoi as-tu l'air si abattue ? reprit le professeur.

— Oh, ce n'est rien...

— Un chat trop mou ne peut pas apprendre la magie.

Mot-d'Amour, s'arrêtant net de soupirer, releva la tête en dressant les oreilles.

— Pourquoi tenez-vous tant à apprendre la magie ? insista le professeur. Vous ne feriez pas un concours, par hasard ?

Les trois chats, un instant décontenancés, feignirent l'innocence en contemplant le plafond.

— Le genre de magie auquel vous pensez n'est qu'un jeu d'enfants pour les chats. Elle est très facile à apprendre. D'ailleurs, ça ne fait même pas partie du monde supérieur de la magie de Cristal. Vous voulez essayer ? Alors chantez avec moi.

Le professeur ressortit son instrument de musique et se racla la gorge.

*Jadis, quand les chats apprenaient la magie,*
*Il leur était facile de se rendre invisibles,*
*Ils n'avaient qu'à prononcer la formule magique*
*Akongkagua agukakonga,*
*Et en tournant vers la droite*
*Exactement un tour et un tiers,*
*Ils devenaient invisibles.*
*Le vent, en passant, murmurait :*
*« Pfft ! vous appelez ça de la magie ?*
*Moi, je suis toujours invisible,*

*Et je parcours la terre entière,*
*Si vous appelez ça de la magie,*
*Moi, je suis l'ancêtre de tous les grands magiciens. »*
*Alors, les chats, honteux, voulaient redevenir visibles,*
*Ils prononçaient la formule magique*
*Agukakonga akongkagua,*
*Et en tournant vers la gauche*
*Exactement un tour et un tiers,*
*Ils retrouvaient leur apparence normale.*
*Ouf !*

Quelle drôle de chanson !

Brin-d'Osier, Mot-d'Amour et Mandragore, tout en se retenant de rire, chantèrent de tout leur cœur en même temps que leur professeur.

— Eh bien, dit ce dernier, il ne vous reste plus qu'à faire ce que conseille la chanson : *Akongkagua agukakonga.*

Le professeur Barbu, tout en récitant la formule magique, tourna sur lui-même un tour complet et un peu plus. Et hop ! soudain, il disparut. Les trois élèves poussèrent un miaulement de surprise.

— Qu'est-ce que vous en dites ? C'est facile, non ?

La voix du professeur flottait au-dessus du poêle.

— Maintenant, je redeviens comme j'étais. *Agukakonga akongkagua.*

Et hop ! il réapparut. Brin-d'Osier et ses deux camarades en restèrent la bouche ouverte.

— C'est à vous, maintenant. Essayez de suivre exactement les instructions de la chanson.

Les trois chats pivotèrent sur eux-mêmes tout en récitant la formule. Mais rien à faire ! Ils avaient beau s'appliquer, il ne se passait pas le plus petit prodige. Ça ne marchait pas !

— C'est important de tourner exactement un tour et un tiers, comme le dit la chanson, recommanda le professeur. Si vous tournez ne serait-ce qu'un dixième de tour en plus ou en moins, la magie ne marche pas. Il faut beaucoup s'exercer pour pivoter juste ce qu'il faut. Maintenant, concentrez-vous et essayez encore.

Brin-d'Osier et ses deux amis scandèrent une nouvelle fois la phrase magique et se remirent à tournoyer. Mais toujours rien ! Leurs corps refusaient de devenir transparents. Mandragore dégringola de la table avec un bruit sourd. A force de tourner, il commençait à avoir sérieusement le vertige. Pareil pour Brin-d'Osier et Mot-d'Amour. Pour finir, ils se retrouvèrent tous les trois écroulés sous la table.

— Hé, Mot ! Regarde ! Une de tes pattes a disparu ! s'écria soudain Brin-d'Osier.

Pas de doute ! La patte arrière droite de Mot-d'Amour semblait s'être évaporée. Se rendant compte de ce qui lui arrivait, elle s'écria, remplie de stupeur :

— Nom d'un chat ! Qu'est-ce que je fais maintenant ?

Elle se mit à sautiller sur place, en proie à une vive inquiétude. On aurait dit qu'elle n'avait plus que trois pattes. Brin-d'Osier ne put s'empêcher de rire. Mandragore, remonté sur la table, se tenait les côtes à deux pattes, lui aussi pris de fou rire.

— *Agukakonga akongkagua.*

Le professeur Barbu pointa le cristal de son collier en direction de Mot-d'Amour. Immédiatement, la patte effacée refit son apparition. Mot-d'Amour poussa un soupir de soulagement.

— Exercez-vous chaque fois que vous en aurez le temps, surtout pour ce qui est de tourner juste ce qu'il faut, conseilla le professeur. Aujourd'hui, nous allons d'abord apprendre le reste des couplets.

Et, prenant son instrument de musique, il se remit à chanter. Les trois élèves mémorisèrent, l'une après l'autre, toutes les strophes de la chanson magique qui leur enseignaient l'art et la manière de se métamorphoser en animaux, de se rapetisser, ou de grandir. Les paroles changeaient un peu à chaque refrain, mais la mélodie était toujours la même, ce qui rendait la chanson très facile à retenir.

*Jadis, quand les chats apprenaient la magie,*
*Il leur était facile de devenir aussi grands que des rochers,*
*Ils n'avaient qu'à prononcer la formule magique*
*Akongkagua agukakonga,*
*Et en se grattant sous l'oreille gauche avec la patte gauche,*
*Exactement une fois et trois quarts,*
*Ils devenaient aussi grands que des rochers.*
*En les regardant, la montagne grommelait :*
*« Pfft ! vous appelez ça de la magie ?*
*A mes yeux, vous êtes aussi petits que des fourmis,*
*Si vous appelez ça de la magie,*
*Moi, je suis l'ancêtre de tous les grands magiciens.*

*Laissez tomber ! laissez tomber !*
*La magie la plus mystérieuse,*
*C'est pour un chat de rester tel qu'il est. »*
*Alors les chats, honteux, voulaient rapetisser,*
*Ils prononçaient la formule magique*
*Agukakonga akongkagua,*
*Et en se grattant sous l'oreille droite avec la patte droite,*
*Exactement une fois et trois quarts,*
*Ils retrouvaient leur taille normale.*
*Ouf !*

Une fois qu'ils eurent appris par cœur tous les couplets, le professeur Barbu remit l'instrument de musique dans le poêle et en sortit trois petits colliers de cristal.

— Ce que vous avez appris aujourd'hui n'est qu'un exercice pour petits de maternelle. On ne peut même pas appeler ça de la magie. Mais sachez que ce que dit la montagne dans le dernier couplet est exact. Pour un chat, rester tel qu'il est, c'est ça la magie la plus mystérieuse. Cette vérité ne s'applique pas seulement aux chats, mais à toutes les choses en ce monde. Peut-être que ça ne vous dit rien pour l'instant, mais avec le temps vous comprendrez. Et alors vous serez capables de pratiquer la magie de Cristal. En attendant, portez cela autour du cou.

Le professeur Barbu accrocha un collier auquel était suspendu un morceau de cristal au cou de chacun de ses trois élèves.

— Au début, vous aurez une sensation de froid si intense que vous aurez du mal à le garder sur vous. Mais prenez patience. Il faut vous y habituer. Bien que ce ne soit que de la magie pour débutants, il vaut mieux savoir s'en servir, n'est-ce pas ? Essayez de vous entraîner régulièrement. Et si vous vous retrouvez avec rien qu'une patte invisible, comme c'est arrivé tout à l'heure à Mot-d'Amour, utilisez le cristal. Récitez la formule magique en pointant votre collier, et tout rentrera dans l'ordre.

Sur ces paroles, le professeur sauta sur la fenêtre et disparut.

# DE DRÔLES DE TOURS !

— Enfin ! Nous avons appris des tours de magie ! Nous avons réussi !

Brin-d'Osier, Mot-d'Amour et Mandragore s'enlacèrent et sautillèrent de joie. Quelle chance d'avoir pu apprendre un peu de magie, ils étaient fous de bonheur !

— J'ai l'impression que je serai incapable de trouver le sommeil, déclara Brin-d'Osier. Allons plutôt nous exercer.

Mot-d'Amour et Mandragore ne se firent pas prier. Les trois chats se rendirent sur-le-champ à la clairière, où ils s'arrêtèrent devant l'entrée de la Grotte de Cristal. Il était encore tôt, l'herbe était mouillée de l'humidité de la nuit. Sous le souffle du vent, des gouttes de rosée tombaient des brins d'herbe. *Floc, floc, floc !*

— Maintenant que nous avons mémorisé chacun une strophe de la chanson, nous pouvons commencer. A toi l'honneur, Mandragore !

Mandragore entonna le couplet de la chanson magique qui permettait de devenir invisible.

*Jadis, quand les chats apprenaient la magie,*
*Il leur était facile de se rendre invisibles...*

Les trois chats s'exercèrent avec application, suivant à la lettre les instructions de la ritournelle. Mais, malgré tous leurs efforts, les résultats n'étaient pas toujours à la hauteur. Ce ne fut qu'au bout d'un long moment que le corps de Brin-d'Osier commença à s'estomper lentement, semblant se trouer de partout. Mot-d'Amour, le bas du corps effacé, ne ressemblait déjà plus qu'à la moitié d'un chat. Quant à Mandragore, c'étaient son oreille droite et une partie de son ventre qui s'étaient envolées. Les trois amis se regardèrent et se mirent à rire. Soudain, Mandragore, tournant brusquement la tête, s'écria :

— Qui va là ?

Il se précipita comme une flèche derrière le rocher. Mot-d'Amour et Brin-d'Osier le suivirent.

— Qui aurait le toupet de venir nous espionner, si tôt le matin ?

— J'ai vu une ombre se diriger vers le bois, là-bas, j'en suis sûr, dit Mandragore, furieux d'avoir loupé l'intrus.

— C'était peut-être la classe des Chats sauvages qui redescendait la colline, marmonna Brin-d'Osier, en regagnant sa place. Vous savez, ils suivent leurs cours là-haut.

Puis ce fut au tour de Mot-d'Amour de chanter le couplet qui permettait de se métamorphoser en animal.

*Jadis, quand les chats apprenaient la magie,*
*Il leur était facile de se transformer en oiseau,*
*Ils n'avaient qu'à prononcer la formule magique*
*Akongkagua agukakonga*
*Et en tournant sur la gauche*
*Exactement trois fois et deux cinquièmes,*
*Ils devenaient des oiseaux et s'envolaient dans le ciel.*
*Les oiseaux qui passaient par là disaient :*
*« Pfft ! vous appelez ça de la magie ?*
*Chez nous, même les oisillons savent voler,*
*Si vous appelez ça de la magie,*
*Nous sommes les ancêtres de tous les grands magiciens. »*
*Alors, les chats, honteux, voulaient*
*Reprendre leur forme initiale,*
*Ils prononçaient la formule magique*
*Agukakonga akongkagua*
*Et en tournant sur la droite*
*Exactement trois fois et deux cinquièmes,*

*Ils redevenaient des chats.*
*Ouf !*

Mais quand on a tournoyé trois fois sur soi-même, il n'est pas facile d'accomplir exactement deux cinquièmes de tour. Ils essayèrent et réessayèrent des dizaines de fois, mais ça ne marchait toujours pas. Tout ce qu'ils gagnèrent fut que la bouche de Mot-d'Amour se transforma en bec d'oiseau. Et encore ! Brin-d'Osier et Mandragore se la montrèrent de la patte, n'en pouvant plus de rire.

— J'ai trop tourné, j'ai le vertige, dit-elle en s'agrippant la gorge comme prête à rendre le contenu de son estomac.

Les trois chats, étourdis, s'allongèrent sur le dos. Au-dessus d'eux, le ciel tourbillonnait à toute vitesse.

— C'est amusant la magie, dit Brin-d'Osier avec un petit rire. Mais c'est encore plus drôle de tout rater.

— Oui, c'est vraiment tordant ! approuva Mandragore.

— Plus tard, reprit Brin-d'Osier en souriant, quand on aura réussi à maîtriser parfaitement la magie, il faudra continuer à jouer de temps à temps à se tromper de formule. Imaginez un peu : juste la tête qui flotte dans l'air ou les pattes de devant qui se transforment en ailes, ce serait rigolo, non ?

— Oui, ce serait génial !

Ils se relevèrent et se remirent au travail. Cette fois, c'était le tour de Brin-d'Osier.

*Jadis, quand les chats apprenaient la magie,*
*Il leur était facile de se rapetisser,*
*Ils n'avaient qu'à prononcer la formule magique*
*Akongkagua agukakonga*
*Et en se grattant sous l'oreille gauche*
*Avec la patte arrière gauche,*
*Exactement deux fois et deux tiers,*
*Ils devenaient aussi petits que des souriceaux.*
*Les fourmis qui passaient par là disaient :*
*« Pfft ! vous appelez ça de la magie ?*
*Vous êtes mille fois plus grands que nous,*
*Si vous appelez ça de la magie,*
*Nous sommes les ancêtres de tous les grands magiciens. »*
*Alors, les chats, honteux, voulaient*
*Reprendre leur taille normale,*

*Ils prononçaient la formule magique*
*Agukakonga akongkagua,*
*Et en se grattant sous l'oreille droite*
*Avec la patte arrière droite,*
*Exactement deux fois et deux tiers,*
*Ils redevenaient comme avant.*
*Ouf !*

Ce tour-là, qui permettait de devenir tout petit, était relativement facile. Il fallait juste se gratter sous l'oreille avec une patte de derrière. Pourtant, celui-là non plus, impossible de l'exécuter correctement. C'était soit leur tête, soit leurs pattes qui se ratatinaient toutes seules comme s'ils s'étaient regardés dans des miroirs déformants. Le spectacle était vraiment comique ! Brin-d'Osier, Mot-d'Amour et Mandragore se tordaient de rire, ils en avaient les larmes aux yeux. De plus en plus surexcités, ils ne savaient plus s'ils étaient en train d'étudier la magie ou de s'amuser tout simplement.

Pour finir, comme des enfants de l'école primaire récitant leurs tables de multiplication, ils chantèrent en chœur le couplet qui faisait grandir.

*Jadis, quand les chats apprenaient la magie,*
*Il leur était facile de devenir aussi grands que des rochers,*

*Ils n'avaient qu'à prononcer la formule magique Akongkagua agukakonga...*

Ce tour de magie se révéla encore plus désopilant que les autres. La queue de Mot-d'Amour devint énorme, mais seulement sa queue ! On aurait dit un gros boa en train d'avaler la moitié d'un chat. Mot-d'Amour avait beau faire, elle n'arrivait pas à bouger d'un pouce. Sa queue était devenue si lourde qu'elle avait l'impression de traîner une énorme masse de fonte derrière elle.

Quant à Mandragore, seule sa patte arrière droite avait grandi et atteint la taille d'un poteau. Il ressemblait à la statue d'un petit chat posée sur une haute colonne.

— C'est trop haut, j'ai le vertige, s'écria-t-il, l'air ahuri, sur sa patte arrière démesurément allongée.

Mot-d'Amour et Brin-d'Osier riaient tellement qu'ils en avaient le souffle coupé. C'est alors que la même mésaventure arriva à Brin-d'Osier. Sa tête devint gigantesque. Il faisait penser à un chat trop curieux qu'on aurait pris en train de fouiner, la tête plongée dans un pot immense, les pattes gigotant en l'air dans un effort désespéré pour se redresser.

Quelques instants plus tard, les trois chats, épuisés de rire, finirent par s'endormir. Lorsque Brin-d'Osier, frissonnant de froid, ouvrit les yeux, le ciel était déjà rempli d'étoiles.

# HISTOIRE DE FANTÔMES

— Oh là là ! Nous sommes en retard. Le professeur d'art va nous gronder.

Brin-d'Osier réveilla en hâte Mot-d'Amour et Mandragore en les secouant comme des pruniers. Pleins d'appréhension, tous trois se précipitèrent vers l'école. Mais, à peine arrivés au pied de l'orme, ils entendirent une grande clameur provenant de la maison.

— Qu'est-ce que c'est ?

Les trois amis accélérèrent le pas. Comme ils s'engageaient dans le hall, un chat de la classe de l'Assemblée nocturne en sortit d'un bond comme un diable de sa boîte. De l'intérieur, parvenait le vacarme d'une cavalcade effrénée.

— Qu'est-ce qui se passe ? demanda Mandragore en l'arrêtant au passage.

— Des fan... fantômes !

— Des fantômes ? Y aurait-il des fantômes assez audacieux pour se montrer au milieu de tous ces chats ?

Mandragore s'élança dans le hall. Un troupeau de chats se ruait en débandade vers le sous-sol. En un clin d'œil, Brin-d'Osier et Mot-d'Amour furent happés par la

cohue. Mot-d'Amour, ballottée de tous côtés, poussée en avant par la bousculade, se mit soudain à rire aux larmes.

Viking et Jojo sur ses talons, Lynx poursuivait la foule des chats qui s'enfuyaient, tout en criant à pleins poumons les noms de ses camarades de classe. Mais, quelle horreur !

ses quatre pattes étaient invisibles, seul son corps flottait dans l'air. Et à la place de l'un de ses yeux, on ne voyait plus qu'un trou béant. Pas étonnant que les autres chats, terrorisés, se soient enfuis ! Par-dessus le marché, on s'apercevait, en regardant d'un peu plus près, que l'oreille gauche de Viking manquait aussi. Seul Jojo était intact.

— C'était bien la bande de Viking qui nous espionnait, dit Brin-d'Osier. A force de s'entraîner tout seuls, voilà ce qui leur est arrivé !

Il se mit à rire de bon cœur.

— C'est bien fait pour eux ! s'exclama Mot-d'Amour.

— Ça leur apprendra ! renchérit Mandragore.

Et ils éclatèrent aussi de rire.

— Ah, vous voilà ! Vous tombez bien, s'écria un chat âgé, tacheté de noir et blanc, qui observait le tumulte. Vous êtes bien les élèves de la classe de Cristal ? Faites quelque chose pour ces monstres. Je suis sûr que c'est en volant la formule magique de l'invisibilité qu'ils sont devenus comme ça...

L'air gêné, il jetait des coups d'œil obliques sur les pierres de cristal accrochées au cou des trois chats. Ce devait être lui, le professeur d'art.

— Nous venons juste de commencer à apprendre la magie, dit Mot-d'Amour d'un ton innocent. Nous ne savons pas encore comment faire.

— Alors, tant pis ! Il ne me reste plus qu'à appeler le professeur Barbu.

Et sur ces mots, le chat tacheté sortit du hall en courant.

L'école était plongée dans le chaos le plus total. Une vingtaine de chats détalaient dans tous les sens, renversant et cassant tout sur leur passage. Ce ne fut qu'après l'arrivée du professeur Barbu que le brouhaha s'apaisa. Les deux professeurs convoquèrent Viking et Lynx dans le bureau de Chaussettes, qui se trouvait vide à ce moment-là.

— Le cours de magie pour débutants était bientôt prévu dans votre classe, gronda le professeur Barbu. Vous auriez pu attendre un peu. Ce n'était pas la peine de vous précipiter comme ça. Vous vous rendez compte des désordres que vous avez causés ? Des fauteurs de trouble comme vous ont besoin d'une bonne leçon. Vous resterez dans cet état jusqu'à ce que vous arriviez à rompre le charme et à vous sortir de là tout seuls.

Lynx et Viking, au bord des larmes, le supplièrent d'avoir pitié d'eux.

— Certes, il faut que ces voyous soient punis pour la bêtise qu'ils ont commise... intervint le chat tacheté. Mais, comme je dois donner mon cours, pardonnons-leur pour cette fois.

Le professeur Barbu considéra la bande, puis, à contrecœur, laissa tomber :

— Vous avez de la chance, vous savez ! Vous pouvez remercier votre professeur d'art qui vous épargne le juste châtiment que vous méritez.

Et en murmurant la formule magique, il pointa sa pierre de cristal vers Viking et Lynx. Ce dernier retrouva avec joie ses quatre pattes et son apparence normale, et Viking son oreille.

Cette histoire de fantôme se révéla en tout cas une véritable aubaine pour Brin-d'Osier, Mot-d'Amour et Mandragore. Grâce au charivari causé, ils ne furent pas grondés pour leur retard. Un vrai coup de chance !

Les élèves de la classe de l'Assemblée nocturne avaient surnommé le chat tacheté « Professeur Kotkam ». Ce dernier, en effet, racontait souvent – c'était une véritable manie chez lui – l'histoire du tigre qui s'était enfui parce qu'il avait eu peur d'un kaki séché. C'est un conte très célèbre en Corée, où l'on appelle ces fruits des kotkams. Cela parlait d'un enfant qui pleurait sans arrêt. Un jour, sa maman l'avertit que s'il continue à pleurnicher, le tigre l'emmènera et le mangera. Ce qui a pour résultat de faire hurler le petit garçon de plus belle ! Sa maman lui dit alors pour le consoler : « Tiens, mon petit, voici un kotkam. Arrête de pleurer maintenant. » Aussitôt les larmes de l'enfant cessent de couler. Le tigre qui écoutait, l'oreille collée contre la porte, se sauve à toutes pattes, persuadé qu'un kotkam, un être encore plus terrifiant que lui, est entré dans la maison.

Cette histoire, tout le monde la connaissait par cœur. N'empêche que le professeur Kotkam la racontait toujours comme si c'était la première fois. Et il était bien le seul à y prendre plaisir. En plus de ses fonctions de professeur d'art, il était aussi professeur principal de la classe de l'Assemblée nocturne. Mais pour les chats, l'art était une matière ennuyeuse. Pourquoi ennuyeuse ? Eh bien, parce que pendant les cours, les chats ne devaient pas se contenter de dessiner. Ils apprenaient en même temps à lire et à écrire, car chez les chats l'écriture est une forme d'art.

Chaque élève, assis sur le morceau de journal qu'il avait apporté en classe, s'efforçait de déchiffrer ce qui était imprimé dessus. Or, il faut reconnaître que lire, assis sans bouger, est l'une des choses les plus pénibles à supporter lorsqu'on est un chat. Ce n'était que pendant les dernières minutes, à la fin du cours, que les élèves apprenaient le dessin.

La salle réservée au cours d'art était une pièce pourvue d'une grande fenêtre au premier étage. Ce jour-là, à cause du temps perdu avec l'incident des fantômes, les élèves échappèrent à la séance de lecture. Après avoir raconté pour la millième fois au moins l'histoire du tigre et du kaki séché, le professeur Kotkam accrocha à la fenêtre plusieurs dessins qu'il se mit aussitôt à commenter.

— Regardez ce dessin, à gauche, dit-il en désignant une image qui ressemblait à une fresque égyptienne. Les humains et les animaux y sont dessinés sans relief, comme s'ils avaient été aplatis par un rouleau compresseur. Ce tableau a été peint en Egypte pendant l'Age d'or des chats. Il est connu comme le plus grand chef-d'œuvre félin de tous les temps. Et maintenant, regardez celui-là.

Il fit deux pas vers le dessin accroché sur le côté droit de la fenêtre. On y voyait une pie perchée sur une branche

d'arbre en pleine floraison ; dessous, un chat souriait. La pie et le chat étaient dessinés aussi plats que des os de seiche. Le chat esquissait un sourire comique qui découvrait toutes ses dents.

— Ce chef-d'œuvre de l'art populaire coréen a été peint cinq mille ans après l'Age d'or, il y a environ deux cents ans de ça. Les hommes, bizarrement, pensent que c'est un tigre, et non un chat, qui est représenté.

Tous les élèves éclatèrent de rire.

— Un peu de silence, je vous prie ! Vous voyez comme le chat et la pie paraissent aplatis ? Ce tableau a beaucoup troublé les chats de l'époque. Ils y voyaient le signe que l'Age d'or allait revenir.

Mais, de plus en plus distraits, les chats commençaient à montrer des signes d'impatience et à s'intéresser à autre chose. Le professeur jeta alors un coup d'œil par la fenêtre et annonça :

— C'est dommage, mais nous devons nous arrêter là pour aujourd'hui. Pilastre, décroche ces dessins et suis-moi.

Aucun des élèves ne paraissait éprouver le moindre regret de voir se terminer le cours. Tous se tenaient prêts à se précipiter dehors dès que le professeur Kotkam aurait tourné le dos. Un chat plutôt grassouillet s'avança pour ramasser les dessins. C'était le chat à la fourrure marron qui s'était assis sur une grande jarre pendant le cours d'histoire. Ce devait être le dénommé Pilastre.

— On dirait que c'est lui le chef de la classe de l'Assemblée nocturne, chuchota Mot-d'Amour. Il n'a pas l'air plus drôle que son professeur principal. Qu'est-ce qu'il fait sérieux !

Mais au même instant, alors qu'il s'appliquait à rouler le dessin d'art populaire, Pilastre s'interrompit soudain et un sourire idiot lui fendit la gueule jusqu'aux oreilles, découvrant toutes ses dents. Sans doute essayait-il d'imiter le personnage du tableau. Çà et là, quelques chats émirent de petits gloussements. Lorsque le professeur Kotkam, intrigué, tourna la tête, Pilastre, faisant l'innocent, changea en un clin d'œil d'expression.

— Il se croit drôle, murmura Mot-d'Amour. Avec la tête sinistre qu'il a, il s'imagine peut-être qu'il va nous faire rire ? Quelle blague !

— C'est exactement le genre de gag pitoyable que les chouchous des professeurs essaient de faire pour amuser la galerie, décréta une voix goguenarde derrière eux.

D'un seul mouvement, Brin-d'Osier, Mot-d'Amour et Mandragore tournèrent la tête. C'était Viking, flanqué de sa bande.

— Hé, Lynx ! Ton défilé de mode était très réussi, ironisa Mot-d'Amour. Surtout le trou dans ton œil, c'était irrésistible !

Lynx poussa un feulement de colère mais n'osa pas attaquer. Mandragore-le-costaud était là, prêt à intervenir. Mieux valait ne pas bouger une griffe...

— Vous avez pris une décision ? demanda Brin-d'Osier en regardant Viking. Je veux dire, pour l'heure et l'endroit du concours de magie.

— En fait, on a encore beaucoup de choses à discuter, répondit Viking. Sortons.

Les six chats gagnèrent en file indienne le pied de l'orme.

— De quoi voulez-vous parler ? s'enquit Brin-d'Osier.

— C'est à propos du match. Si on le remplaçait par un autre genre de concours ?

— Le remplacer ? Ah, je vois ! C'est vrai qu'avec des compétences aussi médiocres que les vôtres, tout juste bonnes à faire disparaître quelques pattes ou trouer un œil, difficile de gagner un concours.

— Vous n'êtes pas meilleurs que nous, d'après ce que j'ai vu, répliqua Jojo agressivement.

— J'avais bien l'impression que quelqu'un nous espionnait comme un rat. Alors, c'était toi, Jojo ! lança Mandragore avec un rictus mauvais.

— Votre magie n'est qu'un jeu de maternelle, railla Jojo au comble de la mauvaise foi. ça ne vaut pas la peine de vous espionner.

— Dans ce cas, quel autre genre de défi voulez-vous lancer ? se hâta de demander Brin-d'Osier, pour empêcher Mot-d'Amour de proférer les sarcasmes qui lui brûlaient les lèvres.

— Disons que l'épreuve consisterait à aller jusqu'au fond de la Grotte de Cristal, y laisser une marque et revenir, proposa Viking avec sérieux.

— Comment se fait-il que vous soyez au courant pour la Grotte de Cristal ?

— C'est un secret que tout le monde connaît, répondit Jojo avec un sourire malicieux.

Une inquiétude s'empara soudain de Brin-d'Osier. Les paroles du professeur Barbu lui étaient revenues en mémoire : « La Grotte de Cristal est un espace extrêmement mystérieux... »

— Et vous savez aussi que la Grotte de Cristal est un endroit très dangereux ? balbutia-t-il.

— Bien sûr, se vanta Viking. Si ce n'était pas dangereux, il n'y aurait aucun intérêt à lancer un défi, n'est-ce pas ?

— Il a raison, renchérit Jojo.

Puis, s'adressant à Mandragore, comme pour l'inciter à accepter le défi, il ajouta :

— Après tout, il s'agit d'un pari entre élèves de l'Ecole des Chats. Les risques doivent donc être à la hauteur, vous êtes d'accord, non ?

Brin-d'Osier n'aimait pas le sourire hypocrite de Jojo, mais alors pas du tout !

Mandragore se souvint tout à coup de la punition que Viking et sa bande avaient reçue pendant le cours d'histoire.

— Le professeur Barbu nous a ordonné de ne pas aller dans la Grotte de Cristal... dit-il en baissant la voix.

— Ma parole ! On dirait que vous êtes devenus des élèves modèles, ironisa Lynx pour se venger. Je ne vous croyais pas comme ça.

— Si je dis ça, c'est uniquement pour vous, rétorqua Mandragore, reprenant son ton de chef de bande. On ne peut pas laisser des jeunots comme vous jouer avec le feu. C'est trop dangereux. Mais si vous insistez, il n'y a plus le choix. On est bien obligés d'accepter. De toute façon, on n'a aucune raison de refuser ce pari.

— Attendez, se hâta d'intervenir Brin-d'Osier. Il faut qu'on en discute entre nous. Donnez-nous un peu de temps.

— Très bien, dit Viking. Comme c'est une idée nouvelle, j'imagine qu'on doit vous laisser réfléchir. Si on se retrouvait ici demain, après le cours de science et sport ? Ça vous va ?

— D'accord, dit Brin-d'Osier en hochant la tête.

# CE QUI ARRIVA DANS LE BOIS

Le cours de science et sport devait avoir lieu le soir même et durer jusqu'au lendemain matin. Dès que le jour commença à décliner, Brin-d'Osier, Mot-d'Amour et Mandragore se rendirent à mi-pente de la colline, sur une parcelle de terrain nu entourée d'arbres touffus. Un grand nombre de chats y étaient déjà rassemblés depuis un moment. Il suffit aux trois amis de jeter un coup d'œil au professeur pour comprendre pourquoi personne n'aurait osé arriver en retard. Les élèves de la classe des Chats sauvages l'avaient baptisé « professeur Ultra ». De taille corpulente, il avait des allures de lion. Les muscles puissants de son corps faisaient onduler sa fourrure, son visage affichait la sévérité d'un officier militaire. Ses pattes et ses griffes étaient énormes. Rien que d'imaginer recevoir un coup de patte de sa part donnait froid dans le dos !

— Je comprends maintenant pourquoi ceux de la classe des Chats sauvages sont si dissipés pendant les autres cours, murmura Mot-d'Amour entre ses dents. Ils ne doivent même pas oser respirer pendant les cours de leur professeur principal.

— Toi, là-bas, la maigrichonne, tu as à te plaindre de quelque chose ? demanda le professeur Ultra, pointant sa grosse patte de devant vers Mot-d'Amour.

Celle-ci, la tête enfoncée dans les épaules, retint son souffle.

Le cours de science et sport ne durait pas longtemps. En fait, pendant la partie consacrée à la science, on n'apprenait pas grand-chose. Les seuls sujets abordés concernaient l'apparence physique et les habitudes des animaux, tels que mulots, écureuils et autres petits rongeurs. Après le cours de science, venaient les travaux pratiques. Chacun partait de son côté pour chasser de petits animaux, des souris par exemple, ou des musaraignes. Les élèves s'appliquaient à cet exercice avec beaucoup de zèle. Il faut dire qu'ils n'avaient pas le choix. Le jour des travaux pratiques, l'école ne leur donnait rien d'autre à manger !

Dès que le cours de science fut terminé, les chats commencèrent à se disperser dans le bois.

— Séparez-vous ! ordonna le professeur en brandissant une grosse patte griffue. Vous savez ce qui vous attend si j'attrape deux d'entre vous ensemble !

Devant une telle menace, aucun chat n'aurait été assez fou pour désobéir, on pouvait en être certain !

— Retrouvons-nous sous le châtaignier au bord du ruisseau à la fin du cours, dit Brin-d'Osier à Mot-d'Amour et Mandragore. On a des choses à discuter.

Leur petite équipe ne comptait que trois membres, mais ils n'étaient pas encore arrivés à se mettre d'accord. Mandragore voulait accepter le défi de la Grotte de Cristal, tandis que Brin-d'Osier avait l'impression que ce n'était pas une très bonne idée. Le problème, c'est qu'il ne pouvait pas révéler aux autres le secret de la grotte que le professeur Barbu lui avait confié. Aussi espérait-il que Mot-d'Amour serait de son avis. Mais celle-ci semblait hésiter à s'engager dans un camp ou dans l'autre. Brin-d'Osier comprenait le choix de Mandragore, qui était plutôt naïf et impulsif. Mais pourquoi Mot-d'Amour se comportait-elle ainsi ? C'était ce qu'il n'arrivait pas à saisir.

Mandragore, séparé de ses compagnons, commença à explorer le bois. Il avait tellement faim qu'une seule idée lui occupait l'esprit : attraper un mulot, et le plus vite possible ! Mais les mulots sur cette colline étaient devenus des experts dans l'art de s'enfuir et de se cacher dès l'arrivée des chats. C'était sûrement à force de se voir pourchassés tous les jours par plusieurs dizaines de chats affamés. Chaque fois que Mandragore pensait en avoir attrapé un, il lui échappait.

Il se coucha à plat ventre au milieu des buissons pour surveiller l'entrée d'un terrier de mulots qu'il venait de découvrir. Alors qu'il salivait à l'avance, les yeux fixés sur le trou, il entendit un bruit bizarre au-dessus de lui.

— Oho !

Il sursauta et regarda d'où venait le cri. Un petit enfant, assis sur une branche, un béret rouge sur la tête, lui souriait.

— Qu'est-ce que c'est que ça ? s'exclama Mandragore, les yeux ronds de surprise. Comment se fait-il qu'un petit comme toi se trouve ici, dans les bois, à une heure aussi tardive ?

— Moi, ici, chez moi.

L'enfant s'était exprimé bizarrement, comme s'il ne savait pas encore parler.

— Ici, chez toi ? répéta Mandragore. Mais il n'y a pas d'habitation humaine par ici...

Il s'interrompit, se rendant compte soudain que l'enfant avait utilisé le langage des chats. Il n'avait jamais rencontré d'humain qui sache communiquer dans sa langue.

— Moi connais choses à manger, dit l'enfant avant de descendre vers le ruisseau qui coulait à proximité.

— Quoi ? Des choses à manger ?

Mandragore, qui mourait de faim, suivit l'enfant sans hésiter. Ce dernier, tout en marchant, faisait de temps à autre un bond en l'air en s'exclamant : « Oho ! » Mandragore le trouvait si mignon et si drôle qu'il ne put retenir un sourire.

— Ici !

L'enfant désigna une pierre au bord du ruisseau puis regarda Mandragore. Sous la pierre, celui-ci trouva une grenouille, et sous une autre deux écrevisses.

— Ça se mange ? s'étonna Mandragore.

Quelque peu écœuré, il regarda l'enfant à la dérobée.

— Belettes mangent en hiver, répondit-il.

Mandragore enfourna la grenouille avec une grimace. Tiens ! Ce n'était pas si mauvais que ça ! Les écrevisses aussi avaient un goût délicieux. Il dévora grenouilles et écrevisses jusqu'à ce que son ventre soit gonflé comme une outre.

— Comment tu connais tout ça ? Il me semble que tu n'es pas un enfant ordinaire. Qui es-tu donc ?

— Moi, Mandragore.

— Mais Mandragore, c'est mon nom !

— Moi, vrai Mandragore.

— Le vrai Mandragore ? Ça veut dire que tu es réellement le ginseng sauvage qui a mille ans ?

L'enfant fit de nouveau un bond sur place en criant : « Oho ! »

— Si nous avons tous les deux le même nom, ça va prêter à confusion, reprit Mandragore. Pourquoi est-ce que je ne t'appellerais pas simplement Gamin ?

L'enfant sourit et sauta deux fois sur place en poussant son exclamation habituelle. Il avait l'air très content.

— Moi, m'ennuie. Autrefois, beaucoup gens gentils. Moi aidais eux souvent. Maintenant, gens méchants.

— C'est vrai. Le vieil homme de l'herboristerie où j'habitais me parlait souvent de toi. Il disait que jadis les enfants-mandragores qui vivaient sur le mont Baekdu venaient au secours des braves bûcherons et des gens qui étaient en difficulté. Mais aujourd'hui, ceux qui te recherchent sont cupides.

— Moi te suivre, dit l'enfant en pointant Mandragore du doigt.

— Tu veux venir avec moi ? Non, c'est impossible ! Remarque, si je m'écoutais, ça ne me déplairait pas de promener sur mon dos un gosse mignon comme toi, mais... j'habite dans une école où il n'y a que des chats.

— Cristal, dit le petit en désignant la pierre suspendue au cou de Mandragore.

— Tu veux ce collier ?

L'enfant secoua légèrement la tête.

— Non, moi entre dedans.

Il murmura quelques mots entre ses dents puis fit deux bonds en criant : « Oho ! Oho ! » Et l'instant d'après, il s'était transformé en une mince volute de fumée rose,

qui pénétra doucement dans le cristal du collier de Mandragore. Ce dernier, médusé, se contentait de regarder. Le cristal jeta un éclat lumineux avant de prendre une couleur rose pâle. Mandragore avait l'impression de rêver.

Pendant ce temps, Mot-d'Amour se démenait comme un beau diable. Mais rien à faire ! Elle non plus n'arrivait pas à capturer le moindre mulot. Alors qu'elle fouillait un buisson, une ombre noire surgit brusquement de derrière un arbre.

— Nom d'un chat !

Avec un sursaut, elle recula et s'aplatit au sol.

— Désolé si je t'ai effrayée.

C'était Viking.

— Pourquoi essaies-tu de me faire peur ? Tu ferais mieux de t'occuper de tes affaires.

— J'ai à te parler...

— Moi, je n'ai rien à te dire, rétorqua Mot-d'Amour avec froideur en se détournant.

— Mot, tu as une sœur jumelle, pas vrai ?

— Qu'est-ce que ça peut te faire ? lança-t-elle nerveusement, tournant vivement la tête vers Viking.

— Moi aussi, j'ai un frère jumeau, répondit-il d'une voix calme. Quand le professeur Barbu nous en a parlé, j'ai vu ton visage s'assombrir et j'ai deviné que tu avais une sœur jumelle. Mais le professeur a dit que le maître du nouvel Age d'or serait un chat sans jumeau.

— Et alors ?

Viking donna un coup de patte sur le tronc d'arbre et s'avança vers Mot-d'Amour.

— J'ai besoin de ton aide. Essaie de convaincre tes copains à propos du pari. Tout ce que je veux, c'est tester mes limites. Quand Jojo nous a parlé de la Grotte de Cristal, mon cœur s'est mis à battre très fort. J'ai tout de suite été impatient de la voir !

— C'est Jojo qui vous a tout raconté sur la Grotte de Cristal ?

— Oui. Depuis que j'ai appris que seule la classe de Cristal avait droit à un cours particulier là-bas, j'ai très envie d'y aller, je ne pense qu'à ça. Pour moi, ce n'est pas qu'un pari.

Il regarda gravement Mot-d'Amour. Elle lut dans ses yeux qu'il était sincère.

— Si tu en as tellement envie, ne t'en prive pas. Vous pouvez y aller tout seuls.

— Nous ne savons pas où elle se trouve. Même Jojo dit qu'il ne connaît pas l'entrée. Je voudrais juste savoir jusqu'où je suis capable d'aller. C'est le professeur Barbu qui m'a amené dans cette école. C'est une longue histoire. Je ne peux pas tout te raconter maintenant. En tout cas, le professeur Barbu a reconnu chez moi des dons pour la magie. C'est pourquoi je croyais entrer dans la classe de Cristal. Et voilà que je me retrouve dans la classe des Chats sauvages !

— C'est le professeur Barbu qui t'a conduit ici, tu dis ?

— Oui. Qu'est-ce que j'ai pu lui en vouloir de m'avoir mis dans une autre classe ! J'ai même pensé quitter l'école. Mais avant de décider quoi que ce soit, je me suis dit qu'il fallait tester mes capacités, au moins une fois. Tu comprends ce que je ressens ?

— Quelles que soient tes raisons, tu n'as pas ton mot à dire dans notre décision, le coupa fermement Mot-d'Amour.

Pourtant sa voix s'était beaucoup radoucie.

— Je sais, je veux juste que tu y réfléchisses, c'est tout.

Et sur ces mots, Viking s'enfonça lentement dans l'ombre du bois.

Le croissant de lune déclinait vers l'ouest. Le ciel était encore obscur, mais la rosée qui trempait le sol indiquait que l'aube n'était plus très loin. Au sommet d'une petite colline, Brin-d'Osier transpirait abondamment. Il regarda vers le bas, en proie à un sentiment étrange.

— C'est vraiment bizarre !

Au pied de la colline coulait un ruisseau, lieu du rendez-vous avec Mot-d'Amour et Mandragore. Brin-d'Osier descendit en suivant le sentier qui menait au cours d'eau. Mais au bout d'un moment, il se retrouva à l'endroit exact d'où il était parti. Plusieurs fois, le même curieux phénomène se répéta. Du coup, la peur commença à le gagner. Il s'efforça néanmoins de garder son sang-froid.

— Ce lieu a quelque chose d'insolite. Il faudra que je revienne quand il fera jour.

Il frotta ses joues sur les rochers, tout autour du sommet, pour imprégner le chemin de son odeur afin de s'en souvenir plus tard. Puis il dévala l'autre versant de la colline. Cela l'obligeait à faire un long détour, mais il n'avait pas le choix. Il courut de toute la vitesse de ses quatre pattes. Mot-d'Amour et Mandragore étaient déjà arrivés.

— Tiens, mange !

Mandragore poussa vers lui quelque chose d'un geste brusque. C'étaient des grenouilles et des écrevisses.

— Il paraît que les belettes survivent en hiver grâce à ça, dit Mot-d'Amour sans cesser de mâchonner.

Une patte de grenouille sortait encore à moitié de sa bouche.

— Mmmm ! continua Mot-d'Amour en s'essuyant les babines après avoir avalé le reste de la grenouille. C'est délicieux ! Tu devrais essayer.

Comme il défaillait de faim, Brin-d'Osier ferma les yeux et ingurgita une poignée de grenouilles et d'écrevisses.

— Pas mauvais ! Tant mieux, comme ça plus besoin de se donner tant de mal pour attraper des mulots.

Les trois chats se regardèrent avec un grand sourire de satisfaction.

— Mot, qu'as-tu choisi ? demanda Brin-d'Osier en la regardant. La bande de Viking doit nous attendre. Prenons vite une décision et allons les rejoindre.

— Je crois... commença Mot-d'Amour hésitante, qu'il vaudrait mieux accepter ce défi.

— Ouaouh ! Ça fait deux contre un ! exulta Mandragore en sautillant de joie comme un chaton.

Mais Brin-d'Osier, le cœur lourd, murmura :

— Eh bien... nul ne peut prédire ce qui va se passer... Imaginez un peu qu'on arrive à l'endroit où est enfermé le Chat Noir.

Il observa le ciel, l'air soucieux.

— En fait, avoua Mot-d'Amour timidement, j'ai rencontré Viking tout à l'heure dans le bois.

— Viking ?

— Oui, il avait l'air très vexé de n'avoir pas été accepté dans la classe de Cristal, répondit Mot-d'Amour d'une voix hésitante. Il pense que c'est parce qu'il a un frère jumeau. Il m'a dit qu'il voulait tester ses pouvoirs. Je comprends ce qu'il ressent... A vrai dire, ce que le professeur Barbu nous a raconté m'a beaucoup tourmentée, car j'ai moi aussi une sœur jumelle.

— Quoi ? s'exclama Mandragore, abasourdi. Tu as une jumelle ?

Brin-d'Osier jugea inutile de poursuivre la discussion sur ce sujet.

— Très bien, c'est décidé, dit-il d'un ton peu enthousiaste. On accepte le pari.

Et, ouvrant la marche, il se remit en route. La bande de Viking les attendait sous l'orme.

— Alors, qu'avez-vous décidé ? demanda Viking avec impatience dès qu'il vit apparaître Brin-d'Osier.

— Nous acceptons. C'est pour quand ?

— Vous connaissez le grand châtaignier au bord du ruisseau, dit Jojo. Rencontrons-nous là-bas à la nouvelle lune dès le début des travaux pratiques du cours de science et sport. D'accord ?

— Entendu, on fait comme ça, répondit Brin-d'Osier en hochant la tête.

— Bravo ! s'écria Viking. Vous avez pris une décision digne de chats. Merci !

Et avec un rire gai, il s'approcha de Brin-d'Osier et frotta son museau contre le sien. Du coup, ce dernier se dit qu'il ne fallait pas se fier aux premières impressions. Viking n'était pas si mauvais que ça, après tout !

Mais Lynx, de son côté, observait Brin-d'Osier et Viking avec inquiétude. Manifestement, l'idée de ce pari ne lui plaisait pas beaucoup. Quant à Jojo, un léger sourire aux lèvres, il regardait avec attention la pierre de cristal accrochée au cou de Mandragore. En lui jetant un regard perçant, Mandragore grommela pour lui-même : « Oh, celui-là ! On ne sait jamais ce qu'il pense ! »

# En route pour la Grotte de Cristal

Il faisait noir comme dans un four. C'était la nouvelle lune. Et, pour tout arranger, le ciel était couvert de nuages. De l'autre côté du ruisseau, la silhouette du châtaignier se profilait vaguement.

— C'est toi, Brin ? demanda Viking. Viens vite !

La bande de Viking était déjà sur place. Bien sûr, en tant qu'élèves de la classe des Chats sauvages, ils étaient experts en escalade de collines. C'est vrai aussi qu'ils n'avaient guère le choix s'ils voulaient survivre sous la direction du professeur Ultra. Mot-d'Amour et Mandragore ne tardèrent pas à les rejoindre.

— En route ! La nuit risque d'être longue...

Brin-d'Osier prit la tête de la petite troupe, Jojo fermant la marche. Ils avançaient à la queue leu leu, urinant de-ci de-là, se frottant contre les troncs d'arbre pour marquer leur chemin. Personne n'émettait le moindre miaulement. A mesure que le moment fatidique approchait, tous se sentaient de plus en plus tendus et inquiets.

Ils arrivèrent enfin dans la clairière où se dressait le chêne sacré. Brin-d'Osier s'avança vers le gros rocher et souleva les branches d'un arbrisseau. L'entrée de la grotte leur apparut, pareille à une gueule noire grande ouverte, mais juste assez large pour laisser passer un chat. Les oreilles aux aguets, ils perçurent le sifflement du vent provenant des entrailles de la caverne. Tous ravalèrent leur salive.

— Comment allons-nous procéder ? demanda Brin-d'Osier. Quelle équipe passe en premier ?

— Nous entrons les premiers et nous laissons une preuve de notre passage, répondit Viking. Ensuite, c'est votre tour. Si vous trouvez notre marque et que vous ressortez, vous êtes déclarés vainqueurs.

Jojo ne broncha pas, mais Lynx protesta.

— Non ! lança-t-il d'une voix énervée. Ce n'est pas à notre avantage. C'est nous qui entrons dans la grotte en dernier, et si nous ressortons après avoir vu la marque qu'ils ont laissée, nous avons gagné.

— Pas question, objecta Viking fermement. Comme c'est nous qui avons proposé ce pari, c'est plus juste de faire comme j'ai dit. Qu'en pensez-vous ? ajouta-t-il en se tournant vers Brin-d'Osier.

Jojo, indifférent à la discussion, gardait le silence, le regard fixé sur l'entrée de la grotte.

— Faites comme vous voulez, dit Mandragore, fanfaron.

Brin-d'Osier se creusait toujours les méninges pour trouver un moyen de convaincre ses camarades de renoncer au défi.

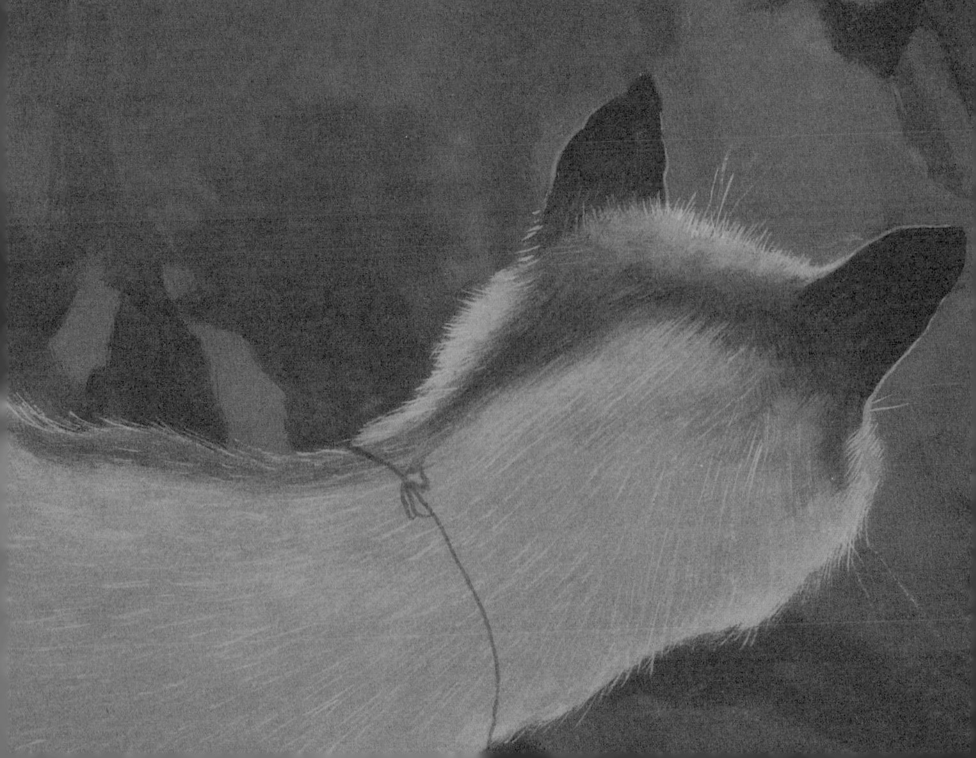

— Très bien, dans ce cas, on y va en premier, dit Viking.

Et il s'avança vers l'entrée de la grotte.

— Attendez ! Il faut quand même que je vous dise quelque chose, commença Brin-d'Osier avec précaution. De toute façon, vous allez bientôt vous en apercevoir. Le Chat Noir est enfermé dans cette grotte. Et il est très dangereux.

Avec un peu de chance, la bande de Viking prendrait peur et déclarerait forfait, pensait-il...

— Le Chat Noir ? répétèrent Viking et Lynx, les yeux écarquillés.

— Oui, c'est le roi des ombres. Nous ne l'avons jamais vu. Nous avons seulement entendu dire qu'il était prisonnier, mais qu'il restait très dangereux. Il est impossible de prévoir ce que nous allons trouver dans cette grotte. Mais il n'est pas trop tard. Si vous préférez abandonner, dites-le tout de suite. Personne ne vous en voudra. Quant au pari, on peut le remplacer par autre chose.

Il regarda ses camarades tour à tour.

— Ça m'est égal de mourir, répondit Viking, l'air déterminé. Si c'est dangereux, c'est encore mieux pour nous mettre à l'épreuve. Sinon, où serait l'intérêt ?

— Viking, tu commences à me plaire, dit Mandragore en lui donnant deux tapes amicales sur l'épaule.

— S'il faut y aller, dépêchons-nous, s'écria Jojo avec impatience.

Viking, le premier, pénétra dans la grotte. Jojo poussa devant lui Lynx qui, toujours hésitant, traînait les pattes.

Brin-d'Osier les suivit un moment d'un regard inquiet. La bande de Viking disparut bientôt de sa vue. Il s'approcha de l'entrée et cria vers l'intérieur de la grotte :

— Viking, s'il arrive quelque chose, appelle-nous ! N'essaie pas de sauver la face à tout prix ! Ou alors, revenez sur vos pas !

— D'accord, à bientôt... ooh... ooh... ooh...

La réponse de Viking résonna comme un écho dans les profondeurs de la caverne. C'est alors que Brin-d'Osier crut entendre, mêlé à sa voix, un long gémissement :

Ouh... ouh... ouh...

Ses poils se hérissèrent.

Que va-t-il se passer dans la Grotte de Cristal ?
Qu'arrivera-t-il à Minjun et Mori ?

Retrouvez les aventures de Brin-d'Osier
dans le tome **2** de *L'Ecole des Chats* !

# 2
# LE CADEAU MAGIQUE

# UNE ÂME DE CHAT

La porte vitrée du bureau de poste s'ouvrit doucement. Minjun passa la tête par l'entrebâillement et jeta un regard circulaire à l'intérieur.

— Hé petit, avance ! lui lança une grosse dame en le poussant dans le dos.

Avec son cartable sur les épaules et son sac de gymnastique à la main, Minjun sortait directement de l'école, ce n'était pas difficile à deviner. Il se figea, intimidé, et fouilla du regard le bureau de poste. Après une profonde inspiration, il s'avança vers le guichet du courrier.

— Tu veux poster une lettre ? demanda l'employée d'une voix douce.

Elle s'arrêta de compter les timbres étalés sur son comptoir et posa sur Minjun un regard interrogateur. Celui-ci se courba aussitôt pour se dissimuler derrière le guichet.

La voix de l'employée retentit au-dessus de sa tête.

— Tu veux peut-être acheter des timbres, mon garçon ?

Rougissant jusqu'aux oreilles, Minjun leva lentement la tête. La dame de la poste, penchée par-dessus le comptoir, lui souriait avec douceur. Pourtant, quelque chose dans ses yeux paraissait triste.

— Non... heu... le chat... balbutia Minjun en se redressant timidement.

— Le chat ? Tu es venu voir le chat ? Le chaton qu'on élève ici ?

— Non… je veux dire la grande chatte… Mot-d'Amour…

— Mot-d'Amour ? Comment tu connais Mot-d'Amour ? demanda la dame, les yeux écarquillés de surprise.

— Non, c'est-à-dire… la sœur jumelle de Mot-d'Amour…

Le sourire de la dame s'évanouit d'un seul coup et fit place à une expression de stupeur.

— Tu veux parler de Clochette ? La chatte qui vit chez moi ?

— Elle s'appelle Clochette ?

— C'est la sœur jumelle de Mot-d'Amour... Mais comment as-tu entendu parler de Clochette ? C'est *mon* chat.

Minjun, impuissant à trouver les mots pour s'expliquer, resta un moment muet, se tortillant nerveusement les doigts.

— ... en danger, finit-il par articuler.

— Qui est en danger ? Clochette ? Mais elle ne sort pratiquement pas de la maison, elle ne quitte jamais ma petite Sena.

— Non, non, pas Clochette.

— Qui alors ?

— L'âme de chat.

— Quelle âme de chat ?

La dame scrutait le visage de Minjun, saisie d'un sentiment étrange, une sensation inexplicable.

— L'âme de chat qui vit auprès de Clochette... reprit Minjun... la jumelle de Mot-d'Amour.

A cet instant précis, le visage de la dame pâlit affreusement. En proie à un trouble irrépressible, elle semblait sur le point de fondre en larmes.

— C'est ma fille Sena qui s'occupe de Clochette, murmura-t-elle d'une voix remplie d'appréhension. Tu veux dire que...

— C'est l'âme de chat.

— Ma petite Sena... une âme de chat ?

Minjun hocha la tête sans un mot. La dame, visiblement de plus en plus perplexe, le pressa d'une voix anxieuse :

— Ma petite Sena... elle est en danger... c'est ça ? Il lui est arrivé quelque chose ?

La dame paraissait tellement agitée que Minjun, pris de panique, recula d'un pas.

— Ça, je ne sais pas. Mais en tout cas, elle est... en danger.

Remarquant la mine embarrassée de Minjun, la dame regretta de l'avoir effrayé et s'efforça de se calmer. Elle lui fit un signe de la main pour le retenir.

— Tu veux bien m'attendre un moment, s'il te plaît ? Je vais t'emmener voir Sena. J'habite tout près d'ici.

Elle ramassa son sac à main et, avant de disparaître dans un bureau derrière le comptoir, elle se retourna et lui répéta :

— Tu ne bouges pas, d'accord ? Je reviens tout de suite.

Quelques instants plus tard, la dame, s'étant changée, reparut. Elle s'adressa à sa collègue au guichet voisin :

— Je dois m'absenter un moment pour aller chez moi. Je reviendrai après le déjeuner. Peux-tu me remplacer ?

— D'accord ! Ne t'en fais pas, je m'occupe de ton guichet. Tu dois t'inquiéter pour Sena, je comprends.

La dame fouilla du regard le bureau de poste à la recherche de Minjun. Mais où était-il passé ? On aurait dit qu'il s'était évaporé dans les airs.

— Tu n'as pas vu le petit garçon qui était là à l'instant ? demanda-t-elle à sa collègue.

— Ah, le gamin ? Je l'ai vu sortir, il y a une minute.

A peine sa collègue avait-elle terminé sa phrase que la dame se précipitait dehors. Elle fit le tour du bureau de poste en courant, scrutant chaque recoin d'un œil inquiet. Mais peine perdue ! Minjun restait introuvable. Elle s'arrêta et demeura un instant immobile, l'air désemparé. Ses pensées s'embrouillaient dans sa tête, elle ne savait comment interpréter ce que Minjun venait de lui révéler à demi-mot. Qui était donc ce petit garçon apparu si soudainement ? Comment connaissait-il l'existence de Clochette et de Sena ? Que savait-il d'autre ? Sena ne sortait jamais de la maison et sa seule compagne de jeux était Clochette...

A la pensée de sa petite fille, la dame fut brusquement envahie par une profonde mélancolie. L'âme de chat ? songea-t-elle. Sena serait une âme de chat ? Qu'est-ce que tout cela voulait dire ? Etait-ce simplement le fruit de l'imagination de ce garçon ? Non, car dans ce cas, il ne saurait pas tant de choses sur Mot-d'Amour et Clochette.

N'était-il pas plutôt une sorte d'ange, un messager venu du monde des chats ? Envoyé par le ciel qui aurait eu pitié de la petite Sena...

La dame laissa échapper un léger rire. Tout cela était bien peu probable, se dit-elle en secouant la tête. Puis elle se dirigea lentement vers sa maison.

Comme elle serait heureuse si ce petit garçon était réellement un ange ou un messager ! Elle se plongea de nouveau dans ses pensées, tout entières tournées vers sa petite fille.

Sena avait cinq ans lorsque sa mère avait appris qu'elle était autiste. Elle n'avait jamais imaginé que sa jolie fillette, si éveillée, pouvait souffrir de cette maladie. Pourtant, déjà toute petite, Sena parlait peu et refusait de croiser le regard des autres. Cela, sa mère s'en était aperçue, mais elle avait cru que c'était dans son caractère.

La petite était très timide et introvertie, mais avec l'âge, ça finirait sûrement par s'arranger, se disait-elle pour se rassurer.

Cependant, un jour, une maîtresse de l'école maternelle que fréquentait Sena lui avait annoncé la terrible nouvelle. ça avait été un véritable coup de tonnerre ! La directrice de l'école, jugeant que Sena présentait des symptômes d'autisme, avait conseillé à sa mère de consulter un spécialiste. Désemparée, celle-ci avait amené sa fille à l'hôpital, où l'on avait finalement confirmé que Sena était atteinte d'autisme. Depuis ce jour, Sena n'allait plus à l'école et ne sortait plus de la maison.

Les parents de Sena se disputaient souvent. Son père refusait absolument d'admettre que son enfant était autiste. Sans doute hanté par le souvenir douloureux de son fils aîné, qui avait succombé tout bébé à une maladie, il avait emmené sa fille dans tous les hôpitaux réputés du pays. Mais sans résultat. Alors, au bout d'un moment, il avait perdu patience. Il s'était mis en tête d'obliger Sena à parler. Chaque fois qu'elle évitait son regard, il la grondait avec une rage à peine contenue. Quand il commençait à crier ainsi, cela se terminait toujours par une dispute entre les parents. Pour finir, ils avaient divorcé. Le père de Sena avait quitté le foyer familial, abandonnant sa petite fille à son sort.

— Quand je pense qu'un petit prince est venu et qu'il s'inquiétait de Sena... et je l'ai laissé partir ! se dit la mère de Sena avec désespoir. Est-ce qu'une chance pareille se représentera un jour ?

Sa déception était si vive qu'elle se sentait près d'éclater en sanglots.

Alors qu'elle tournait le coin de la rue, elle entendit soudain un véhicule freiner brutalement dans un épouvantable crissement de pneus. Le cœur battant, elle sursauta et tourna la tête. Un minibus s'immobilisait en plein milieu de la ruelle où se trouvait sa maison. C'était le bus jaune chargé du transport des enfants de l'école maternelle. Saisie d'un sombre pressentiment, elle se précipita vers le véhicule.

Le patron de la supérette du quartier était déjà en train de passer un savon au chauffeur :

— Vous êtes fou ou quoi ? On ne conduit pas comme ça dans une voie aussi étroite ! Vous vous rendez compte des risques ? Et si vous aviez blessé les enfants ? Vous seriez bien avancé maintenant !

Devant les roues avant du bus, un grand chat noir au ventre blanc gisait à terre. Portant la main à son cœur, la mère de Sena poussa un soupir de soulagement.

— Je suis désolé, s'excusa le chauffeur du minibus. Mais tout d'un coup, j'ai vu surgir un troupeau de rats sous les sièges de mon bus. Ils se sont mis à galoper dans tous les sens...

— Comment ? Des rats ? Vous dites n'importe quoi ! Je vois que vous n'avez pas toute votre tête...

Pendant que le propriétaire du magasin tempêtait contre le pauvre conducteur tout penaud, les enfants de l'école maternelle du quartier descendaient du véhicule avec leur institutrice, l'air encore tout étourdi.

— C'est vrai, ce qu'il dit ! intervint la maîtresse. Il y en avait au moins une douzaine !

— Mais, maîtresse, ils sont tous partis maintenant, fit remarquer l'un des enfants.

Visiblement, les petits et leur maîtresse prenaient le parti du chauffeur.

— Une douzaine de rats dans un bus ? marmonna la mère de Sena en se dirigeant vers sa maison. C'est vraiment curieux !

— Grande sœur ! s'exclama la tante de Sena qui l'attendait en faisant les cent pas devant le portail.

A ses côtés, se tenait Sena serrant Clochette dans ses bras. Comme la mère de Sena travaillait à l'extérieur, c'était sa tante qui s'occupait d'elle à la maison.

— Oh ! Mais je vois que notre petite Sena est sortie ! Quelle bonne surprise !

La mère de Sena souleva sa fillette à bout de bras. La

petite, sans lâcher Clochette, enfouit sa tête contre sa poitrine. Dès qu'elle mettait le nez dehors, elle ne pouvait empêcher une irrésistible angoisse de s'emparer d'elle.

— Tu sais, grande sœur, Sena a failli avoir un accident, dit la tante.

— Que s'est-il passé ?

A la seule pensée qu'il était arrivé quelque chose à sa fille, la mère de Sena se sentit à deux doigts de s'évanouir.

Les enfants autistes vivent enfermés dans leur monde. Aussi ignorent-ils complètement ce qui se passe à l'extérieur et sont-ils aussi vulnérables que de tout petits bambins. Ils peuvent très bien avoir l'idée, par exemple, d'enfoncer des baguettes dans une prise électrique ou de saisir un couteau par la lame sans avoir aucune conscience du danger. On ne peut donc les laisser seuls un instant. A la moindre seconde d'inattention, on court le risque qu'ils commettent une imprudence. C'était pareil pour Sena. Combien de fois n'avait-elle pas déjà mis sa vie en danger ?

— J'ai laissé la porte d'entrée ouverte, expliqua la tante. Clochette en a profité pour sortir. L'ennui, c'est que Sena l'a suivie jusque dans la rue. Si Clochette ne s'était pas arrêtée, il aurait pu arriver quelque chose de terrible !

— C'est pour ça que je t'ai dit de faire très attention. Allez, dépêchons-nous de rentrer.

La mère de Sena, s'efforçant de réprimer sa colère, gronda sa sœur avec douceur. Après tout, c'était elle qui prenait soin de Sena en son absence et elle lui en était reconnaissante.

La petite famille louait un appartement au rez-de-chaussée d'une maison de trois étages.

— Quand j'y pense, il n'arrive que des choses bizarres aujourd'hui, fit remarquer la mère de Sena tout en s'affairant à préparer le déjeuner.

— Quoi, par exemple ? demanda la tante.

La mère de Sena entreprit de raconter la visite de Minjun.

— Et en plus, il paraît que tout d'un coup le bus scolaire s'est mis à grouiller de rats. C'est complètement fou, non ?

La tante qui s'était perdue dans ses pensées en écoutant le récit, reprit brusquement la parole.

— Au fait, il s'est aussi passé quelque chose d'étrange à la maison.

— Que s'est-il passé ?

— Tout à l'heure, en faisant la vaisselle, j'ai fait tomber une cuillère. Elle s'est glissée sous l'évier. J'ai voulu la ramasser, mais brusquement j'ai eu peur.

— Et de quoi donc ?

— Je ne sais pas, mais j'avais l'impression qu'il y avait un rat sous l'évier...

— Qu'est-ce que tu racontes ? Nous avons un chat à la maison. Il ne peut pas y avoir de rats. Décidément, tu as trop d'imagination !

— C'est ce que je croyais aussi. Mais comme je n'arrivais pas à attraper la cuillère, j'ai regardé sous l'évier. Et qu'est-ce que j'ai vu ? Un rat gros comme un lapin ! La peur que j'ai eue ! C'est pour ça que j'ai laissé la porte d'entrée ouverte. Pour qu'il s'échappe par là. Mais entre-temps, Clochette et Sena aussi sont sorties.

— Ne dis pas de bêtises. Tu ne crois tout de même pas qu'il existe des rats aussi gros que des lapins !

— Mon histoire est moins farfelue que celle du gamin qui est venu te voir ! Il a parlé d'une âme de chat, c'est ça ? Mais, c'est complètement dingue !

— Tu l'as dit ! Quelle drôle de journée !

La mère de Sena, après avoir disposé le déjeuner sur la table basse, l'apporta dans le séjour.

— Nous sommes peut-être au Pays des Merveilles, comme Alice, tu ne crois pas ? lança la tante en s'emparant d'une cuillère.

— Je n'ai rien contre le Pays des Merveilles. Si seulement il pouvait en sortir quelque chose de bien pour Sena !

Tandis qu'elle faisait manger sa fille, un sourire se dessina sur son visage. Elle revoyait en pensée le petit garçon qui était venu lui rendre visite. Sans savoir pourquoi, elle pressentait que ce gamin timide porterait bonheur à sa petite fille.

# LE CADEAU MAGIQUE

— Vous m'avez rendu trop de monnaie, madame.

L'adolescent, le visage couvert d'acné, fit glisser un billet de mille wons et quatre pièces de cent wons sur le comptoir.

— Vraiment ? Laissez-moi voir, je vous prie.

La mère de Sena, confuse, recompta l'argent que le jeune homme lui tendait. Elle pianota de nouveau sur sa calculatrice.

— Je vous ai rendu mille quatre cents wons de trop, effectivement. Excusez-moi.

— Ce n'est pas grave, ça peut arriver à tout le monde, dit l'adolescent avec un sourire avant de tourner les talons. Au revoir, madame.

— Ce jeune homme est vraiment gentil, observa la préposée au guichet voisin. Mais toi, où as-tu donc la tête aujourd'hui ?

— Tu as raison, je ne sais pas pourquoi, je ne me sens pas dans mon assiette en ce moment. C'est bizarre, mais j'ai envie de revoir le petit garçon qui est venu hier.

Elle tourna les yeux vers la porte vitrée par laquelle l'adolescent venait de sortir. C'était à peu près à la même heure, la veille, que le petit garçon avait fait son apparition.

— Tu ne vas pas déjeuner ? demanda sa collègue.

— Toi d'abord.

— Ne t'inquiète pas. S'il vient, je ne le laisserai pas repartir. Allez, va déjeuner.

— Non, je préfère attendre encore un peu.

— Bon, comme tu veux. Tu me remplaces, d'accord ?

L'employée chargée du guichet des dépôts d'argent sortit par la porte vitrée. La mère de Sena la suivit d'un regard distrait et poussa un soupir.

Je me fais l'effet de quelqu'un en train de se noyer et qui se retient à un brin de paille, songea-t-elle.

L'état de Sena ne montrait aucune amélioration. Elle ne pouvait pas vivre sans quelqu'un pour s'occuper d'elle. Que deviendra Sena quand je mourrai ? se demandait sa mère. Chaque fois que cette idée l'effleurait, l'avenir lui apparaissait chargé de sombres nuages. Comme il ne semblait y avoir aucune issue, elle essayait de se raccrocher au plus petit espoir, même le plus fou.

L'heure du déjeuner était bientôt passée, mais Minjun n'était toujours pas apparu. Malgré tout, la mère de Sena ne pouvait se résoudre à quitter son poste. Elle finit pourtant par se lever en pensant à Sena et sa tante qui devaient l'attendre pour déjeuner. Mais elle se rassit.

Et s'il arrive pendant que je suis partie ? se demandait-elle, soucieuse. A cet instant, la porte d'entrée s'ouvrit timidement. Retenant son souffle, elle la regarda fixement. C'était Minjun ! Elle se leva d'un bond et sortit de derrière son comptoir.

— Voilà notre petit jeune homme qui est revenu ! s'exclama-t-elle d'un ton joyeux. Je suis si contente de te revoir !

— Bonjour, la salua Minjun avec réserve.

— Alors, tu es venu pour quoi aujourd'hui ?

— Sena... je voudrais rencontrer Sena.

— Sena ? J'allais justement la retrouver à la maison. Tu veux venir avec moi ?

Minjun hocha la tête, les yeux baissés.

Tous deux prirent côte à côte le chemin de la maison. Mais avec ses petites jambes, Minjun devait hâter le pas pour ne pas se laisser distancer.

— Ton cartable a l'air bien lourd. Donne-le-moi, dit la mère de Sena en le déchargeant de son fardeau. Je parie que tu vas à l'école de Namseong. Tu t'appelles Minjun, et tu es en CE2, dans la classe B. J'ai deviné juste, non ? ajouta-t-elle d'un air innocent après avoir furtivement examiné l'étiquette collée sur le rabat du cartable.

Minjun la regarda et sourit. Elle en profita pour l'interroger avec douceur :

— Au fait, pourquoi veux-tu voir Sena ?

— J'ai un cadeau pour elle.

— Qu'est-ce que c'est ?

— Un cadeau magique.

— Un cadeau magique ! C'est merveilleux ! Sena va être drôlement contente. Je suis curieuse de savoir de quel genre de magie il s'agit. Tu ne veux pas me le dire en premier ?

— C'est très simple. J'ai juste quelques mots à lui dire.

— Vraiment ? J'ai hâte de voir les effets de cette magie.

Ils échangèrent un sourire.

— C'est toi, grande sœur ? Tu es en retard aujourd'hui.

La tante de Sena était occupée à préparer le déjeuner dans la cuisine.

— Mets un couvert de plus. Nous avons un invité.

— Oh, c'est toi, le fameux petit jeune homme ? dit la tante de Sena, heureuse d'accueillir Minjun. Sois le bienvenu !

Sena était assise dans le séjour, Clochette sur ses genoux. Le regard fixé sur le sol, elle caressait son chat d'une main tout en se berçant légèrement d'avant en arrière avec la régularité d'un balancier d'horloge. Toute sa personne donnait une impression si étrange que Minjun avait peur de s'approcher. La mère de Sena tapota doucement les cheveux de sa fille.

— Sena, ce petit jeune homme dit qu'il a un cadeau pour toi.

Sena ne réagit pas. Elle continua à se balancer en caressant le dos de Clochette du bout des doigts. Minjun s'avança vers elle à pas lents. Curieusement, il sentait sa peur disparaître peu à peu tandis qu'une sorte de chaleur se répandait dans sa poitrine. Il éprouvait de la pitié pour Sena, assise là, sans aucune expression pour éclairer son visage pourtant si joli.

Minjun s'agenouilla devant la petite fille. Se souvenant de ce que Brin-d'Osier lui avait demandé de faire dans sa lettre, il prit les mains de Sena dans les siennes. La maman et la tante observaient les deux enfants, les yeux écarquillés.

Minjun posa ses deux mains sur celles de Sena et plongea son regard dans le sien, puis il murmura à plusieurs reprises les mots que Brin-d'Osier lui avait dit de réciter.

Alors, se produisit une chose extraordinaire. Sena ralentit son mouvement de balancier, s'immobilisa, puis,

levant les yeux, sourit à Minjun. D'une voix à peine audible, elle chuchota quelques mots. Mais cela ne dura qu'un instant. Elle baissa de nouveau la tête et retira ses mains de celles de Minjun. Elle se remit à balancer son buste d'avant en arrière et à caresser son chat.

La mère de Sena, qui les avait regardés en retenant son souffle, s'exclama d'une voix émue :

— Ça alors ! Ma Sena... notre Sena a regardé quelqu'un dans les yeux ! Elle a souri et elle a même parlé !

— Ma parole, c'est vrai ! s'écria la tante, aussi stupéfaite que sa sœur. Elle a souri et parlé ! Oh là là, je n'en reviens pas !

Comme Minjun se relevait, la mère de Sena, fière de sa fille, la serra contre son cœur.

— Notre Sena a parlé ! Elle a dit quelque chose !

Des larmes plein les yeux, elle regarda Minjun.

— Petit jeune homme... Ah mais, c'est vrai, tu t'appelles Minjun, excuse-moi, je suis encore toute retournée... Qu'as-tu dit à Sena ? C'était quoi le cadeau magique ?

— Je lui ai dit que je protégerais l'âme de chat, expliqua Minjun.

— Et qu'est-ce qu'elle t'a répondu ? interrogea la tante, les yeux ronds de curiosité.

— Je ne sais pas, je n'ai pas bien compris. Mais j'ai eu l'impression...

— Oui ? Quoi ? le pressa la tante avec impatience.

Mais Minjun se contenta de secouer la tête. Il ne savait plus que répondre.

— Merci, Minjun. Merci beaucoup, dit la maman. Pour moi, le sourire de Sena est déjà un merveilleux cadeau.

Et, essuyant ses larmes, elle adressa à Minjun un sourire plein de reconnaissance.

# JOJO DISPARAÎT

— On ne peut pas rester comme ça ! Il vaudrait mieux les suivre.

Brin-d'Osier scrutait avec inquiétude l'intérieur de la grotte où avaient disparu Viking et sa bande.

— T'occupe pas d'eux, lança sèchement Mandragore. S'il leur arrive quelque chose, ce sera leur faute. Après tout, c'est eux qui ont insisté pour y aller, ces têtes de mules de Chats sauvages !

— Mais ils ignorent tout de la Grotte de Cristal et du Chat Noir. Et en plus, c'est nous qui les avons amenés ici. S'il leur arrive malheur, on en sera en grande partie responsables.

Brin-d'Osier, crispé, se balançait nerveusement d'une patte sur l'autre. Il ne pouvait s'empêcher d'imaginer tous les dangers qui allaient s'abattre sur les visiteurs de la grotte interdite.

— Le professeur Barbu nous a dit de ne parler de la Grotte de Cristal à personne... intervint Mot-d'Amour, tout aussi alarmée.

— Et comment on va leur expliquer qu'on a décidé de se lancer à leur poursuite ? fit remarquer Mandragore, avec une moue maussade. Je parie qu'ils en profiteront pour prétendre qu'ils ont gagné parce qu'on n'aura pas respecté les règles du jeu.

— Mandragore, ce n'est pas une question de gagner ou de perdre, tu ne comprends pas ?

— Brin-d'Osier a raison. Si le professeur Barbu l'apprend, nous serons *tous* punis. Alors, dépêchons-nous d'aller les chercher !

Et sans plus attendre, Brin-d'Osier s'élança dans la grotte, Mot-d'Amour sur ses talons. Marmonnant dans ses moustaches, Mandragore les suivit à contrecœur.

Le passage étroit qu'ils empruntèrent tout d'abord s'ouvrit bientôt sur un espace plus large. Dans l'obscurité, ils pouvaient à peine distinguer la bande de Viking qui marchait à quelque distance devant eux, à tout petits pas prudents. En entendant un bruit derrière eux, Viking et ses compagnons firent nerveusement volte-face.

— Pourquoi vous n'attendez pas dehors ? demanda Jojo d'un ton agressif. Vous abandonnez la partie ?

— Abandonner ? Tu rêves ! répliqua Mandragore qui détestait perdre. Nous sommes juste un peu inquiets d'avoir laissé des gamins entrer ici tout seuls.

— Ne vous tracassez pas pour nous, ironisa Jojo. Et si vous ne voulez pas perdre, je vous conseille de ressortir tout de suite.

— Tout bien réfléchi, Jojo, je te trouve quelque chose de louche, lança sèchement Mot-d'Amour. Dès le premier jour, tu nous as poussés à faire ce concours de magie...

— Tu dis n'importe quoi parce que tu sais que vous allez perdre, l'interrompit Jojo.

Il recula de quelques pas et détourna les yeux d'un air méprisant.

Brin-d'Osier, s'approchant de Viking, lui proposa avec gravité :

— Si on changeait les règles du jeu ?

— Pour quoi faire ?

— Le professeur Barbu nous a prévenus que le Chat Noir était très dangereux. On ne sait pas ce qui peut se passer. S'il arrive quelque chose, il vaut mieux être six chats que trois, tu ne crois pas ?

— Et alors, qu'est-ce que tu suggères ? intervint Lynx.

— Essayons tous ensemble d'arriver au fond de la grotte. S'il y en a qui ont peur et qui veulent ressortir, ou bien qui se blessent en cours de route et ne peuvent pas aller jusqu'au bout, ça ne changera rien. De toute façon, ce sera l'équipe la plus nombreuse à l'arrivée qui sera déclarée gagnante.

— Ça me convient ! approuva aussitôt Lynx, apparemment satisfait de ces nouvelles règles.

— Oui, c'est pas mal comme idée, renchérit Viking. Comme ça, on pourra s'entraider en cas de danger.

— Quelle bande de froussards ! grommela Jojo entre ses dents.

Mais il se garda bien d'élever d'autres objections, car Viking avait déjà donné son accord.

Les six chats reprirent leur marche vers le fond de la grotte.

— J'ai l'impression qu'on m'enfonce des pointes de glace dans tout le corps, gémit Viking.

— Nom d'un chat ! Il fait aussi froid que dans une glacière ! bougonna Jojo en claquant des dents.

— Ce n'est pas qu'il fait froid, expliqua Brin-d'Osier. C'est à cause des cristaux qui se trouvent dans cette grotte. Le cristal a le pouvoir de percer l'obscurité. Tout le monde a plus ou moins d'ombre dans son cœur. C'est pour ça qu'on a l'impression d'être transpercé par des lames de glace. Ce soir, c'est encore supportable, car il n'y a pas de lune. Mais quand la lune éclaire la grotte en plein, je ne vous dis pas ! Le froid vous glace jusqu'à la moelle.

— Tu as entendu, Jojo ? plaisanta Mandragore pour taquiner son compagnon. Ça veut dire que ton cœur est tout noir. Tu vois, tu as les mâchoires qui tremblent comme si tu étais pris dans les glaces du pôle Nord.

— Bien sûr, toi, tu ne peux pas avoir froid, rétorqua Jojo sans se laisser démonter. Puisque tu as la tête complètement vide et que tu n'as pas de cœur. Il ne peut pas y avoir d'ombre en toi. Et regarde Lynx ! Il n'a pas particulièrement l'air d'avoir froid. Lui aussi, il a la tête vide.

— Tu as raison, grogna Lynx, irrité par cette attaque sournoise autant qu'inattendue. Ma tête est aussi vide que cette grotte. Mais, ça vaut quand même mieux que d'être un petit chat prétentieux, calculateur et bon à rien comme toi !

— Oh, Lynx, enfin, tu parles juste ! s'écria Mandragore. Tu commences à me plaire. Tu ne veux pas qu'on devienne frères ?

Mandragore s'esclaffa bruyamment. C'est alors que la grotte résonna d'un son bizarre, un mélange de rire et de grognements.

— Arrête ! s'exclama Mot-d'Amour en rentrant la tête dans les épaules, son petit menton tout tremblotant. Je meurs de peur. N'en rajoute pas, je t'en prie !

Dans la grotte, il faisait noir comme dans un four. A mesure que les minutes passaient, leurs yeux s'habituaient à l'obscurité, et petit à petit ils commençaient à distinguer l'espace autour d'eux. Ils s'aperçurent ainsi que le sol de la grotte tout entière était tapissé de cristaux. De hautes colonnes de cristal se dressaient çà et là, pareilles à de gros cactus. Les cristaux émettaient une lueur si faible que seuls des chats – puisqu'ils voient la nuit – pouvaient la percevoir.

— Quand la lune se lèvera, j'imagine que ces cristaux deviendront bien plus lumineux, fit remarquer Viking.

— Oui, encore plus que la lune, répondit Mot-d'Amour.

— Ça doit être magnifique, les nuits de pleine lune, murmura Viking.

— Pas exactement, dit Brin-d'Osier.

Puis, désignant le plus obscur et le plus étroit des passages qui partaient de la grotte principale, il poursuivit :

— Plus les cristaux brillent et plus les gémissements et les malédictions qui proviennent de là-bas te donnent la chair de poule.

— C'est là que le Chat Noir est enfermé ?

— Je suppose que oui, répondit Brin-d'Osier en jetant un regard anxieux vers le passage plongé dans le noir. De tous ces couloirs, je crois que c'est le seul qui nous conduira jusqu'au fond de la grotte. Mais c'est aussi probablement le plus dangereux.

— Très bien, allons-y, dit Viking.

Et prenant la tête de la petite troupe, il se remit en marche.

— Quel est l'idiot qui a eu cette idée ? ronchonna Mandragore. Je veux dire, de faire ce concours par une nuit sans lune ? C'est toi, Viking ?

— C'était Jojo, bien sûr, pas la peine de demander ! répondit Lynx à la place de Viking.

— Jojo ? Mais où est passé Jojo ?

Mandragore regarda de tous côtés. Viking, s'arrêtant net, tourna la tête.

— Jojo ! appela-t-il.

— Jojo ! répéta Lynx en écho.

Pas de réponse.

— Ha ha ha ! J'ai bien peur que vous ayez perdu, fit remarquer Mandragore avec jubilation. L'aventure vient à peine de commencer et déjà un membre de votre équipe s'est enfui à toutes pattes.

— En tout cas, ça nous apprendra à nous fier à un chat manipulateur comme lui, grommela Lynx.

— Je ne crois pas qu'il se soit enfui. Après tout, c'est lui qui a forcé Lynx à entrer dans la grotte. Peut-être qu'il a tout simplement pris un autre chemin.

Viking, inclinant la tête d'un air songeur, scrutait du regard les passages étroits qui rayonnaient de la grotte, formant comme une immense toile d'araignée.

— Tu crois ? dit Mot-d'Amour. Pourtant, il ne nous a pas quittés d'une griffe. Pourquoi il serait parti ailleurs, comme ça, sans prévenir ? Ce n'est pas possible !

— Tant pis ! dit Viking avant de se remettre en marche. Oublions ce déserteur et continuons jusqu'au bout. Le match n'est pas encore terminé, du moins pour ceux qui restent.

— Viking, tu n'as pas l'impression qu'il se passe quelque chose d'étrange ? hasarda prudemment Brin-d'Osier qui avait jusqu'alors gardé le silence.

— Comme quoi, par exemple ? demanda Viking en lui lançant un coup d'œil en biais.

— Je pense que nous sommes tombés dans un piège tendu par Jojo. Je veux dire, rien que d'être entrés dans cette grotte...

— C'est vrai que c'est Jojo qui nous y a poussés, mais... n'importe quel élève de l'Ecole des Chats serait fou de joie à l'idée d'explorer la Grotte de Cristal, non ? En tout cas, moi, dès que Jojo m'en a parlé, j'ai eu une telle envie de venir ici que j'en ai perdu le sommeil.

Viking semblait n'avoir aucune inquiétude. Mais Brin-d'Osier hocha la tête d'un air de doute. Puis, plongé dans ses pensées, il suivit en silence ses compagnons vers les profondeurs de la grotte.

# LE PIÈGE

Sans plus se soucier de Jojo, les cinq chats gagnèrent l'entrée du passage le plus étroit. C'était de là qu'étaient sortis les horribles gémissements que Brin-d'Osier et ses compagnons avaient entendus lors de leur première visite. Mais pour l'heure, tout était calme et silencieux. Dans le sombre couloir, l'obscurité semblait onduler comme une nappe de brouillard flottante. Brrr ! Cela faisait froid dans le dos. La gorge sèche, ils ravalèrent leur salive, s'efforçant de chasser la peur qui les envahissait.

— Allons-y, entrons.

Viking s'engagea le premier à l'intérieur du passage. Mandragore lui emboîta le pas. A l'instant précis où le collier de Mandragore entra en contact avec la nappe de ténèbres, le pendentif émit un son cristallin et se mit à briller d'une lueur rose pâle.

— Waouh ! Mandragore, qu'il est beau, ton cristal ! s'exclama Mot-d'Amour, les yeux fixés sur le collier. Mais pourquoi il n'y a que le tien qui brille ? Le mien et celui de Brin-d'Osier ne s'illuminent pas comme ça.

Mandragore, étonné, baissa les yeux vers son collier. Il eut l'air de réfléchir, puis tout à coup laissa échapper un petit rire. Ça devait être encore une farce du gamin au béret rouge, songea-t-il.

— C'est joli, non ? dit-il fièrement comme pour taquiner Mot-d'Amour qui affichait une moue d'envie. Vous vous demandez pourquoi ça brille ? Je vous expliquerai plus tard.

— En tout cas, ça tombe bien, dit Viking, un accent autoritaire dans la voix. Nous pourrons nous en servir comme d'une lampe.

— A t'entendre, on dirait que c'est toi le chef ! objecta aussitôt Mandragore, visiblement irrité par le ton de commandement adopté par Viking.

— Ce n'est pas le moment de vous chamailler tous les deux, intervint Brin-d'Osier en jetant un regard inquiet autour de lui. Vous voyez cette obscurité qui nous enveloppe ? On dirait un être vivant. Et je continue à trouver étrange que Jojo ait disparu si brusquement. A mon avis, il...

— Jojo ? répéta Lynx, aussitôt sur le qui-vive. Qu'est-ce qu'il a, Jojo ? Il s'est tout simplement sauvé parce qu'il avait peur.

— C'est ça, approuva Mandragore, le menton levé bien haut. Il s'est enfui, ce trouillard !

— Non, c'est bizarre, quand même... insista Brin-d'Osier.

— Brin-d'Osier, pourquoi tu t'obstines à répéter ça ? rétorqua Mandragore d'un ton brusque. Tu penses que Jojo est un chat-ombre ou quoi ?

En entendant le mot « ombre », Lynx, subitement effrayé, ouvrit de grands yeux. Ce fut alors qu'un rire sinistre retentit derrière eux.

— Ha ha ha ! Un chat-ombre ? Grrr !...

Brin-d'Osier et ses compagnons sursautèrent. D'un seul mouvement, ils firent volte-face, et là que virent-ils ? N'était-ce pas Jojo qui se tenait debout à l'entrée du passage ?

— Jojo, où étais-tu ? s'écria Lynx joyeusement, en avançant une patte vers lui. A cause de toi, nous avons failli perdre notre pari...

— Failli ? Ha ha ha ! Mais vous avez déjà perdu, tous autant que vous êtes !

— Qu'est-ce que tu racontes ?

— Tu n'as toujours pas compris ? Vous êtes tous tombés dans mon piège. Grrr !...

Le rire menaçant de Jojo rebondit contre les parois de la caverne.

— Tu veux dire que tu es réellement un chat-ombre, Jojo, c'est ça ? s'écria Viking stupéfait.

— Ça te surprend ? ironisa Jojo avec un sourire moqueur. Pourtant, n'importe quel chat débutant l'aurait deviné depuis longtemps.

— Espèce de monstre ! cracha Lynx, découvrant ses canines étincelantes.

— Ha ha ha ! Mon pauvre Lynx, ne t'énerve pas si vite. J'ai à peine commencé. Regarde cette obscurité qui flotte comme un brouillard. Brin-d'Osier a raison : c'est un être vivant. Les ténèbres sont vivantes.

Jojo fit le geste de tâter l'obscurité d'une patte, tout en murmurant quelques mots d'une voix exaltée. Puis il pointa soudain une griffe en direction de Lynx. Aussitôt les ténèbres d'un noir d'encre formèrent plusieurs langues d'ombre opaque qui s'avancèrent en ondulant vers Lynx. D'un mouvement brusque, celui-ci s'efforça de les esquiver. Mais trop tard ! L'obscurité, qui avait pris en un clin d'œil la forme d'un serpent, s'enroulait déjà autour de lui.

— Aaah ! Au secours ! cria-t-il dans un miaulement affolé.

Viking s'élança bravement à l'attaque de l'ennemi, mais de l'obscurité surgissaient, toujours plus nombreuses, de nouvelles langues de ténèbres qui l'assaillaient sans répit. Reculant d'un bond, Viking se défendit sauvagement à coups de griffes. Les serpents s'éparpillèrent en plusieurs morceaux avant de se dissoudre lentement dans l'air.

— Jojo, tu n'es qu'un lâche ! s'écria Viking avec un regard furieux vers Jojo qui souriait toujours.

— Comment peux-tu parler ainsi à un vieil ami que tu n'as pas vu depuis si longtemps ? Tu me désoles, tu sais ! Tu ne te rappelles pas ce qui s'est passé entre nous ?

— Qu'est-ce que tu racontes ? Je n'avais jamais rencontré un sale tricheur comme toi avant.

— Vraiment ? Il s'appelait Toto, non ? Je veux dire, ton mignon petit frère.

A ces mots, les yeux de Viking s'enflammèrent de colère.

— Comment le sais-tu ?... Comment connais-tu Toto ? Est-ce que tu serais... l'un de ceux qui vivaient dans ce repaire de chats-ombres, c'est ça ?

Brin-d'Osier, Mot-d'Amour et Mandragore observaient Viking et Jojo d'un air stupéfait. Ils ne comprenaient pas un traître mot de ce que ces deux-là miaulaient.

— Un chat-ombre ? Moi ? Ha ha ha !

Avec un rire glacial, Jojo écarta la fourrure qui recouvrait son cou. Ce n'était pas très visible, mais on pouvait encore y distinguer une légère cicatrice.

— Cette cicatrice est un cadeau qui me vient de toi, tu ne t'en souviens pas ?

Le sourire de Jojo s'évanouit d'un seul coup tandis que Viking écarquillait les yeux.

— Alors, tu serais Ali-Baba ? Non, c'est impossible... je le crois pas !

— J'ai tellement changé, d'après toi ? Ah, c'est vrai, j'avais oublié...

Jojo brandit l'une de ses pattes de devant et murmura une formule magique. Et en un clin d'œil, il disparut. Un autre chat, d'apparence complètement différente, prit sa place.

— Oh, professeur Barbu ! s'exclama Mot-d'Amour époustouflée.

— Non, Mot-d'Amour, coupa Brin-d'Osier. Ce n'est pas le professeur Barbu.

En effet, à y regarder de plus près, la fourrure de ce chat avait une couleur légèrement différente de celle de leur professeur. Elle donnait l'impression d'être beaucoup plus sombre et sinistre.

— Ali-Baba ! s'écria Viking, figé de stupeur.

— Enfin, tu me reconnais ! Tu n'es pas content de me revoir après si longtemps ?

— Ali-Baba, c'est toi le démon qui as avalé l'âme de mon petit frère alors qu'elle revenait de droit au grand Odin. C'est le plus grand déshonneur qui puisse frapper un guerrier des forêts de Norvège !

Furieux, Viking fusilla Ali-Baba du regard. De ses yeux jaillissaient des étincelles pareilles à une pluie d'étoiles s'abattant sur un glacier du pôle Nord.

— Viking, tu sais combien j'ai d'estime pour toi, laissa tomber Ali-Baba. C'est grâce à toi que j'ai appris que le courage avait autant de pouvoir que la magie. Si nous avions uni nos forces, nous aurions pu conquérir le monde. Mais tu m'as tourné le dos. Et tout ça pour venir ici chasser de misérables souris. Ce que tu es bête !

Ali-Baba, laissant échapper un rire dédaigneux, pointa sur Viking sa patte de devant. Et de nouveau, une horde de langues d'obscurité se métamorphosèrent en serpents. Ils se ruèrent sur Viking en dressant leur tête noire. Alors, Viking, qui s'était ramassé sur lui-même, bondit en l'air avec un long hurlement :

— O... din !

La lueur brûlante de ses yeux perça les ténèbres de deux longs rayons éblouissants. Ses griffes tranchantes découpèrent le corps des serpents en mille morceaux. A peine retombé sur le sol, il se rua à l'attaque d'Ali-Baba. Mais celui-ci, imperturbable, poursuivit avec calme :

— Viking, ton courage est vraiment exemplaire. Mais tu devrais aussi apprendre à te garder du danger.

Et sur ces mots, Ali-Baba secoua vigoureusement sa queue. Elle se mit à grandir à vue d'œil, elle grandit tellement que bientôt elle s'était changée en un énorme serpent noir. Viking et le serpent géant s'élancèrent l'un contre l'autre. Le serpent projeta sa gueule grande ouverte sur Viking. D'un bond, le courageux chat de Norvège l'évita et lui donna un violent coup de patte. Le serpent, grièvement blessé au cou par les griffes acérées, se tordit de douleur. Mais hélas ! Viking, de son côté, avait reçu un coup brutal à la tête. Il tournoya sur lui-même avant de s'écrouler sur le sol. Péniblement, il essaya de se relever, mais se laissa retomber. Il ne tenait plus sur ses pattes. Sans pitié, le serpent s'apprêtait à fondre sur lui. C'est alors que Mandragore se lança dans la bataille, toutes griffes dehors. Le serpent hésita un instant, puis reprit sa forme originelle – la queue d'Ali-Baba. Le bout de la queue saignait. C'était la blessure infligée par Viking à son ennemi.

— Ha ha ha ! Tu veux te battre à ton tour, Mandragore ? Tu n'es pas très malin, mais au moins tu es loyal.

— Comme tu te vantais d'être un chat-ombre, je croyais que tu avais des pouvoirs extraordinaires, rétorqua Mandragore. Mais en fait, je ne vois que de ridicules petits tours de passe-passe. C'est tout ce que tu sais faire ?

Et Mandragore, pour manifester son mépris, urina sur le sol de la grotte. Furibond, Ali-Baba, avec une grimace de rage, leva brusquement l'une de ses pattes de devant. Comme il ne pouvait plus transformer, par quelque formule magique, sa queue blessée en serpent, il tentait de se servir de l'obscurité. C'est ce moment-là que choisit le pendentif en cristal de Mandragore pour émettre à nouveau un son argentin et briller avec plus d'éclat que jamais.

— C'est tout ce que tu sais faire ? répéta une petite voix d'enfant.

Stupéfait, Mandragore baissa les yeux sur son collier. La tête du gamin, surgie du morceau de cristal, lui souriait. Tous les chats tournèrent le regard vers le pendentif. Même Ali-Baba paraissait éberlué.

— Ah, bravo Mandragore ! cracha-t-il d'un ton sarcastique. Pour un débutant, tu te débrouilles pas mal. Tu as déjà appris un peu de la magie de cristal, à ce que je vois.

Mandragore se sentait désemparé. De quelle magie de cristal Ali-Baba voulait-il parler ? Il ne maîtrisait même pas encore la magie de premier niveau !

Ali-Baba leva de nouveau sa patte et l'agita au-dessus de sa tête. L'obscurité vivante se transforma en une multitude de serpents noirs qui se précipitèrent sur Mandragore. Celui-ci poussa son cri de guerre et bondit à l'attaque. Les serpents l'évitèrent et se jetèrent sur Viking. Tandis que Mandragore se ressaisissait, le cristal accroché à son cou déversa une pluie de rayons rose pâle qui tranchèrent

le corps des serpents en plusieurs morceaux, au son familier des « Oho ! oho ! ».

A l'extrémité de chaque rai de lumière, sautillait la silhouette d'un enfant, pas plus haut qu'un pouce humain. Les rayons finirent par se concentrer et donnèrent naissance au gamin coiffé du béret rouge.

— N'oublie pas aussi de libérer Lynx, lui demanda Viking en se redressant à grand-peine.

Le gamin, d'une voix surexcitée, poussa un autre « Oho ! » et bondit sur le serpent noir qui s'était enroulé autour de Lynx. Le reptile contre-attaqua, la gueule grande ouverte. Mais instantanément, plusieurs faisceaux lumineux se braquèrent sur le monstre et le désintégrèrent en un clin d'œil. Puis ils se recomposèrent en un unique trait de lumière avant de rentrer dans le pendentif en cristal au cou de Mandragore.

— Tiens ! Voilà une sorte de magie de cristal que je ne connaissais pas, s'étonna Ali-Baba. Mais ne te fais pas d'illusion, ce genre de tour n'est qu'un jeu d'enfant. Ce serait du gâteau pour moi de vous supprimer. Cependant, aujourd'hui, je vais vous laisser la vie. Je vous donne encore une chance, car c'est la volonté du seigneur Daira.

Et sur ces mots, Ali-Baba traça un cercle au-dessus de sa tête avec sa patte. L'obscurité prit alors la forme d'une solide muraille qui, d'un mouvement irrésistible, commença à se rétrécir autour de Brin-d'Osier et de ses quatre compagnons. Bientôt, tous les cinq se retrouvèrent emprisonnés dans une capsule d'obscurité. Même la lumière du pendentif de Mandragore n'était plus que d'un maigre secours. Au fil des minutes, le mur de ténèbres se rapprochait de plus en plus dangereusement des malheureux chats pris au piège.

— Si ça continue, nous allons nous retrouver complètement coincés dans le noir ! s'écria Mot-d'Amour, d'une voix haletante de terreur.

— Il faut trouver une solution, dit Viking en déplaçant de côté son pauvre corps blessé pour éviter le mur qui continuait d'avancer.

— Il y a peut-être un moyen de nous sortir de là, fit Brin-d'Osier.

— A quoi tu penses ? le pressa Mandragore avec impatience.

Il sentait une sueur froide couler le long de son échine.

— Cette obscurité n'est peut-être que l'ombre qui règne dans notre cœur. Si c'est le cas, on ne pourra pas la vaincre par la force.

— Comment, alors ? demanda Mot-d'Amour, les yeux fixés sur Brin-d'Osier.

— Nous devons immédiatement faire tout notre possible pour chasser la peur de notre cœur.

Les compagnons de Brin-d'Osier acquiescèrent d'un hochement de tête et se redressèrent tous ensemble dans un effort pour se concentrer.

Le mur d'obscurité qui les encerclait commença alors à reculer centimètre par centimètre. Prenant confiance en eux, les chats s'appliquèrent avec encore plus d'ardeur. En un clin d'œil, l'horrible barrière de ténèbres perdit toute sa force et se retira pour finalement se dissiper dans l'air avec un crépitement. Sans perdre une seconde, les cinq chats se mirent à courir vers le fond de la grotte. Ali-Baba leur jeta un regard furieux.

— Très bien, vous voulez vous rendre auprès du seigneur Daira ? Ce n'est pas une mauvaise idée, après tout.

Et, sans faire mine de les poursuivre, il demeura immobile. Viking, à la tête de la troupe, s'immobilisa d'un seul coup.

— Que se passe-t-il ? demanda Mot-d'Amour.

— Il vaudrait mieux en finir avec Ali-Baba, non ? répondit Viking en jetant un coup d'œil par-dessus son épaule.

Il semblait regretter de ne pas s'être vengé d'Ali-Baba, le monstre qui avait avalé l'âme de son petit frère.

— Ecoute, Viking, dit Brin-d'Osier en frottant son épaule contre lui. Je comprends que tu sois en colère, mais nous devons avancer. Tu auras sûrement une autre occasion de te venger.

— C'est ça, allons-y ! s'impatienta Lynx. Il faut continuer jusqu'au bout si nous voulons gagner le pari.

Les cinq chats reprirent leur marche côte à côte. Quelques instants plus tard, ils distinguèrent un groupe compact de colonnes de cristal dressées en cercle les unes contre les autres.

— Ça doit être là que le Chat Noir est emprisonné, chuchota Mot-d'Amour à ses compagnons.

# LE CIMETIÈRE DES ESPÈCES DISPARUES

— Vous êtes vraiment formidables, vous, les jeunes ! Vous avez réussi à vous débarrasser d'Ali-Baba et vous êtes venus ici de votre plein gré. Mon petit doigt ne m'avait pas menti. Vous valez votre pesant d'or !

La voix, d'une froideur à glacer le sang, provenait de l'intérieur du cercle des colonnes. Elle ressemblait à celle qui proférait des malédictions, le jour où la classe de Brin-d'Osier était déjà venue dans la grotte. Les cinq chats, les pupilles dilatées, scrutèrent l'obscurité. Au cœur des ténèbres leur apparurent deux yeux énormes d'où jaillissaient des flammes jaunes. On aurait dit des feux allumés pour signaler l'entrée de passages menant tout droit à l'enfer. D'un geste instinctif, les chats se recroquevillèrent sur eux-mêmes.

— Ce doit être le Chat Noir ! s'écria Brin-d'Osier.

— Le Chat Noir ? répéta la voix en provenance de l'endroit où brillaient les yeux. C'est aussi le nom qu'on me donne, en effet. Mais mon véritable nom est Daira. Appelez-moi Seigneur Daira. Je suis le frère jumeau de Stapha, le directeur de votre école.

Mandragore et Viking, avec un feulement de rage, arquèrent le dos et se mirent en position d'attaque.

— Ha ha ha ! Ne soyez pas bêtes ! s'exclama Daira d'un ton supérieur comme s'il s'adressait à des chatons. Même ceux qui se croient les plus forts finissent toujours par s'agenouiller devant moi. Vous pouvez bien essayer toutes vos tactiques de combat, vous n'arriverez pas à m'atteindre. Autant donner des coups d'épée dans l'eau.

— Pfft ! ricana Mot-d'Amour. Qui voudrait s'en prendre à un pauvre animal enfermé dans une cage ?

— Grrr ! Vous croyez que je suis enfermé ? Il n'y a rien au monde qui puisse me retenir. Je suis en plusieurs endroits à la fois. Partout où il y a des ombres.

— Dans ce cas, pourquoi tu ne sors pas tout de suite de ta prison de cristal ? lança Mandragore avec un sourire méprisant.

— Je vois que vous ne me croyez pas. Les imbéciles ne croient jamais à rien tant qu'ils ne l'ont pas vu de leurs propres yeux.

Avec un miaulement sinistre, Daira murmura une formule magique. Et en un clin d'œil, une obscurité d'un noir d'encre l'enveloppa avant de se répandre vers les cinq chats qu'elle encercla comme pour les engloutir.

Les ténèbres devinrent si épaisses qu'ils ne distinguaient même plus le bout de leur nez. Ils commencèrent à reculer pas à pas et finirent par se blottir les uns contre les autres. Même le cristal de Mandragore était impuissant à leur venir en aide. Seuls étaient visibles les yeux étincelants de Daira.

— Brrr, qu'est-ce que j'ai froid ! gémit Lynx en frissonnant comme s'il venait de toucher la peau visqueuse d'un reptile. Et en plus, je meurs de peur !

— Vous n'avez rien à craindre !

La voix glacée de Daira résonna contre les parois de la grotte.

— Je veux simplement vous montrer la vérité.

— La vérité ? s'écria Viking. Puis, serrant les dents pour rassembler son courage, il reprit avec assurance : C'est de ça que parlait l'homme avec qui nous vivions, Toto et moi, avant de nous abandonner. Est-ce que pour toi aussi, dire la vérité signifie nous jouer un sale tour, comme il l'a fait avec nous ?

— Je vois que tu connais un peu les humains, mais nous sommes différents, répliqua Daira. Regardez par ici !

Soudain, l'espace autour d'eux s'élargit et devint lumineux. L'instant d'avant, ils ne pouvaient rien voir, et à présent, sous leurs yeux, une immense plaine s'étendait à l'infini. Les cinq chats, éberlués, regardèrent autour d'eux. Comment était-ce possible ? Alors qu'une minute plus tôt ils se tenaient dans une grotte sombre et étroite, ils se retrouvaient maintenant dans une vaste prairie. Cela tenait du prodige !

La nuit tombait. Au milieu des hautes herbes desséchées et jaunies qui recouvraient la terre, se dressaient à intervalles réguliers des pierres tombales dont les rangs s'étiraient jusqu'à l'horizon. Un bout de ciel gris foncé conservait quelques lambeaux de teinte rouge. Un vent glacial sifflait, ébouriffant au passage le pelage des chats. Un sentiment de solitude et d'immense tristesse s'empara brusquement d'eux. Ils étaient au bord des larmes.

— Regardez ! fit la voix de Daira au-dessus d'eux. C'est ça la vérité. Ce que vous voyez, ce sont les tombes des espèces vivantes, animaux et plantes, disparues de la Terre au cours des derniers siècles.

Les cinq chats, les yeux ronds, levèrent la tête. Au milieu du ciel rougeoyant, les prunelles de Daira brûlaient comme des flambeaux.

— Regardez maintenant la pierre tombale qui est devant vous.

Sur la pierre était gravée l'image d'un oiseau qu'ils ne connaissaient pas.

— C'est la tombe du dodo, un oiseau qui vivait heureux depuis toujours sur l'île Maurice. La mémoire de milliers de dodos repose dans cette seule tombe. Dans chacun des tombeaux qui recouvrent cette plaine, dort la mémoire d'une espèce éteinte.

La voix de Daira vibrait de tristesse et d'indignation.

— Pas possible ! ne put s'empêcher de s'exclamer Brin-d'Osier.

— Toutes ces espèces ont été exterminées par les hommes. En ce moment même, une nouvelle tombe est creusée dans cette plaine à chaque heure qui passe. Et le rythme s'accélère de plus en plus. Avant longtemps, il ne restera plus que l'espèce humaine sur Terre.

— C'est trop horrible ! s'écria Mot-d'Amour, atterrée.

— Oui, c'est terrible ! La plupart des espèces enterrées ici avaient vécu plus longtemps que les hommes et leur mémoire était beaucoup plus ancienne et plus riche. Ce sont la cupidité et l'arrogance des hommes qui ont provoqué la disparition de ces innombrables espèces. Tant qu'il n'y aura pas la tombe du genre humain dans ce cimetière, toutes les autres races seront condamnées à l'extinction.

— La tombe du genre humain ?

— Exactement, répondit fermement Daira d'une voix sinistre. La tombe de l'espèce humaine ! C'est la seule chose qui puisse mettre fin à cette terrible et tragique série de destructions. Ce que nous voulons faire, ce que nous *devons* faire, c'est exactement ça : ériger ici la pierre tombale de l'humanité.

— Quoi ? s'écria Brin-d'Osier, sidéré. Tu veux dire qu'il faut exterminer les hommes ?

— Cela vous étonne ? Après tout, c'est un combat qui dure depuis déjà près de deux mille ans. Souvenez-vous comment, il y a longtemps, les chats étaient pourchassés et brûlés en même temps que les sorcières. C'est à ce moment-là qu'a commencé la guerre entre les humains et les autres espèces. S'il n'y avait pas eu des traîtres comme Stapha et Aladin, nous aurions gagné cette bataille depuis longtemps.

Daira, tremblant de fureur, grinçait des canines.

— Non, c'est un mensonge ! s'écrièrent en chœur les cinq chats.

— Vous trouvez ça absurde ? On verra si vous continuez à parler ainsi quand vous aurez vu toutes les mémoires enterrées dans ces tombes. ça m'étonnerait beaucoup ! Puisque vous semblez y tenir, je vais vous les montrer... O mémoires endormies, mémoires des espèces disparues, levez-vous !

A cette incantation, une sorte de brume s'éleva en nuées épaisses de derrière les pierres tombales. Tel un ouragan déchaîné, elle se précipita sur les cinq compagnons qui eurent aussitôt l'impression de se retrouver pris dans l'œil d'un cyclone.

Mémoire du dodo, mémoire du tigre de Tasmanie, du grand pingouin, mémoire de l'ibis chauve, du lion de l'Atlas, de l'auroch, du castor géant d'Amérique, du zèbre couagga... Les cinq chats étaient saisis de vertige. Toutes sortes de mémoires et d'images virevoltaient autour d'eux en tourbillons étourdissants. En quelques secondes, ils furent aspirés dans la mémoire des espèces disparues.

Brin-d'Osier se retrouva à l'intérieur de la mémoire d'un grand albatros. Le voilà qui vole haut dans le ciel, ses grandes ailes déployées. Le vent, soufflant sous ses ailes, lui donne la sensation de surfer sur une vague déferlante. Loin, au-dessous, s'étend une verte plaine traversée par une rivière qui scintille d'un éclat argenté. Brin-d'Osier aperçoit de jeunes albatros à ses côtés. Ce sont ses petits qui apprennent à voler. Il descend en piqué, en direction de l'étendue herbeuse.

Mais que se passe-t-il ? Tout à coup, la plaine est recouverte d'innombrables bâtiments blancs. D'épaisses fumées noires sortent des hautes cheminées. Brin-d'Osier sent ses forces le quitter peu à peu. Il perd ses plumes. Et, quelle horreur ! ses petits aussi dépérissent à vue d'œil.

Puis les images disparaissent pour faire place à un spectacle encore plus effrayant. Brin-d'Osier voit ses bébés albatros s'engluer dans d'immenses marées noires. Plus ils se débattent pour se libérer, plus le pétrole visqueux leur colle aux ailes. Ils piaillent, la tête noyée dans la nappe de carburant. Brin-d'Osier s'élance pour les sauver, mais ses pattes glissent. Impossible de se dégager du pétrole poisseux comme de la colle forte. Il bat des ailes de toutes ses forces, mais en vain ! Ses ailes pèsent de plus en plus lourd. Il se débat longtemps, puis, épuisé, finit par se laisser couler. Son aile gauche, alourdie par le pétrole, l'entraîne sur le côté, et il commence à sombrer. Tout son corps s'enfonce peu à peu dans la nappe noire et pâteuse. Bientôt, il sent affluer dans son bec des boulettes de pétrole coagulé à l'odeur épouvantable. On dirait que le monde entier est englouti dans une marée noire. La rivière, noyée de pétrole, et les herbes se balançant dans le vent, se profilent une dernière fois devant ses yeux. Puis tout disparaît.

Pendant ce temps, Mot-d'Amour, entrée dans la mémoire d'un joli poisson, nage au milieu de plantes aquatiques. Tout à coup, une odeur pestilentielle, venue d'un ruisseau qui se jette dans le lac, se répand alentour. Les poissons, comme étourdis, se renversent sur le côté, leurs nageoires battant faiblement l'eau. Un par un, ils remontent à la surface et se mettent à flotter, inertes.

Aussitôt, les poissons survivants font demi-tour pour fuir l'eau du ruisseau pollué. Ils se mêlent aux poissons-chats, aux brochets et à d'autres poissons encore qu'ils craignent d'habitude d'approcher. Tous regardent avec frayeur l'eau noire s'avancer vers eux. On dirait l'ombre de la mort. Dès qu'elle les atteint, les poissons se débattent un instant, mais impuissants, ils finissent par se laisser remonter à la surface. Les mamans poissons et leurs petits, qui n'ont pas pu s'éloigner à temps du ruisseau, flottent le ventre en l'air, recouvrant le lac d'une multitude de petites feuilles argentées. Le cœur de Mot-d'Amour se serre d'indignation et de tristesse.

Mais avant d'avoir le temps de se ressaisir, elle sent quelque chose de brûlant entrer dans sa bouche et tout son corps s'enflammer. Au milieu des poissons morts, Mot-d'Amour bat faiblement des ouïes. Les rayons du soleil, reflétés par les écailles blanches des poissons, frappent ses yeux comme des flèches. Puis tout disparaît dans les flammes.

Mandragore, transformé en tigre blanc, se tient sur le sommet d'un pic rocheux. Un vent violent hérisse sa fourrure. Il regarde en contrebas, les yeux remplis de tristesse. La forêt retentit de cris et de vrombissements de moteurs. Il a l'impression d'entendre les cris de douleur poussés par les arbres qui s'abattent sur le sol, le gargouillement triste du ruisseau qui coule à travers la vallée. Dans sa chair, il ressent les derniers spasmes d'angoisse des petits animaux à l'agonie.

Il a beau faire appel à tous ses talents de chasseur, il n'arrive pas à débusquer la moindre proie. Dans sa tanière, ses petits tigres si mignons et leur mère sont en train de mourir de faim. Mandragore, en quête de nourriture, descend jusqu'à un village et se met à rôder alentour. Dès qu'ils le voient, les hommes le prennent en chasse. Pan ! pan ! Des bruits assourdissants éclatent comme des coups de tonnerre. On dirait une falaise qui s'écroule. Au même instant, Mandragore sent une boule de feu pénétrer son flanc. Le monde devient tout noir. Les images des jours heureux du passé traversent son esprit comme un éclair. La forêt majestueuse, ses petits si mignons, et sa compagne qui marche à longues foulées sous les rayons du soleil filtrant à travers le feuillage des arbres... Mais pour finir, l'image de ses petits et de leur mère agonisants grandit devant ses yeux avant de s'évanouir. Du sang jaillit de sa gueule en même temps qu'un sentiment d'amertume et de révolte jaillit de son cœur. Puis tout disparaît dans le noir.

Viking est devenu un arbre géant. Ses racines plongent dans les profondeurs de la terre depuis des siècles. Le ciel est constellé des mêmes étoiles, celles qu'il a contemplées chaque nuit au fil des années. C'est un monde pur et paisible. Mais un jour, il entend au loin un bruit de pas pesants s'approcher, de plus en plus distincts. Soudain, des silhouettes sombres, un fusil à la main, envahissent la forêt. Pan ! pan ! Des coups de feu éclatent. Viking sent une brûlure transpercer son pied, comme si une petite boule de feu s'y était enfoncée. Dans le rugissement d'une explosion, le ciel s'illumine comme en plein jour. D'innombrables fusées éclairantes retombent lentement, masquant les étoiles de leur lumière flamboyante. Les arbres de la forêt, inquiets, murmurent en tremblant de peur, se demandant ce qui se passe. Mais avant même qu'ils aient le temps d'échanger leurs craintes, des flammes jaillissent du sol. Un arbre femelle, un ginkgo plusieurs fois centenaire, transformé en un immense brasier, tombe sur Viking. Il verse des larmes en la recevant dans ses branches, elle qui poussait à ses côtés depuis plus de trois siècles. Les flammes qui dévorent le ginkgo se jettent maintenant sur lui et l'enveloppent tout entier dans une nappe brûlante. Viking regarde le ciel. Il n'y a plus d'étoiles, seulement le feu qui crépite, aveugle, suffoque.

La forêt s'enflamme et tout disparaît dans un nuage de fumée.

Pour sa part, Lynx, métamorphosé en un gros crabe, joue sur une plage. Il se sent parfaitement chez lui sur ce banc de sable qui s'étend à l'infini, comme dans un nid douillet. A marée basse, il s'y promène avec ses amis crabes. Pas un souci en tête ! A marée haute, l'eau de la mer et celle de la rivière qui se jette dedans leur apportent de quoi se nourrir, en même temps que les nouvelles quotidiennes du reste du monde.

Mais un jour, la marée ne remonte pas. Où est-elle partie ? Lynx et ses amis s'avancent très loin en direction de la mer pour aller voir ce qui se passe. Une immense digue a été construite le long du banc de sable qui maintenant agonise. L'eau stagne dans les creux et pourrit en dégageant d'horribles odeurs. On trouve de moins en moins de choses à manger. De nombreux crabes tombent malades et meurent. Et par un mystérieux prodige, les crabes femelles n'arrivent plus à pondre. Tous sont envahis d'une inquiétude extrême.

— On ne peut pas continuer comme ça ! Au lieu de rester ici à attendre la mort, il vaut mieux essayer de grimper sur la terre ferme.

Une petite troupe de crabes monte alors sur la côte

pour tenter de survivre. Mais, quelque temps plus tard, certains, le dos rougi par le soleil, rentrent déjà chez eux.

— Le banc de sable est notre mère nourricière. Nous ne pouvons vivre ailleurs. Tous les autres sont morts, desséchés de l'intérieur. Nous sommes les seuls survivants !

Cependant, à peine ont-ils prononcé ces paroles qu'eux aussi tombent raides morts. Et en les retournant sur le dos, on s'aperçoit que leur carapace est vide. Quant aux crabes restés sur le banc de sable, ils ne connaissent pas un sort meilleur. Dès qu'un crabe ne bouge plus, un ami à son côté le secoue, mais, à son grand désarroi, ne trouve plus qu'une carapace inhabitée.

Un matin, en sortant de son trou, Lynx éprouve un sombre pressentiment. Le peu d'amis qui lui restent sont tous figés sur place, tournés vers la mer. Il tente de les faire bouger, mais il n'entend que le mugissement du vent qui traverse leur carapace vide.

— Il y a quelqu'un ? Il n'y a plus personne ? s'écrie-t-il en se mettant à courir dans tous les sens comme un fou.

Pour toute réponse, le vent hurle encore plus sinistrement. Et soudain, Lynx a l'impression de l'entendre siffler à l'intérieur de sa propre carapace, vide elle aussi. Finalement, tout disparaît dans le vent.

Les cinq chats, emprisonnés dans ces mémoires terribles, se sentaient suffoquer, leur cœur prêt à éclater.

— Ça suffit, arrêtez ! cria Lynx juste avant de s'évanouir.

Viking, Mandragore et Mot-d'Amour s'effondrèrent à leur tour. Brin-d'Osier, de son côté, perdait peu à peu connaissance. C'est alors qu'une voix se fit entendre, une voix venue de très loin.

— Daira d'Angkor Vat, mon frère ! Tu as raison ! Beaucoup d'espèces se sont éteintes par la faute des hommes, c'est vrai. C'est parce que les hommes sont devenus trop orgueilleux. Mais, Daira, tu es encore plus arrogant que les humains. Aucun homme, pas plus que toi d'ailleurs, n'a le droit d'exterminer les autres espèces. Ni les hommes, ni toi, vous n'êtes Dieu.

C'était la voix de Chaussettes, le directeur de l'école. Brin-d'Osier jeta autour de lui un regard éteint.

Soudain, une violente bourrasque fit éclater en morceaux les pierres tombales, une à une, en commençant par celles qui se trouvaient à l'extrémité de la plaine. C'était comme si un énorme bulldozer invisible s'avançait à toute vitesse, dévastant tout sur son passage. D'innombrables tombes volèrent en éclats avant de disparaître dans l'air. Puis la plaine elle-même s'évanouit dans leur sillage.

Brin-d'Osier, dans un ultime effort, rassemblant toute son énergie, leva la tête. Par quel miracle était-il déjà de retour dans l'étroit passage de la grotte ? Eclairées par une pâle lumière, se découpaient les silhouettes du directeur de l'école et du professeur Barbu. Chacun tenait une baguette de cristal à la lueur verdâtre.

Comme la grotte s'éclairait progressivement, Daira devint à son tour visible. C'était le portrait craché du directeur ! Sauf que la couleur de sa fourrure était beaucoup plus sombre...

— Stapha, mon frère ! Tu as formé des disciples formidables, mais la nuit d'Apophis est proche. Après deux mille ans, elle va revenir enfin. Ces chats sont bien jeunes. Combien de temps faudra-t-il encore avant que ces morveux soient assez grands pour s'opposer à la puissance d'Apophis ? Pourtant, il n'est pas trop tard. Retourne ton arme contre les humains, au lieu de t'en prendre à moi. Nous sommes frères jumeaux. Si nous unissons nos forces, nous serons capables de déplacer des montagnes.

— Mon pauvre Daira ! soupira gravement le directeur. Ça fait presque mille ans que tu es prisonnier, et tu n'as toujours pas compris, on dirait. La prophétie va se réaliser, j'en suis certain. Le Chat-Soleil reparaîtra et coupera Apophis en morceaux à l'aide de son épée magique. La Voie du Soleil sera de nouveau libre, une ère nouvelle commencera. Et alors l'horrible tragédie des frères jumeaux qui se déchirent sauvagement pourra prendre fin.

C'est alors qu'un sifflement retentit en provenance de la voûte. L'obscurité, pareille à un brouillard mouvant, se concentrait en une masse compacte avant de prendre la forme d'un cobra géant. Sur la tête du serpent, se tenait Ali-Baba.

— Professeur ! s'écria vivement Brin-d'Osier. Attrapez Ali-Baba ! Jojo, c'était lui !

— Ha ha ha ! Vous voulez m'attraper ? Essayez, pour voir ! Aladin, mon frère ! Il ne te reste pas longtemps à vivre. Je te retrouverai pendant la nuit d'Apophis. Quant à vous, les chatons, ça a été un vrai plaisir de passer un moment avec vous. Merci de m'avoir guidé jusqu'ici. Ha ha ha !

Ali-Baba s'évanouit comme une fumée, laissant derrière lui l'écho d'un rire glacial. Sans bouger un poil de moustache, le directeur de l'école et le professeur Barbu le regardèrent disparaître.

Brin-d'Osier jeta un coup d'œil à Daira, enfermé à l'intérieur des colonnes de cristal. Les flammes qu'il voyait déborder de ses yeux jaunes lui donnaient la chair de poule. Derrière Daira, les profondeurs de la grotte semblaient s'étendre à l'infini. Jusqu'où allaient-elles donc ainsi ? se demanda-t-il. Si, par malheur, ces colonnes de

cristal s'éteignaient tout d'un coup, Daira serait libre... Cette pensée le fit frissonner.

— Ouuuh là là !

Un sourd gémissement tira Brin-d'Osier de sa rêverie. Mot-d'Amour et Mandragore s'efforçaient à grand-peine de se redresser sur leurs pattes. Quant à Viking et Lynx, ils étaient toujours affalés sur le sol.

Mandragore aida Viking à se lever.

— Allez, guerrier de Norvège, courage !

Les images du combat que Viking avait livré contre Ali-Baba lui revenaient en mémoire. Décidément, ce Viking, aussi brave que le tigre du mont Baekdu, lui plaisait beaucoup ! Mandragore mourait d'envie d'en savoir plus long sur son nouveau camarade. Que signifiait ce mot, « Odin », qu'il avait prononcé ? Qu'était devenu son frère jumeau ? Il brûlait d'impatience de lui poser toutes ces questions. Mais il se retint.

— Dépêchons-nous de rentrer, ordonna le professeur Barbu d'une voix quelque peu tendue.

Brin-d'Osier soutenant Lynx de l'épaule, la petite troupe se mit en route à la suite du professeur Barbu. Chaussettes, fermant la marche, suivait à pas lents.

Brusquement, Brin-d'Osier regarda en arrière. Il n'arrivait pas à se débarrasser du souvenir obsédant des tombes des espèces disparues alignées jusqu'à l'horizon. A cette pensée, son cœur se serrait de tristesse. Il aurait voulu parler à quelqu'un, n'importe qui, dire tout ce qui le chagrinait.

Mot-d'Amour et les autres marchaient en silence. Submergés par une profonde mélancolie, tous avaient la mine sombre.

— Surtout, n'oubliez pas ! Je vous ai montré la vérité. Maintenant, je vous pose la question : que faut-il faire pour mettre fin aux horreurs que vous avez vues ? A part ériger la tombe de l'espèce humaine, y a-t-il d'autres solutions ? Je vous laisse trouver la réponse vous-mêmes. Ce ne sont pas Stapha et Aladin, avec leur esprit borné, qui en seront capables. Ha ha ha !

La voix sinistre de Daira résonna longtemps derrière eux à travers la grotte. Les chats se mirent à trembler de toutes leurs pattes.

# Le guerrier des forêts de Norvège

Chaussettes et le professeur Barbu conduisirent les cinq chats dans une petite pièce du premier étage de l'école. Chaussettes aida Viking et Lynx à s'allonger sur une grosse pierre de cristal. Grièvement blessés, les deux chats se laissèrent faire sans protester.

— Viking, ça va ? demanda Mandragore inquiet, en observant son camarade.

C'est alors que le cristal de son collier, embrasé d'une lueur rose, émit de nouveau un son argentin. D'un geste vif, Mot-d'Amour tourna la tête, les oreilles dressées, et regarda le gamin sortir discrètement du pendentif. L'enfant, son béret rouge sur la tête, fit un bond en l'air à son cri habituel de « Oho ! ».

— Qui es-tu ? demanda Mot-d'Amour, les yeux ronds. Comme tu es mignon !

Le directeur et le professeur Barbu dévisagèrent le petit être d'un regard incrédule.

— Qu'est-ce qu'on s'amuse ! s'exclama l'enfant en sautillant. Le jeu de la bagarre, c'était trop drôle !

En apercevant Viking et Lynx allongés, il poussa un autre « Oho ! » avant de bondir sur le ventre de Viking.

— Fais attention ! Viking est malade.

Mandragore, qui croyait qu'il voulait jouer, tenta de l'arrêter. Mais qu'était-ce donc ? Une vapeur verte sortait de la bouche du gamin et s'infiltrait dans la poitrine de Viking. Quelques secondes plus tard, Viking, avec un gros soupir, se redressait. C'était un véritable miracle ! Bientôt, Lynx se levait à son tour.

— J'ai sommeil, murmura faiblement l'enfant.

Et sur ces mots, poussant un autre « Oho ! », il réintégra d'un bond le pendentif de Mandragore.

— Qui était ce gosse ? demanda le professeur Barbu qui avait observé la scène, éberlué.

— C'est lui la véritable mandragore.

— La véritable mandragore ? répéta Mot-d'Amour, abasourdie. Tu veux dire qu'il est réellement le ginseng sauvage, vieux de mille ans ?

Car en Asie, on raconte que la racine de ginseng sauvage, quand elle atteint l'âge de mille ans, se métamorphose en un petit enfant. Cette légende rappelle celle de la

mandragore : on dit que sa racine est vivante et douée de pouvoirs magiques...

Mandragore entreprit alors de narrer comment il avait rencontré l'enfant dans les bois, près de l'école, et comment celui-ci avait élu domicile dans son collier de cristal.

Chaussettes hocha la tête avec un sourire.

— Le cœur de Mandragore est pur et sans ombre. C'est pourquoi il a été le premier à acquérir le pouvoir de la magie de cristal.

— Mais pas du tout ! Je ne sais même pas ce que c'est ! rétorqua Mandragore interloqué.

— La magie de cristal commence à produire ses effets dès que quelqu'un entre dans votre cristal. Bien sûr, il faut du temps pour apprendre à apprécier son vrai pouvoir et savoir l'utiliser à sa guise.

Mandragore, ahuri, restait la bouche grande ouverte.

— Cet enfant sautillait sans arrêt, même en se battant, observa Mot-d'Amour. C'est peut-être un vrai petit coquin, mais question bagarre, il est imbattable !

Rouge de fierté, Mandragore se gratta sous l'oreille.

— Bon, reposez-vous un peu, conseilla le professeur Barbu. Vous devez avoir de nombreuses questions qui vous tracassent, mais il y aura un cours particulier ce soir. Vous les poserez à ce moment-là.

Et sur ces paroles, il sortit de la pièce à la suite du directeur. Les cinq chats se laissèrent tomber sur le sol. La fatigue les assomma d'un seul coup. Ils avaient l'impression d'avoir passé une éternité dans la Grotte de Cristal.

— Au fait, Viking, c'est quoi Odin ? demanda Mandragore, luttant pour garder ouvertes ses paupières lourdes de sommeil.

Comment aurait-il pu dormir alors qu'il y avait encore tant de choses à éclaircir ! Les autres chats ouvrirent les yeux, oreilles pointées. Tous étaient aussi curieux que lui de connaître la réponse.

— Odin est le dieu suprême que nous, les chats des forêts de Norvège, vénérons. Il est le dieu de la Guerre. C'est pourquoi seuls les chats qui meurent en combattant avec courage peuvent faire partie de ses guerriers. C'est le souhait ultime de tous les chats de Norvège.

— Waouh ! Comme c'est beau ! s'exclama l'enfant, sortant la tête du pendentif de Mandragore.

— Hé, petit ! gronda Mandragore. Est-ce que tu vas nous interrompre encore longtemps, comme ça ? Tu sors seulement quand je t'appelle, compris ?

Et il donna un petit coup de patte sur la tête du gamin.

— Arrête ! cria l'enfant. Tu vas faire un trou dans mon béret. Si je n'étais pas sorti tout à l'heure, dans la Grotte de Cristal, si j'avais attendu que tu m'appelles, vous auriez tous servi de dîner aux serpents, c'est pas vrai ?

Ne sachant que répondre, Mandragore eut une moue boudeuse.

— En tout cas, tu sors uniquement quand je t'appelle,

répéta-t-il après un instant, avec irritation. Sinon, je te chasse de mon collier de cristal !

— Bon, d'accord, je ne dis plus rien. Mais garde-moi avec toi, s'il te plaît. J'aime bien jouer à me battre. Si tu me chasses, je vais m'ennuyer comme un rat mort.

Et sur ces mots, le gamin, l'air tout penaud, regagna son cristal.

Mot-d'Amour, amusée, ne pouvait se retenir de pouffer de rire.

— A propos, Viking, demanda Brin-d'Osier, c'est quoi cette histoire de frère ? Depuis quand connais-tu Ali-Baba ?

— Oh, ce serait trop long à vous expliquer.

— Alors, tu nous raconteras ça plus tard, quand nous serons reposés, fit Mandragore avec un long bâillement. Pour l'instant, j'ai trop sommeil.

— Excellente idée ! Dormons.

Bâillant à s'en décrocher la mâchoire, les chats se couchèrent et, l'un après l'autre, sombrèrent dans un profond sommeil.

# LE RÉCIT DE VIKING

Le soir venu, alors que le soleil commençait à décliner, Brin-d'Osier se réveilla le premier. Le corps plein de courbatures, il avait mal partout et se sentait peser une tonne. Il resta allongé, les yeux ouverts.

— Aïe, aïe, aïe ! gémit Lynx en roulant sur lui-même.

Brin-d'Osier lança un regard oblique vers ses compagnons. Viking et Mot-d'Amour étaient également réveillés, mais peu désireux de se lever, ils demeuraient immobiles. Lynx se tournait et se retournait sur sa couche, avec une grimace de douleur que lui arrachait sa blessure de la veille. Quant à Mandragore, il dormait encore profondément, tout à fait inconscient du monde autour de lui.

— Mandragore a de la chance d'être aussi insouciant, fit remarquer Mot-d'Amour. Moi, je suis tellement chamboulée que j'ai l'impression de ne plus pouvoir respirer. Allez, debout, vous autres ! Sortons prendre l'air.

— Bonne idée !

Brin-d'Osier et Viking, qui se sentaient également étouffer, suivirent Mot-d'Amour. Ils sautèrent d'un bond sur le rebord de la fenêtre avant de descendre dans la cour. Mandragore et Lynx, réveillés à leur tour, leur emboîtèrent le pas.

— Mandragore, tu n'as plus sommeil ? demanda Mot-d'Amour.

— Avec un temps comme ça, répondit Mandragore en bâillant, les yeux encore somnolents, je préfère dormir dehors.

— Et toi, Lynx, ça va mieux ? demanda Brin-d'Osier.

— Oh, ce n'était rien ! Ce n'est pas ça qui va m'abattre ! J'ai mené une vie de chat errant pendant si longtemps ! Mais bien sûr, tu ignores peut-être ce que c'est...

Lynx regarda le ciel. Pour une raison mystérieuse, il avait l'air triste.

— Je sais très bien ce que c'est, dit Brin-d'Osier en effleurant son épaule. La vie des chats errants est pleine de dangers. Il leur arrive souvent de côtoyer la mort. Moi aussi, j'ai vécu comme ça à une époque, avant d'habiter chez Minjun.

— C'est vrai ? demanda Lynx, les yeux ronds de surprise.

Brin-d'Osier lui sourit. Il avait enfin l'impression de percevoir la vraie nature de son compagnon, celle qu'il dissimulait derrière son air farouche : un être solitaire et sans artifices.

Les cinq chats se dirigèrent vers l'orme planté dans un coin de la cour. Ils s'allongèrent sous l'arbre. Les rayons du soleil couchant filtraient à travers le feuillage, chatouillant leurs oreilles et caressant leur dos.

Réprimant ses bâillements, Mandragore luttait encore contre le sommeil.

— Viking ! lança-t-il. Il s'appelait Toto, c'est bien ça ? Ton frère, je veux dire. Parle-nous de lui.

— C'est ça ! approuva Mot-d'Amour. Tu étais sur le point de nous raconter ton histoire tout à l'heure.

— Je n'aime pas trop remuer tous ces souvenirs...

Avec un gros soupir, mais sans se faire trop prier tout de même, Viking commença son récit.

Dès qu'ils avaient été sevrés, on avait emmené Viking et son frère jumeau, Toto, vivre dans l'appartement d'un homme qui portait d'énormes favoris. Cet homme éprouvait une véritable affection pour les deux chatons. Sentiment que sa femme ne partageait pas du tout, semblait-il. Quoi qu'il en soit, Viking et Toto habitèrent longtemps chez le couple.

Ce jour-là, c'était en hiver, des flocons de neige virevoltaient dans le vent. L'homme et la femme, qui se disputaient de temps à autre à propos des chats, se querellèrent plus violemment que d'habitude. Hors de lui, l'homme embarqua Viking et Toto dans sa voiture et les abandonna parmi les buissons jaunis et desséchés qui bordaient le ruisseau, à quelque distance de son immeuble.

Viking et Toto, dans leur innocence, pensaient que l'homme reviendrait bientôt les chercher. Comme ils n'avaient jamais eu l'occasion d'explorer le vaste monde, ils étaient tout excités. La neige qu'ils voyaient pour la première fois de leur vie leur paraissait très belle et très mystérieuse. Il faisait froid, mais c'était si amusant de courir le long du ruisseau !

La nuit tomba. L'homme ne revenait toujours pas. Viking et Toto commençaient à avoir faim. Le ruisseau, qu'ils voyaient tout à l'heure comme un terrain de jeu, était devenu à leurs yeux un endroit effrayant. Les deux chats partirent à la recherche de leur maison. Mais sur leur chemin, il y avait une route dangereuse à traverser, et ils étaient terrorisés par la lumière aveuglante des phares des voitures. Viking, essayant d'apaiser les craintes de son frère, eut beaucoup mal à lui faire traverser la route. Par bonheur, les véhicules roulaient lentement à cause de la neige. Enfin, ils parvinrent sains et saufs de l'autre côté.

Après quelques péripéties, ils arrivèrent finalement devant leur immeuble. Mais ils ne savaient comment s'y prendre pour monter chez eux, car leur appartement se trouvait au quatorzième étage. Viking et Toto, debout sur le parterre de fleurs au pied du bâtiment, appelèrent leur maître à grand renfort de « miaou ! ». Comme ils ne cessaient de miauler à fendre l'âme, les habitants de la résidence, sans doute exaspérés, ouvrirent l'un après l'autre les fenêtres de leurs balcons et se penchèrent au-dehors.

— A qui appartiennent ces chats qui font un tel raffut ?

Puis, avec indifférence, ils refermèrent leurs fenêtres. Mais l'homme aux gros favoris ne se montrait toujours pas.

Le vent glacial mugissait, la neige continuait à tomber. Viking et Toto, affamés et transis de froid, perdaient peu à peu leurs forces. Depuis leur plus jeune âge, ils n'avaient jamais rien mangé d'autre que la nourriture donnée par leur maître. Aussi ne leur venait-il pas à l'esprit de fouiller dans les poubelles pour chercher quelque chose à se mettre sous la dent. Au bout d'un moment, ils n'eurent même plus l'énergie de miauler. Difficile aussi de chercher un abri pour se protéger du vent et de la neige. Eux qui étaient habitués à vivre dans le confort d'une pièce bien chauffée, dorlotés par leur maître, n'avaient pas la moindre idée de l'endroit où trouver refuge. Ils se blottirent l'un contre l'autre au pied de l'immeuble, leurs petits corps tout tremblants de froid et de faim.

Quelle nuit triste et effrayante ! Alors que les deux frères glissaient peu à peu dans un demi-sommeil, ils entendirent des pas s'approcher. Pleins d'espoir, ils ouvrirent les yeux. Un vieux chat les contemplait.

— Vous êtes des chats de Norvège, à ce que je vois. Moi aussi. Je m'appelle Léo.

Le vieux chat conduisit Viking et Toto chez lui. Il habitait dans un petit terrain vague, non loin de la résidence. Des morceaux d'ardoises brisées formaient le toit grossier de son abri. Le sol était tapissé de bouts de tissus et d'herbes sèches. Le repaire était étroit et sale, mais au moins il n'y faisait pas froid. Léo leur donna à manger, de la nourriture telle qu'ils n'en avaient jamais goûté auparavant. Comme ils leur manquèrent alors, le lait tiède et le fromage dont leur maître les nourrissait d'habitude !

Après avoir écouté le récit des malheurs de Viking et de son frère, Léo décréta, en secouant la tête :

— Votre maître ne vous reprendra jamais.

Mais Viking refusa de le croire. Plusieurs jours durant, son frère et lui se rendirent au bas de l'immeuble et appelèrent leur maître. Mais ce dernier resta sourd à leurs miaulements de détresse.

Viking et Toto vécurent pendant quelque temps avec le vieux chat. Celui-ci leur enseigna l'art de se maintenir en vie. Il leur apprit à attraper des souris, à éventrer les sacs-poubelles pour y chercher des restes de nourriture, à se faire un abri pour dormir, à éviter les voitures, et toutes sortes de trucs indispensables à la survie des chats. Et ce n'était pas tout ! La nuit, il leur racontait la légende de leurs ancêtres, les chats des forêts de Norvège. Puis un jour, Léo leur annonça son départ et leur fit ses adieux.

— Je suis bien vieux maintenant. Il est temps pour moi de mourir. Quand ce moment arrive, les chats se rendent dans un lieu où personne ne peut les voir, et là, ils s'éteignent tout seuls.

Viking et Toto, envahis de tristesse, étaient incapables de prononcer un mot. Aussi, refusant de se séparer de Léo, décidèrent-ils de le suivre. Ce dernier leur dit alors :

— Au moment de mourir, les chats de Norvège brandissent leur épée et, en la pointant vers l'étoile la plus brillante, ils crient : « Odin ! » puis ils s'éteignent. Car ce qu'ils souhaitent plus que tout, c'est de devenir des guerriers d'Odin après leur mort. Mais moi, qui ai passé toute ma vie à fouiller les poubelles, je n'ose pas espérer une fin aussi glorieuse. Il faudra me contenter de quitter ce monde, au bord d'un ruisseau, le regard fixé sur n'importe quelle étoile au hasard, même la plus pâle. Quant à vous, ne suivez pas mon exemple. Ayez une vie digne des chats des forêts de Norvège, car vous êtes les héritiers de l'empire des Vikings.

Viking et Toto, fixant Léo d'un regard accablé, hochèrent la tête en signe d'assentiment. Bientôt, Léo leur fit comprendre que l'heure était venue de se séparer. Il tourna les talons et s'éloigna d'un pas plein de lassitude. Même de dos, il paraissait terriblement triste.

Après le départ de Léo, Viking et Toto eurent beaucoup de mal à s'en sortir tout seuls. Il y avait tellement de choses qu'ils ignoraient encore !

Un jour, sans doute parce qu'il avait mangé quelque nourriture avariée, Toto tomba gravement malade. Plusieurs jours passèrent, mais il ne guérissait pas. Viking devenait de plus en plus préoccupé. Absorbé dans ses craintes, il faisait les cent pas, se disant que s'il n'agissait pas immédiatement, il allait perdre Toto, le seul être au monde qui lui restait. C'est alors qu'une voix inconnue l'interpella.

— Quelque chose ne va pas ?

Viking sursauta et leva les yeux. En face de lui, un chat aux longs poils le dévisageait. Il s'appelait Ali-Baba, dit-il en se présentant.

Une fois que Viking eut terminé le récit de ses malheurs, Ali-Baba se répandit en injures contre l'homme aux gros favoris. Il ajouta même que tous les humains, sans exception, étaient aussi mauvais que lui.

— Tu dis que ton frère est gravement malade ? Allons-y. Je vais voir ce que je peux faire.

Viking, tout content, conduisit le chat inconnu chez lui. Ali-Baba examina attentivement Toto qui gémissait de douleur.

— Hum ! Son état est sérieux... Amenons-le chez moi. Là où j'habite, il y a beaucoup de chats qui vivent ensemble. On pourra s'occuper de lui.

Viking, soutenant Toto, se mit en route à la suite d'Ali-Baba. Après une longue marche, ils parvinrent à une maison isolée au milieu des collines. Leur guide n'avait pas menti, il y avait vraiment une foule de chats dans cet endroit ! Cependant, ils n'avaient pas l'air de chats vivants. Ils ressemblaient plutôt à des ombres. Ou... à des fantômes !

Viking trouva les lieux très déplaisants. Ce n'était certes pas un endroit convenable pour des chats de Norvège ! Aussi décida-t-il de s'éclipser dès que Toto irait mieux. Cependant, au lieu de s'améliorer, l'état de Toto s'aggravait de plus en plus.

Un jour, Viking vit Toto en rêve. Son frère, l'air abattu,

le contempla un instant, puis tourna le dos avant de disparaître. Bouleversé, Viking se réveilla en sursaut.

Après avoir recouvré son calme, il se précipita dans la pièce du sous-sol où l'on soignait le malade. Mais là, alors qu'il s'approchait à pas de loup, un sifflement bizarre lui parvint. *Sssss !* Il en eut la chair de poule. Il ouvrit doucement la porte et jeta un regard à l'intérieur. Ali-Baba, son museau contre celui de Toto, semblait murmurer quelque formule magique dans la langue des serpents. A coup sûr, quelque chose de maléfique était en train de se tramer, Viking en aurait mis sa patte à couper ! Un filet de fumée vert foncé sortait des narines de Toto et entrait dans celles d'Ali-Baba. On aurait dit qu'Ali-Baba aspirait l'âme du chat inanimé. Les yeux de Viking lancèrent des éclairs de colère. Soudain, la tête de Toto retomba sur le côté, inerte. Il était mort ! Cela ne faisait plus aucun doute ! Viking fut pris d'un vertige.

— O... din ! ne put-il s'empêcher de hurler aussitôt.

Il se rua sur Ali-Baba, qui, d'un geste vif, tourna la tête. Avec une sauvagerie inhabituelle, les crocs de Viking s'enfoncèrent profondément dans son cou. Désarçonné, Ali-Baba ne put rien faire pour se défendre contre cette attaque surprise. Comme, en outre, il venait d'absorber l'âme de Toto, il se retrouvait tout à fait incapable de recourir à la magie. Du sang coulait abondamment de sa blessure. Il perdit connaissance.

Viking, saisissant entre ses dents Toto par la peau du cou, s'enfuit sans demander son reste. Les autres chats, çà et là paresseusement allongés par terre, lui jetèrent un regard soupçonneux. Alors que quelques-uns, intrigués, se dirigeaient vers le sous-sol, Viking se mit à courir à toutes pattes.

Il grimpa sur une colline, d'où l'on avait une meilleure vue des étoiles, et y déposa Toto. Le cœur de son frère ne battait plus. Viking, réprimant son chagrin, creusa la terre et y coucha le corps sans vie. Puis il ramassa une pierre aussi coupante que la lame d'une épée et la posa sur la poitrine du mort. Il le recouvrit entièrement de terre, laissant seulement les yeux et la truffe à découvert.

— Toto ! chuchota-t-il. S'il te reste encore la moindre parcelle d'âme, va rejoindre Odin et deviens une étoile brillante.

A cet instant précis, il entendit sur le sol le martèlement sourd des pas d'Ali-Baba et de sa bande lancés à ses trousses. Mieux valait ne pas rester là plus longtemps ! Viking dévala la colline en hurlant à travers ses larmes :

— O... din !

C'était non seulement pour Toto qu'il avait poussé ce cri, mais aussi pour attirer Ali-Baba loin de la tombe de son malheureux frère. Pour autant, la bande d'Ali-Baba ne lâchait pas prise. Viking s'écorcha aux branches des arbustes et se cogna aux arêtes des rochers, mais cela ne l'empêcha pas de continuer à courir de toute la vitesse de ses pattes. Son pauvre corps était couvert de blessures. Comme il arrivait au pied de la colline, sa vision devint floue. Il était sur le point de défaillir. Encore quelques pas, et il tomba sans connaissance.

Il ne savait pas combien de temps s'était écoulé. Il sentit que quelqu'un l'emportait. La bande d'Ali-Baba avait dû le rattraper, pensa-t-il vaguement. Mais, rongé de tristesse, il n'avait plus la force de se défendre. Il retomba dans un sommeil de plomb.

Lorsqu'il rouvrit enfin les yeux, il se crut revenu dans le repaire des chats-ombres. Debout à son chevet, un chat le regardait. Il ressemblait étrangement à Ali-Baba. Mais l'odeur et l'impression qui se dégageaient de lui étaient complètement différentes. Ce chat-là semblait doux et gentil. Quant à la maison, elle était certainement plus agréable et accueillante que celle d'Ali-Baba, pour cela il n'y avait rien à redire !

— Tu veux dire que la maison où tu t'es retrouvé, c'était ici, à l'Ecole des Chats ? demanda Mandragore.

— Et le chat qui ressemblait à Ali-Baba, c'était le professeur Barbu ? enchaîna aussitôt Brin-d'Osier.

Viking hocha la tête.

— Heureusement que j'ai rencontré Boîte-à-Lettres et

le professeur Barbu. S'ils ne m'avaient pas trouvé à ce moment-là, je ne sais pas ce que je serais devenu.

— Elle est triste, ton histoire ! fit Mot-d'Amour en reniflant.

— Nous aurions dû nous rencontrer plus tôt, ajouta Lynx d'une voix pleine de regret. Toto ne serait pas mort aussi bêtement. En tant que chat errant pur sang, je suis très doué pour repérer ce qui n'est pas bon à manger.

Brin-d'Osier tourna la tête vers Lynx et esquissa un sourire. Il est vrai que les chats de gouttière ont souvent des allures féroces, on ne peut pas le nier. Mais parmi eux, et contrairement à ce que l'on croit, il y en a beaucoup qui ont le cœur pur et généreux. Lynx, qui avait connu beaucoup d'épreuves dans sa vie, semblait parfaitement comprendre ce que ressentaient les autres chats confrontés à de terribles difficultés.

— Ce voyou d'Ali-Baba, il ferait bien de se tenir à carreau, parce que la prochaine fois, je ne le louperai pas !

Et sur ces paroles, Mandragore sortit ses griffes d'un geste rageur.

# LES ÂMES DE CHATS SONT ATTAQUÉES

— Que faites-vous là ?

Les chats, surpris, se retournèrent. C'était Pilastre, l'un des élèves de la classe de l'Assemblée nocturne. Ce chat-là, plus ses camarades d'école l'observaient, et plus ils trouvaient qu'il ressemblait à Boîte-à-Lettres. Aussi l'appelaient-ils parfois « Petite Boîte-à-Lettres ».

— Ah, te voilà ! dit Mot-d'Amour, je suis contente de te voir. Comme tu peux le constater, nous étions en train de discuter tranquillement, rien de plus. A propos, est-ce que Boîte-à-Lettres vient toujours à l'école ces jours-ci ?

— Il le faisait souvent, avant, puisqu'il était chargé de donner un cours particulier de temps à autre. Mais il a prévenu qu'il ne pourrait plus venir pendant quelque temps.

— Pourquoi ?

— Il paraît qu'il est arrivé quelque chose de grave. Il a dit que des chats-ombres étaient apparus, ou quelque chose comme ça.

— Des chats-ombres ?

Les cinq camarades, aussitôt sur le qui-vive, dressèrent les oreilles.

— Oui. Mais comme il a dit ça, juste en passant, je ne sais pas trop ce que cela signifie. Il a simplement annoncé que le directeur ne tarderait pas à nous en parler.

— Le directeur ? murmura Brin-d'Osier comme pour lui-même.

— Au fait, Pilastre, reprit Mot-d'Amour, Boîte-à-Lettres ne t'a rien donné pour moi ?

— Ah, c'est vrai, j'allais oublier ! Je l'ai laissé dans notre salle de classe. Tu veux venir avec moi le chercher ?

Sans se faire prier, Mot-d'Amour se disposa immédiatement à le suivre.

— Dis donc, Lynx, poursuivit Pilastre en se tournant vers ce dernier, comme frappé d'une pensée subite. Le tour de magie que vous nous avez montré la dernière fois était vraiment trop drôle. Vous ne voulez pas le refaire ? Ces fantômes sans pieds, avec des trous à la place des yeux... c'était à mourir de rire !

— Qu'il est bête, celui-là ! grommela Lynx dans sa moustache.

Mandragore, Viking et Brin-d'Osier pouffèrent de rire.

Pilastre, suivi de Mot-d'Amour, se rendit dans la salle de classe de l'Assemblée nocturne, située au rez-de-chaussée. Il sortit de son casier un petit paquet qu'il tendit à Mot-d'Amour. Sans perdre une seconde, elle alla le ranger dans son propre casier au sous-sol, puis retourna sous l'orme rejoindre ses camarades.

— Debout ! cria-t-elle. C'est l'heure de notre cours !

Ses quatre compagnons se dirigèrent vers le sous-sol en bâillant.

— Non, pas par là, fit remarquer Mot-d'Amour. C'est au premier étage qu'il faut aller, je vous signale.

— Vous devez être très fatigués.

Le professeur Barbu, déjà installé dans la salle, attendait ses élèves. Le directeur était là aussi.

— La journée à été dure pour vous hier, dit le professeur d'une voix un peu tendue. Vous mériteriez bien une journée de repos, mais malheureusement la situation est grave. Nous devons prendre des mesures d'urgence. Il semble que les chats-ombres aient commencé à attaquer. Comme vous avez pu vous en rendre compte pendant les affrontements de cette nuit, il ne sera pas facile de nous battre contre eux. En matière de magie, vous êtes encore loin d'arriver à la cheville du Chat Noir.

— On regrette d'être allés dans la Grotte de Cristal sans votre permission. Excusez-nous, dit Brin-d'Osier, l'air penaud.

— Ce n'est pas grave, répondit gentiment le directeur, levant les yeux de son journal. En fait, ce n'est pas un hasard si le professeur Barbu et moi-même, nous sommes arrivés dans la grotte au bon moment.

— Alors, vous étiez au courant de notre pari ? demanda Viking, étonné. Mais comment le saviez-vous ?

— De tout temps, les chats ont toujours été très curieux. Là-dessus, ils ne changent jamais. Chaque année, vers la même époque, de nouveaux élèves font le pari d'entrer dans la Grotte de Cristal. Je ne les en empêche pas car cela leur donne une bonne leçon, en plus de leurs cours habituels. En s'aventurant tout seuls dans la Grotte, ils en apprennent plus qu'avec un professeur. Le professeur Barbu lui-même a fait ce genre de pari quand il était élève, si je me souviens bien. Il a eu si peur du Chat Noir qu'il en a été malade pendant plusieurs jours...

Chaussettes jeta un coup d'œil amusé vers le professeur Barbu.

— Vous n'aviez pas besoin de leur raconter ça, enfin... marmonna ce dernier, horriblement embarrassé.

Les cinq chats échangèrent des clins d'œil malicieux. Pour une fois que le professeur Barbu n'avait pas le dernier mot !

— Mais cette fois-ci, la présence d'Ali-Baba a rendu la situation trop dangereuse. Heureusement, le professeur et moi-même savions qui était Jojo. Sinon...

Le visage du directeur était devenu grave.

— Comment ? Vous connaissiez déjà la véritable identité de Jojo ?

Les cinq élèves semblaient abasourdis.

— Oui, bien sûr, nous étions au courant. Mais nous avions de bonnes raisons de faire semblant de l'ignorer. Bon, maintenant, jetez un coup d'œil là-dessus. Les chats-ombres ont commencé à lancer leurs attaques contre les âmes de chats.

Ils baissèrent le regard sur la feuille que Chaussette leur désignait.

*Augmentation dramatique du nombre*
*de morts accidentelles parmi les enfants autistes*

Le titre de l'article s'étalait en grosses lettres sur la page du journal.

L'air incrédule, les cinq camarades inclinèrent légèrement la tête de côté. Qu'est-ce que cela signifiait ?

— On ne parle pas d'âmes de chats là-dedans, fit observer Brin-d'Osier. Et d'abord, qu'est-ce qu'un enfant autiste ?

— Ah, c'est vrai ! Vous ne savez pas ce que c'est. Un enfant autiste est une âme pure, si pure qu'elle est très facilement blessée. Une fois qu'on a fait du mal à cette âme, elle ne s'ouvre plus jamais. Elle se referme sur elle-même définitivement. C'est pour ça que les enfants autistes ne connaissent rien du monde. Même en grandissant, ils restent aussi ignorants que des bébés.

— Ah, je vois ! s'exclama Mot-d'Amour, les yeux brillants. Sena est comme ça. C'est la petite fille avec qui vit ma sœur jumelle, Clochette.

— Sena n'est pas une enfant autiste. Elle est une âme de chat.

— Pourtant, à l'hôpital, ils ont dit qu'elle était autiste...

— Vue de l'extérieur, une âme de chat ressemble beaucoup à un enfant autiste. C'est sans doute pour ça que Sena a été déclarée autiste. Les humains ne savent rien sur les âmes de chats.

— Sena est une âme de chat ? répéta Mot-d'Amour. Mais qu'est-ce que c'est ?

Le directeur hocha la tête.

— Une âme de chat est un chat qui est mort en se battant contre le dieu des Ténèbres ou contre ses chats-ombres, sans avoir pu terminer sa mission, expliqua-t-il. Aussi, quand il se réincarne sous forme humaine, il n'arrive pas à oublier ce qu'il était avant. Il vit enfermé dans le souvenir du temps où il était chat.

A la pensée de Sena, Mot-d'Amour sentit son cœur se serrer de pitié. Quel malheur ce devait être de naître sous forme humaine et de rester prisonnier de sa mémoire de chat !

— Mais quel est le rapport entre cet article de journal et les âmes de chats ?

— Il se trouve que, depuis quelque temps, un grand nombre d'enfants autistes meurent dans des accidents. On en parle même dans les journaux. Ce n'est pas normal. Cela veut dire que les chats-ombres ont déjà attaqué.

— Pourquoi les chats-ombres s'en prendraient-ils aux enfants autistes ? demanda Mandragore, les yeux brillants de curiosité.

— Les chats-ombres ne savent pas faire la différence entre un enfant autiste et une âme de chat. Ils les agressent donc au hasard, tout autant les uns que les autres. Aux yeux des humains, ces morts paraissent accidentelles, mais en réalité, elles sont causées par les chats-ombres. Pour cela, ils utilisent la magie. Par exemple, ils provoquent chez un conducteur des hallucinations qui lui font renverser un enfant autiste sans le faire exprès.

Le directeur affichait une expression soucieuse.

— Pourquoi les chats-ombres veulent-ils supprimer les âmes de chats ?

— Parce qu'une prophétie prédit que les âmes de chats viendront au secours des chats de cristal.

— Une prophétie ?

— Oui, elle dit que le chat mâle qui était le dieu du Soleil et la chatte qui était la déesse de la Terre, renaîtront en tant qu'âmes de chats. Alors, un nouveau Chat-Soleil apparaîtra. Ce sera un chat sans frère jumeau. Avec l'aide des âmes de chats, il ouvrira une ère nouvelle. C'est pour empêcher la réalisation de cette prédiction que les chats-ombres attaquent les âmes de chats.

# LE TEMPS D'APOPHIS

— Ce n'est tout de même pas une raison pour attaquer les pauvres enfants autistes qui n'ont rien à voir dans cette histoire ! s'exclama Brin-d'Osier avec colère.

— Tu as raison. C'est pourquoi j'ai fait semblant d'ignorer l'identité de Jojo, et même je l'ai laissé s'enfuir.

— Pourquoi ne pas l'avoir fait prisonnier ? grommela Viking, l'air de ne pas comprendre.

— Ali-Baba est sans doute venu dans notre école pour deux raisons. La première, pour découvrir le lieu exact où était enfermé le Chat Noir. La seconde, pour savoir qui étaient les élèves de la classe de Cristal.

— Pour quoi faire ? demanda Mandragore.

— Il voulait deviner qui était le Chat-Soleil dont parle la prophétie. Il pensait sans doute que le Chat-Soleil se trouvait parmi les élèves de cette classe. Son raisonnement n'était pas faux. Je me suis demandé, et je me demande toujours, si Brin-d'Osier ne serait pas le Chat-Soleil annoncé et Mot-d'Amour la Chatte-Terre. Je pense aussi que Minjun et Sena doivent être les âmes de chats qui les aideront.

N'en croyant pas leurs oreilles, Mot-d'Amour et Brin-d'Osier protestèrent en chœur :

— Mais j'ai une sœur jumelle, Clochette !

— Mais Minjun n'est pas une âme de chat ! Il n'est pas emprisonné dans la mémoire de sa vie antérieure de chat.

— Ne pas avoir de jumeau signifie seulement que votre jumeau n'est pas devenu un chat-ombre. Tant que Sena sera en vie, Clochette ne la quittera pas et ne deviendra pas un chat-ombre.

Le visage de Mot-d'Amour s'illumina. Quel soulagement ! Dire que pendant tout ce temps, elle s'était tourmentée à l'idée d'avoir une sœur jumelle !

— Quant à Minjun, lorsqu'il était petit, il était bel et bien confiné dans le souvenir de sa vie antérieure de chat. Mais en grandissant, il s'en est peu à peu libéré.

— Si Ali-Baba est au courant de tout ça, Sena et Minjun sont en grand danger, intervint Viking, qui ne comprenait toujours pas. Alors pourquoi vous ne l'avez pas capturé ?

Brin-d'Osier et Mot-d'Amour regardèrent à leur tour le directeur, guettant avec appréhension sa réponse.

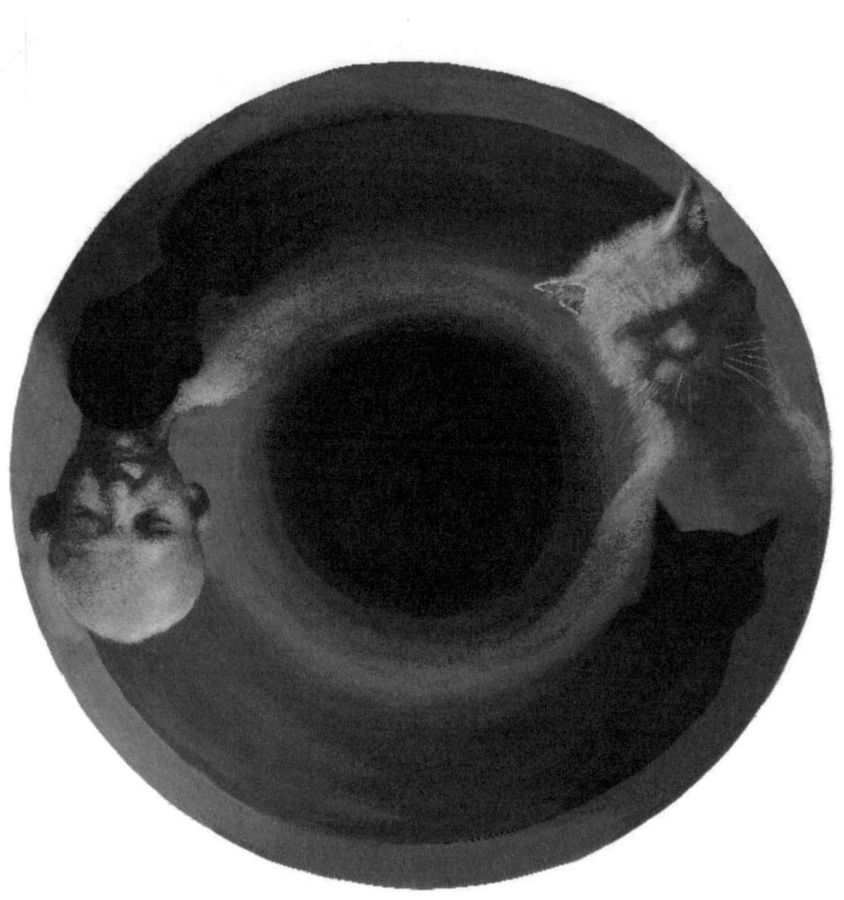

— Maintenant qu'Ali-Baba a identifié les âmes de chats, Sena et Minjun seront la cible d'une attaque en règle, c'est vrai. Mais au moins les enfants autistes seront épargnés. Et nous ne voulons pas que des enfants innocents soient tués ou blessés, n'est-ce pas ? Quant à Sena et Minjun, nous allons devoir les protéger nous-mêmes.

Les cinq chats acquiescèrent d'un vigoureux hochement de tête.

— La priorité, c'est de défendre Sena et Minjun ! s'écria Mandragore, prêt à s'élancer au secours des deux enfants. Allons-y tout de suite !

— J'ai demandé à Boîte-à-Lettres de les surveiller. Ils sont donc en sécurité pour l'instant. Mais quand viendra le jour d'Apophis, les forces de Boîte-à-Lettres ne suffiront plus. Ce sera alors le moment pour vous d'y aller.

— Le jour d'Apophis ? répéta Lynx.

Brin-d'Osier releva la tête. Le souvenir des paroles d'Ali-Baba et de Daira dans la Grotte de Cristal lui revenait en mémoire. Ils avaient utilisé des termes presque semblables : la nuit d'Apophis...

— Apophis est le dieu des Ténèbres qui veut dévorer le soleil. Le jour d'Apophis coïncide avec une éclipse totale du soleil. Ce jour-là, Apophis et les chats-ombres deviennent extrêmement puissants. En revanche, le cristal perd sa lumière et les chats de cristal leurs forces.

— Alors, c'est ce jour-là que les chats-ombres attaqueront, conclut Brin-d'Osier, les poils du dos hérissés. C'est pour quand ?

— Dans un mois, exactement. Le jour d'Apophis revient tous les deux mille ans. A mon avis, ce sera à ce moment-là que les chats-ombres attaqueront les âmes de chats.

— Ils ne s'en prendront pas à l'Ecole des Chats ?

— Si, mais ils le feront la nuit d'Apophis, répondit le directeur, en contemplant d'un air soucieux sa colonne de cristal. La nuit d'Apophis vient un mois après le jour d'Apophis. Cette nuit-là, le pouvoir des chats-ombres atteint son maximum. Le cristal cesse complètement de briller. Après deux mille ans, il se repose enfin.

— Mais je croyais que les chats-ombres avaient déjà envahi l'Ecole des Chats au cours d'une éclipse, il y a seulement mille ans !

— A l'époque, Daira devait penser qu'il n'avait pas besoin d'attendre la nuit d'Apophis. Il songeait probablement à la prophétie. La venue du nouveau Chat-Soleil et des âmes de chats a aussi un rapport avec le temps d'Apophis. Daira a donc voulu se débarrasser de l'Ecole des Chats bien avant.

— Il estimait sûrement que le temps d'Apophis ne serait pas forcément favorable aux chats-ombres, commenta le professeur Barbu, jusqu'alors silencieux. C'est pourquoi il a voulu prendre les devants.

— Exactement ! Ni Daira ni moi ne savons ce que sera le temps d'Apophis. Personne ne peut deviner avec certitude ce que sera la puissance d'Apophis, ou même si la prophétie se réalisera pour de bon.

— Vous voulez dire que même vous, vous l'ignorez ? demanda Brin-d'Osier.

— D'après toi, j'ai l'air d'avoir deux mille ans ? demanda Chaussettes avec un sourire. J'ai vécu longtemps, c'est vrai, mais pas assez longtemps pour avoir connu le temps d'Apophis d'il y a deux mille ans. En tout cas, il y a urgence maintenant. C'est pourquoi votre professeur et moi-même avons décidé de vous donner des cours particuliers. Ce ne sera pas facile, mais il faudra faire de votre mieux.

— D'accord ! répondirent ensemble les cinq chats avec ardeur.

Chaussettes les regarda sortir du bureau en file indienne et murmura entre ses moustaches :

— Espérons que Machen ne tardera pas.

— Qui est Machen ? interrogea le professeur Barbu en se tournant vers le directeur.

— Vous ne connaissez pas Machen ? C'est l'élève de la classe de Cristal qui a survécu à la bataille de la Grotte de Cristal, il y a mille ans.

Le professeur Barbu ouvrit de grands yeux surpris.

— Vous voulez parler du chat légendaire qui est parti en pèlerinage ?

— Oui, c'est lui. Si Machen est encore en vie, il reviendra le jour d'Apophis...

Chaussettes fixa d'un regard anxieux la colonne de cristal posée sur son bureau.

# BRIN-D'OSIER ÉCRIT À MINJUN

Cette nuit-là, dans la pièce du sous-sol, eut lieu le premier des cours particuliers réservés aux cinq chats. Le professeur Barbu, installé sur le poêle rouillé, prit la parole. Sa mine était grave.

— Comme vous avez déjà eu l'occasion d'affronter Ali-Baba et Daira, vous pouvez deviner combien il sera difficile de défendre notre école contre les chats-ombres. Il vous faudra apprendre vite, mais je ne suis pas sûr de pouvoir tout vous enseigner dans un délai aussi court. C'est bien ce qui m'inquiète.

— Mais le directeur a dit que les âmes de chats allaient nous aider, intervint Mandragore.

— C'est vrai, mais quand et comment vont-ils le faire ? Ça, la prophétie ne le précise pas.

— Il y a pourtant une chose que j'aimerais savoir, dit à son tour Brin-d'Osier, préoccupé depuis un moment par des questions qui lui trottaient dans la tête. Il a été dit que le chat mâle, dieu du Soleil, et la chatte, déesse de la Terre, renaîtraient en tant qu'âmes de chats, je ne me trompe pas ?

— Oui, comme le directeur vous l'a expliqué, c'est ce qu'annonce la prophétie. Mais pourquoi cette question ?

— Dans ce cas, comment sait-on que Minjun et Sena étaient le dieu du Soleil et la déesse de la Terre ?

Le professeur Barbu trouva la question très pertinente.

— Les formules magiques qui permettent de les identifier sont inscrites dans le Livre des Prophéties. Puisque nous en parlons, vous feriez bien de les apprendre dès maintenant. De toute façon, il vous faudra les connaître si vous voulez défendre Minjun et Sena.

Le professeur ouvrit le couvercle du poêle rouillé et en sortit un livre volumineux et une loupe. Il feuilleta l'ouvrage un instant, s'arrêtant de temps en temps pour examiner une page de plus près avec la loupe.

— Ah, voici !... Ce livre est trop vieux, j'ai du mal à déchiffrer les caractères, marmonna-t-il en tournant encore quelques pages. Et puis, elle est terriblement compliquée, cette écriture ancienne !

— Qu'y a-t-il d'écrit ? demanda Mot-d'Amour avec impatience.

— Hum ! Voici la formule pour s'adresser à l'âme de chat qui était autrefois la déesse de la Terre. Ecoutez bien : « Je te sauverai des ténèbres. »

— *Je te sauverai des ténèbres*, répéta Mot-d'Amour d'une voix rêveuse en fermant les yeux. Que c'est beau !

— Et la formule pour reconnaître l'âme de chat qui était le dieu du Soleil ? demanda Brin-d'Osier, ravalant sa salive sous le coup de l'émotion.

— Tiens, la voici, je l'ai trouvée : « Je serai dans tes yeux pour toujours. »

— *Je serai dans tes yeux pour toujours*, prononça lentement Brin-d'Osier.

Soudain, son cœur battit plus fort. Son visage devint écarlate.

— Brin, remarqua Mot-d'Amour avec un petit gloussement, pourquoi tu deviens tout rouge ?

Mandragore et Lynx, à leur tour, pouffèrent de rire, pointant de la patte le museau cramoisi de leur camarade.

— Que veulent dire ces formules ? demanda Viking, en clignant des yeux ahuris vers le professeur.

— Le dieu du Soleil et la déesse de la Terre étaient très amoureux l'un de l'autre. Avant de mourir, ils ont échangé des serments éternels. La promesse que la déesse de la Terre a faite au dieu du Soleil disait : « Je serai dans tes yeux pour toujours. » Cela voulait dire qu'elle souhaitait

rester avec lui pour toujours, dans la vie comme dans la mort. En réponse, le dieu du Soleil lui a promis : « Je te sauverai des ténèbres. »

— Oh, c'est trop triste ! s'exclama Mot-d'Amour en reniflant.

— Mot, tu ne te sens pas bien ? demanda naïvement Mandragore, les yeux ronds.

— Où tu as mal ? Je peux te guérir, oho ! oho ! claironna le gamin, sortant brusquement la tête du pendentif de Mandragore.

Mot-d'Amour, piquée au vif, lui lança un regard de travers. Brin-d'Osier, Viking et Lynx ne purent réprimer de petits miaulements gentiment moqueurs.

— Pourquoi a-t-il dit qu'il la sauverait des ténèbres ? demanda enfin Lynx. Il devait leur arriver malheur ?

— D'après le Livre des Prophéties, le dieu du Soleil et la déesse de la Terre étaient immortels. Mais une nuit, la Voie du Soleil a été coupée, et ils en sont morts. Alors, en prononçant cette phrase, *Je te sauverai des ténèbres,* que voulait-il dire, à votre avis ? C'était sans doute la promesse qu'il rouvrirait un jour la Voie du Soleil et redonnerait la vie éternelle à sa déesse.

— La Voie du Soleil ? demanda Brin-d'Osier.

— Une fois que le soleil s'est couché à l'ouest, il doit voyager toute la nuit pour retourner vers l'est. Il lui faut à tout prix y arriver avant l'aube pour pouvoir se lever de nouveau. Cette route qu'il emprunte pendant la nuit s'appelle « la Voie du Soleil ». Nous aurons plus tard l'occasion d'en parler en détail. Je vais arrêter là pour aujourd'hui. Vous avez l'air encore bien fatigués.

Ouf ! la leçon était terminée ! Tout heureux, les cinq chats se mirent à faire des cabrioles. Mais leur enthousiasme fut de courte durée. Ils commencèrent à bâiller longuement et, l'un après l'autre, se laissèrent tomber par terre et plongèrent dans un profond sommeil.

— Brin-d'Osier ! Brin-d'Osier !

Interrompant brutalement son rêve, une voix appelait Brin-d'Osier sans ménagement.

— Eh bien, dis donc, la maison pourrait s'écrouler, tu ne te réveillerais même pas ! Comment comptes-tu te battre contre les chats-ombres, avec un pareil sommeil de plomb ?

Au mot « chats-ombres », Brin-d'Osier se redressa d'un seul coup. Adieu le pays des rêves ! C'était Mot-d'Amour qui venait de l'arracher au sommeil.

— Qu'y a-t-il ? Tu ne dors pas ?

— Tu arrives à dormir, toi ? grogna Mot-d'Amour avec irritation. Alors qu'on ne sait pas ce qui peut arriver à Sena et à Minjun d'un moment à l'autre !

— Moi aussi, je suis inquiet, qu'est-ce que tu crois ! Mais que faire ? Il n'y a pas de solution miracle.

— Tu ne vois pas de solution parce que tu n'en cherches pas. Viens un peu par ici !

Mot-d'Amour dégringola de la table et gagna un coin de la pièce. De son casier, elle sortit une feuille de papier, une enveloppe et un crayon que Boîte-à-Lettres lui avait procurés.

— Quelle bonne idée, tu as raison ! Je vais écrire une lettre à Mori.

(Ce Mori était le jeune chat de Minjun et Nayeong, les anciens maîtres de Brin-d'Osier.)

Brin-d'Osier était ravi de l'idée astucieuse de Mot-d'Amour. Mais une seconde plus tard, il faisait déjà la grimace. Ecrire n'était certes pas un travail facile pour un chat ! Chaque fois qu'il s'attelait à la tâche de rédiger une lettre, il en sortait épuisé.

— C'est à Minjun qu'il faut l'adresser, rectifia Mot-d'Amour d'un ton autoritaire. Pas à Mori.

— Tu as déjà vu un chat écrire à un humain ?

— Idiot ! Qui a lu les lettres que tu as envoyées jusqu'à présent, à ton avis ? Tu crois que c'est Mori ? Il ne sait même pas lire ! C'est Minjun et Nayeong, bien sûr !

— C'est vrai, tu dois avoir raison. Donc, je n'ai qu'à écrire à Minjun de se tenir sur ses gardes, c'est ça que tu veux ?

— Tu ne penses qu'à Minjun ? Et Sena ? Tu ne t'inquiètes pas pour elle ?

— Qu'est-ce que je dois faire, alors ?

— Dis à Minjun d'aller voir Sena et de lui réciter la formule magique, ordonna Mot-d'Amour, les yeux brillants d'excitation. Tu sais, cette phrase : *Je te sauverai des ténèbres.*

— Et après ? demanda Brin-d'Osier, sans comprendre où elle voulait en venir.

— En l'entendant, elle arrivera peut-être à se rappeler comment elle est morte dans sa vie antérieure, quand elle était déesse de la Terre. Et alors, elle prendra conscience du danger, du moins je l'espère.

— Tu crois ? J'ai bien peur qu'écrire une histoire aussi compliquée dans une lettre ne dépasse mes compétences.

Brin-d'Osier, la tête inclinée, s'empara du crayon. Il n'avait aucune idée par où commencer ! Et pour couronner le tout, Mot-d'Amour, plantée à côté de lui, le surveillait par-dessus son épaule, ce qui le mettait doublement mal à l'aise !

— Tu ferais mieux d'aller dormir, maintenant, conseilla-t-il. Je te réveillerai quand j'aurai fini

— Pourquoi ? Ça t'embête que je te regarde ? Dans ce cas, je vais m'installer là-bas et préparer l'enveloppe pendant que tu écris.

Hélas ! Mot-d'Amour n'avait manifestement aucune intention de dormir.

Toute la nuit, Brin-d'Osier se donna un véritable mal de chien pour rédiger sa lettre. Ce n'est que tard, le lendemain matin, qu'il la termina enfin.

Il ne vit pas Mot-d'Amour s'approcher à pas de loup derrière lui.

— Tu as bien travaillé ! dit-elle. Tu dois être fatigué. Allez, dors maintenant. Je vais la poster.

Mot-d'Amour glissa la lettre dans l'enveloppe qu'elle saisit entre ses dents.

— Il pourrait y avoir des chats-ombres dehors, hasarda Brin-d'Osier. Il vaut mieux y aller ensemble.

Et sans lui laisser le temps de protester, il lui emboîta le pas.

La boîte aux lettres se trouvait au bord d'une route, de l'autre côté du bois. Mot-d'Amour d'un bond sauta sur la boîte. Mais comme le couvercle était bombé, il n'en fallait pas beaucoup pour perdre l'équilibre et déraper au moindre faux mouvement. C'était alors la chute assurée !

— Décidément, je ne comprendrai jamais pourquoi les humains s'obstinent à fabriquer des couvercles de boîte aux lettres bombés comme ça ! pesta Brin-d'Osier. S'ils les faisaient plats, ce serait tout de même plus commode pour nous. Il n'y a pas que les hommes qui postent des lettres, que diable ! Il faudrait peut-être qu'ils réfléchissent à ça !

Mot-d'Amour, se laissant doucement glisser, jeta d'un geste adroit l'enveloppe dans la fente. On aurait dit qu'elle avait fait ça toute sa vie.

Un enfant, qui passait par là, l'aperçut et s'arrêta net, la bouche grande ouverte.

— Ce gosse n'a vraiment pas de chance aujourd'hui ! s'exclama Mot-d'Amour en tirant la langue à l'enfant.

— Pourquoi ? demanda Brin-d'Osier avec un sourire à l'adresse du petit garçon.

— En arrivant à l'école, il dira à ses copains qu'il a vu un chat poster une lettre. Mais qui va le croire ? Ils vont tous se moquer de lui et le traiter d'imbécile.

— C'est vrai ! Et en plus, s'il a la mauvaise idée de dire que ce chat lui a tiré la langue et qu'un autre lui a souri, ils vont le traiter de menteur !

Brin-d'Osier et Mot-d'Amour jetèrent un coup d'œil derrière eux. L'enfant, toujours bouche bée, ne les quittait pas des yeux. Ils se mirent à courir vers le bois.

# Minjun et les fantômes

— Minjun !

Minjun était allongé sur son lit au moment où Nayeong l'appela. Mais, perdu dans ses pensées, le regard dans le vague, il ne répondit pas.

— Minjun !

— Hein ?

C'est seulement lorsque sa sœur lui donna une tape sur l'épaule qu'il tourna les yeux vers elle.

— Tu es bizarre, ces temps-ci. A quoi tu penses pour avoir un air aussi absorbé ?

— Oh, à rien... répondit Minjun, évasif.

— Tu ne vas plus voir Sena ? Dans sa lettre, Brin-d'Osier t'a pourtant dit de retourner souvent chez elle. Elle est en danger, tu te rappelles ?

Minjun, sans répondre, se contenta de froncer les sourcils.

— Qu'y a-t-il ?

— C'est étrange...

— Quoi ?

— Les paroles que je devais dire à Sena lorsque je suis allé la voir la première fois...

Minjun s'interrompit, la mine songeuse.

— Oui : *Je te sauverai des ténèbres*. Qu'est-ce qu'il y a d'étrange ? le pressa Nayeong avec impatience.

— En prononçant ces paroles, j'ai eu peur.

— Peur ? Peur de quoi ?

— J'avais l'impression que quelqu'un d'autre vivait en moi. Chaque fois que je prononce ces paroles, je sens qu'une autre personne se réveille à l'intérieur de moi. Ça me rend triste et je me sens tout drôle. Comme si quelque chose de chaud se tortillait dans ma poitrine... Mais cette sensation... ce n'est pas vraiment moi qui l'éprouve.

— Ça doit être parce que tu récites une formule magique. C'est tout à fait normal. Ce n'est pas une raison pour ne plus aller voir Sena. Est-ce que tu ne m'as pas dit qu'elle avait déjà failli se faire renverser par un autobus ?

Mais, perplexe, Minjun hésitait toujours. Nayeong lui saisit finalement le bras et reprit :

— Tu veux que je t'accompagne ?

— Toi ?

— Oui, allons-y tout de suite !

Minjun réfléchit un instant. Ces choses étranges qui lui arrivaient depuis quelque temps, elles avaient commencé le jour où il avait rencontré Sena pour la première fois. S'il la revoyait, peut-être pourrait-il alors découvrir la clé du mystère. Mais d'un autre côté, que ferait-il s'il se produisait encore d'autres phénomènes insolites et dangereux en chemin ? Toute cette histoire était extrêmement inquiétante.

— Bon, d'accord ! Mais à une condition.

— Quelle condition ?

— Je marcherai derrière toi et je garderai les yeux fixés sur ton dos. Et toi, tu me guideras en me tenant la main par-derrière.

— Quelle drôle d'idée ! Pour quoi faire ?

— On fait comme j'ai dit, ne pose pas de question.

— C'est curieux comme condition. Les gens vont te prendre pour un aveugle. Nous serons ridicules.

— Si tu te sens ridicule, on n'y va pas, c'est tout, rétorqua Minjun avec une moue contrariée.

— D'accord, d'accord ! s'empressa d'acquiescer Nayeong. Comme tu voudras. Mais comment je vais trouver le chemin ? Je ne sais même pas où elle habite !

Pour dire toute la vérité, Nayeong, depuis qu'elle avait

lu la lettre de Brin-d'Osier, mourait d'envie de rencontrer Sena et Clochette. Elle avait l'impression que, si elle ratait cette occasion, elle passerait pour toujours à côté du monde mystérieux des chats. Le problème, c'est qu'elle n'avait pas du tout envie de marcher dans la rue de cette façon grotesque que Minjun lui imposait. C'est pourquoi elle essayait maintenant de se dérober en recourant à ce prétexte.

— Tu n'as qu'à aller au bureau de poste, dit Minjun.

— La poste ?

Ne trouvant pas d'autre excuse pour se défiler, Nayeong finit par sortir de la maison, Minjun sur ses talons. De chez eux jusqu'au bureau de poste, il fallait compter un peu plus de dix minutes à pied. Mais comme ils avançaient de cette façon bizarre, et surtout peu commode, le trajet leur demanda plus de temps. Nayeong marchait lentement, les deux bras tendus en arrière, ses mains agrippées à celles de Minjun, comme s'ils avaient voulu jouer au petit train. Les passants qu'ils croisaient les dévisageaient avec curiosité. Une dame émit même de rapides petits claquements de langue en les dépassant : *tut tut tut !* Nayeong était si embarrassée qu'elle rougissait jusqu'aux oreilles.

Quant à Minjun, tout en cheminant, sans quitter des yeux le dos de sa sœur, il réfléchissait profondément à ce qui lui était arrivé ces derniers jours. Il s'était produit tellement de prodiges extraordinaires qu'il avait du mal à remettre de l'ordre dans ses idées. Il faut dire que chaque fois qu'une pensée horrible lui venait à l'esprit, elle se

matérialisait aussitôt. Ce qui avait plutôt de quoi effrayer n'importe qui !

La nuit dernière, par exemple, alors qu'il s'apprêtait à dormir après avoir éteint la lumière, il avait soudain éprouvé une peur irraisonnée en regardant la masse sombre de ses vêtements accrochés au mur. Immédiatement, son blouson à capuche et son pantalon s'étaient détachés de la patère et doucement étaient descendus le long du mur. Ils s'étaient approchés de lui avec lenteur, comme portés par un homme invisible. Minjun avait senti son sang se glacer dans ses veines. Dans l'espace noir juste au-dessus de la veste, deux yeux flamboyaient comme des boules de feu. Minjun avait voulu crier, mais ses lèvres soudées avaient refusé de s'ouvrir. Lorsque les vêtements étaient arrivés tout près de lui, il avait tourné la tête de côté et fermé les paupières de toutes ses forces. Il avait senti une haleine glacée lui effleurer les joues.

C'est à ce moment précis que Minjun avait eu l'impression d'être envahi par une force étrange, la même qu'il avait ressentie en prononçant la formule magique devant Sena. Un être différent de lui se réveillait à l'intérieur de son corps. Minjun avait ouvert les yeux et les avait fixés sur le regard brûlant qui le dévisageait. Or, en fait, ce n'était pas Minjun qui regardait, c'était *l'autre* en lui. Alors, sa frayeur s'était évanouie d'un seul coup. Et les deux yeux, pareils à des flammes rougeoyantes, avaient disparu à leur tour. Avec un petit *floc*, les vêtements étaient retombés mollement sur le sol.

Et ce n'était pas tout ! Ce genre de bizarreries survenait aussi pendant la journée. Comme cet après-midi. En sortant de l'école, Minjun s'était dirigé vers le bureau de poste. Brusquement, alors qu'il marchait sagement sur le trottoir, il avait vu un taxi arriver à toute vitesse dans sa direction. Sans savoir pourquoi, il s'était imaginé que la voiture allait monter sur le trottoir. Au même instant, le chauffeur avait donné un brusque coup de volant, et le taxi, déporté sur le côté, avait foncé droit sur lui. Paralysé, il était resté figé sur place. Comme dans un rêve, il entendait les passants pousser des cris de frayeur. C'est alors qu'il avait senti à nouveau *l'autre* se réveiller en lui. Et aussitôt, il avait vu distinctement le taxi avancer vers lui comme au ralenti. Il regardait le conducteur droit dans les yeux. Ce n'était pas vraiment lui, bien sûr, mais *l'autre*, encore une fois ! Freinant brutalement, le taxi s'était immobilisé dans un crissement de pneus. A deux doigts de Minjun ! Ouf ! Il l'avait échappé belle ! Les jambes flageolantes, le dos trempé d'une sueur froide, il était rentré à la maison, sans demander son reste.

Minjun avait donc pris une ferme décision. Désormais, et chaque fois que possible, il s'interdirait de regarder ou de penser quoi que ce soit. Pourtant, il avait bien du mal à s'en empêcher ! Et s'il s'efforçait maintenant de ne pas quitter des yeux le dos de Nayeong, c'était parce qu'il redoutait un nouveau danger, tel que l'incident du taxi.

— Voilà, nous sommes arrivés ! annonça Nayeong, une pointe d'irritation dans la voix, en lâchant brusquement les mains de son frère.

Minjun se précipita aussitôt à l'intérieur du bureau de poste. Sans cesser de rouspéter, Nayeong le suivit.

# LES MAMANS FONT CONNAISSANCE

La mère de Sena s'arrêta de compter ses timbres et coula un regard absent vers la porte vitrée. L'esprit préoccupé, elle se trompait sans cesse et avait déjà dû recommencer plusieurs fois. Des pensées obsédantes revenaient sans pitié la hanter, elle avait du mal à se concentrer.

Ces choses s'était-elles réellement produites ? Comment était-ce possible ? La mère de Sena avait beau se rendre chaque jour à son travail, elle n'avait pas l'esprit à accomplir ses tâches habituelles. Elle était morte d'inquiétude à l'idée qu'un malheur pouvait arriver à Sena.

— Minjun ne devrait pas tarder à revenir, se dit-elle.

Tout en continuant à jeter de temps en temps un coup d'œil vers la porte d'entrée, elle se disait que les phénomènes curieux qui étaient survenus ces derniers temps devaient avoir un rapport avec Minjun. Car c'était le jour où le garçon était venu la voir à son guichet que tout avait commencé, elle s'en souvenait parfaitement.

Au début, elle avait cru que c'était elle qui était distraite. Ainsi, chaque fois qu'elle finissait d'utiliser un appareil électrique, elle bouchait les trous de la prise murale avec du ruban adhésif. Elle craignait que Sena ne s'électrocute en essayant d'y enfoncer des baguettes ou quelque autre objet pointu. Cela faisait des années qu'elle prenait ce genre de précautions. Maintenant, c'était devenu une habitude, elle le faisait sans y penser. Mais, quelques jours plus tôt, comme elle quittait la maison un matin pour se rendre à son travail, elle avait été saisie tout à coup du besoin irrésistible de vérifier à nouveau les prises électriques. Elle avait fait demi-tour pour rentrer à la maison.

— Tu as oublié quelque chose ? avait demandé la tante de Sena.

— Non, non, rien...

Elle avait passé rapidement en revue toutes les prises électriques. Mais que s'était-il passé ? Tous les bouts de scotch qu'elle avait posés sur les murs s'étaient décollés.

— C'est pas vrai ! Comment ai-je pu être aussi étourdie ?

Elle avait pris le scotch pour masquer à nouveau les prises.

— Pourquoi tu les recolles ? avait dit la tante. Tu l'as déjà fait tout à l'heure, je t'ai vue... Tu crois que ce scotch est trop vieux ?

— Comment ça, trop vieux ? Pas du tout ! Il colle très bien.

— Je me suis trompée alors ? J'ai rêvé ? J'avais pourtant bien cru te voir boucher les prises...

La tante hochait la tête d'un air désorienté.

Quand les prodiges de ce genre avaient commencé à arriver, la mère de Sena avait d'abord cru qu'il ne s'agissait que de fautes d'inattention de sa part. Mais à mesure que ces phénomènes se répétaient, elle s'était mise à douter. Il y avait tout de même quelque chose d'anormal dans tout ça ! Pas plus tard que la veille, c'était de nouveau arrivé. Comme elle franchissait le portail pour sortir, elle avait soudain été saisie d'une vague inquiétude, et était rentrée précipitamment chez elle. Et là, elle avait assisté à une scène incroyable ! Les morceaux de ruban adhésif qu'elle avait appliqués sur les prises étaient en train de se décoller, comme si une main invisible les arrachait. Son cœur s'était arrêté de battre un instant. Mais ce n'était pas fini ! Sans crier gare, un couteau à découper était tombé brusquement par terre dans un grand bruit de ferraille, tandis qu'un mixer, rangé sur une étagère de la cuisine, faisait un vol plané et s'échouait sur le sol avec fracas.

— Tu veux bien jeter un coup d'œil là-dessus, s'il te plaît ?

La mère de Sena, perdue dans ses rêveries, sursauta. C'était sa collègue du guichet d'à côté qui l'appelait, la dame qui s'occupait des dépôts d'argent.

— Je t'ai fait peur ? A quoi pensais-tu donc ? Tu as une mine tellement sérieuse !

— Oh, à rien de spécial...

La mère de Sena, par habitude, jeta encore un coup d'œil vers la porte d'entrée, puis regarda le dossier que sa collègue lui tendait.

— Ah, le voilà, le petit prince que tu attendais !

D'une tape légère sur son épaule, la dame attira l'attention de la mère de Sena vers la porte vitrée. Celle-ci releva aussitôt la tête vers Minjun qui venait d'entrer. Son visage s'illumina comme une ampoule de cent watts. Elle quitta précipitamment son siège et courut à sa rencontre.

— Regardez-moi ça ! Comme elle a l'air contente !... s'exclama sa voisine avec un claquement de langue.

— Voici enfin notre petit Minjun !

La mère de Sena sourit joyeusement au garçon qui se contenta d'incliner la tête pour la saluer. Nayeong imita son frère.

— Et qui est cette jeune demoiselle ?

— C'est ma grande sœur.

— Ravie de te rencontrer ! Attendez-moi un moment, tous les deux. J'ai fini ma journée, je vais juste ranger mon guichet et je vous rejoins.

Désœuvré, Minjun s'approcha de l'aquarium installé dans un coin de la grande salle pour admirer de plus près les petits poissons multicolores. Quel spectacle ravissant ! Avec leurs corps minces et allongés, ils ressemblaient à des requins miniatures. Mais tout à coup, ces jolis petits poissons se mirent à grandir démesurément. Ils semblaient prêts à bondir hors de leur bocal. D'un air menaçant, ils ouvraient tout grand leurs mâchoires, découvrant des dents aussi aiguisées que des lames de rasoir. Terrifié, Minjun courut aussitôt se cacher derrière Nayeong. Le visage enfoui dans le dos de sa sœur, tremblant de tous ses membres, il s'efforça de se concentrer pour chasser ces images effrayantes de son esprit.

— Qu'est-ce que tu as ? Tu te conduis comme un bébé ! s'impatienta Nayeong, exaspérée.

— Je suis prête, allons-y ! annonça alors la mère de Sena en les rejoignant.

Elle prit la main de Minjun et tous les trois sortirent du bureau de poste. Minjun, sa sœur à son côté, gardait les yeux fixés au sol. Par bonheur, ils arrivèrent chez Sena sans encombre.

— Sena ! Maman est de retour !

La mère de Sena ouvrit la porte d'entrée et pénétra dans la salle de séjour.

— Quelle bonne surprise ! Notre petit prince est revenu ! Et il a amené avec lui une petite princesse !

La tante accueillit joyeusement les deux enfants. Sena, assise au milieu de la pièce, le coude droit posé dans la

main gauche, faisait avec le pouce et l'index le geste d'ouvrir et de fermer une paire de ciseaux. Clochette était couchée sur ses genoux.

— C'est exactement comme quand tu étais petit... murmura Nayeong qui s'interrompit aussitôt.

— Quoi, quand j'étais petit ?

Les sourcils froncés, Minjun dévisagea sa sœur d'un air interrogateur. L'air embarrassé, elle secoua la tête.

— Non, je parlais de la formule magique, répondit-elle pour se rattraper. Récite-la encore devant Sena.

— Mais je l'ai déjà fait la dernière fois que je suis venu.

— Il vaut peut-être mieux la répéter plusieurs fois. Dis-la encore.

Sans pitié, Nayeong insistait. Elle tenait absolument à entendre la formule magique de ses propres oreilles.

— Tu crois ? hésita Minjun.

Indécis, il ne savait sur quel pied danser. Découvrirait-il quelque chose de nouveau en récitant une fois de plus la

formule magique à Sena ? Rien n'était moins sûr. D'ailleurs, sans s'expliquer pourquoi, il avait encore plus peur que la première fois.

Finalement, s'armant de tout son courage, il s'accroupit devant Sena. La petite fille ne lui accorda même pas un regard. Sans se laisser rebuter, il lui chuchota la formule à l'oreille. Alors, du fond de son cœur, il sentit monter une violente émotion qui le bouleversa encore plus que lors de sa première visite. C'était tout à la fois un sentiment d'immense tristesse, de frustration, et de nostalgie.

Sena interrompit le mouvement de ses doigts, tourna la tête avec lenteur. Le regard fixé sur Minjun, elle lui tendit ses deux mains. Minjun les saisit et prononça de nouveau la formule. C'est alors que l'expression de Sena changea du tout au tout. L'espace d'un instant, elle ressembla à une grande personne. Avec un visage grave, elle murmura quelques mots à Minjun. En la voyant ainsi, Minjun sembla tout à coup se rappeler quelque chose. Il fit un effort, comme pour faire renaître dans son esprit une image oubliée. Mais peine perdue ! Il n'arrivait pas à raviver les souvenirs qui lui échappaient, comme de l'eau entre ses doigts. Il se sentait si frustré qu'il avait l'impression d'étouffer. Tout son corps dégoulinait de sueur.

La mère de Sena, stupéfaite de voir sa fille agir ainsi, n'en croyait pas ses yeux.

— Minjun, ça va ? demanda-t-elle, bientôt remise de ses émotions.

Minjun sursauta et se redressa sur ses jambes. La tante apporta une serviette et essaya son visage trempé de sueur. Même Nayeong paraissait inquiète.

— Ça va aller ? Tu es sûr ? demanda-t-elle à son frère. Qu'est-ce que tu transpires !... Tu veux rentrer à la maison ?

— C'est presque l'heure du dîner, déclara la tante. Je vais vous préparer un bon petit repas. Vous pourrez repartir après, d'accord ?

Et sans attendre la réponse, elle s'apprêta à regagner sa cuisine.

— Non, merci. Nous devons rentrer maintenant, s'excusa Nayeong. Nous n'avons même pas prévenu notre mère que nous venions ici.

Elle jeta un regard rapide à sa montre.

— Oh, maman doit déjà être à la maison à cette heure-ci !

— Ne t'inquiète pas, dit la mère de Sena en souriant. Je vais appeler ta maman.

— Non ! s'écria Minjun en secouant la tête. Il faut partir avant qu'il fasse nuit.

Sans doute craignait-il qu'une autre bizarrerie ne se déclenche sur le chemin du retour.

— Pourquoi ? demanda la tante, avec un gentil sourire. Tu n'as tout de même pas peur de rencontrer un fantôme ? Ne t'inquiète pas, je vous ramènerai en voiture. Tu peux me faire confiance.

— Quel est votre numéro de téléphone ? demanda la mère de Sena à Nayeong, en s'emparant du combiné. Et comment dois-je me présenter ?

— Vous n'avez qu'à dire que vous êtes la mère de Sena. Maman est un peu au courant de la situation.

En effet, quelques jours plus tôt, Minjun avait parlé à sa mère de la dame qui travaillait à la poste, de sa fille Sena, de la tante, sans oublier le chat Clochette. Mais elle n'avait pas eu l'air de le croire. Nayeong avait eu beau lui montrer la lettre de Brin-d'Osier, elle s'était contentée de laisser échapper un petit rire incrédule. A la vérité, elle semblait penser que ses enfants avaient inventé toute cette histoire, parce qu'ils n'arrivaient pas à oublier Brin-d'Osier depuis qu'il avait quitté la maison.

La mère de Sena composa le numéro que Nayeong lui indiqua.

La voix douce d'une femme qui devait approcher de la quarantaine répondit à l'autre bout du fil.

— Allô ?

— Bonjour ! Nous ne nous connaissons pas, mais je crois que Minjun vous a parlé de moi. Je suis la mère de Sena.

— Pardon ? La mère de Sena ?...

Il y eut un silence à l'autre bout du fil.

— Je suis désolée de vous appeler comme ça, à l'improviste...

— Non, non, ce n'est pas grave. En effet, Minjun m'a parlé de vous, mais il m'a aussi raconté une histoire abracadabrante de lettres envoyées par un chat... Pour tout vous dire, je n'ai pas bien compris. Je pensais qu'à force de lire des bandes dessinées, son imagination lui jouait des tours.

— Eh bien, en fait, je ne sais pas trop moi-même où j'en suis. Voyez-vous, il m'est arrivé tellement de choses étranges ces derniers jours...

— Est-il vrai que Sena soit autiste ? interrompit la mère de Minjun avec précaution.

— Oui, c'est exact.

Chaque fois que la mère de Sena répondait à cette question, son humeur s'assombrissait. Elle se sentait d'un seul coup écrasée par le poids d'un chagrin irrépressible.

— Ne soyez pas gênée, reprit la mère de Minjun. Mon fils aussi était autiste quand il était petit, même si son cas n'était pas très grave.

— C'est vrai ?... Ah, je vois !... Ne quittez pas, s'il vous plaît. Je vais vous reprendre dans la chambre.

Et, après avoir jeté un coup d'œil furtif à Minjun, la mère de Sena s'enferma dans la chambre avec le téléphone.

Elle avait les larmes aux yeux. Il était si rare de rencontrer quelqu'un qui comprenait ce que ressentaient les parents d'un enfant autiste !

— Les enfants, à table ! appela la tante, de retour de la cuisine.

Elle posa au milieu du séjour la table basse sur laquelle était dressé le couvert.

— Viens manger, grande sœur, ajouta-t-elle.

Pas de réponse.

— De quoi peut-elle donc bien parler au téléphone ? grommela-t-elle. Et pendant si longtemps ?

— Les femmes sont parfois très bavardes au téléphone, commenta Minjun, esquissant un sourire complice. Ma sœur, c'est pareil !

— Oh, toi !

Nayeong le fusilla du regard en brandissant le poing dans sa direction.

— Eh bien, tant pis ! fit la tante joyeusement. Commençons sans elle !

Et sur ces mots, elle s'empara d'une cuillère.

Ce n'est qu'au bout d'un long moment – Minjun avait presque terminé son repas – que la mère de Sena sortit de la chambre. Elle devait avoir pleuré, ses yeux étaient tout rouges. Cependant, son visage était radieux.

# BOÎTE-À-LETTRES SE BAT AVEC ARLEQUIN

— Oh, les sales bêtes !

La mère de Minjun ramassa un caillou et le lança vers les chats en train de se bagarrer dans la ruelle devant sa maison. Mais les combattants n'essayèrent même pas d'éviter la pierre. Ils continuèrent à s'entredéchirer sauvagement, s'enfonçant de plus en plus dans les recoins les plus obscurs de l'allée. La mère de Minjun fronça les sourcils. Ce coup de téléphone l'avait déjà suffisamment troublée comme ça, elle n'avait pas besoin en plus de tout ce tapage !

Impatiente, elle scruta longuement la ruelle, guettant le moindre bruit de moteur, le moindre phare de voiture. La mère de Sena ne devait plus tarder à présent, elle avait promis de lui ramener ses enfants... Quant à son appel de tout à l'heure, quel choc il lui avait causé ! C'était comme si un personnage de conte de fées, Blanche-Neige, par exemple, avait soudain surgi dans le monde réel et lui avait téléphoné en se présentant : « Allô ! Ici, Blanche-Neige ! » Car, en fait, elle n'avait jamais cru un mot de toute cette histoire d'âmes de chats et de petite fille qui s'appelait Sena. Elle avait pensé que c'étaient les héros d'un conte inventé de toutes pièces par Minjun. Or, il semblait bien maintenant que l'un des personnages de l'histoire lui avait téléphoné pour de bon !

Les idées s'embrouillaient dans sa tête. Elle ne savait comment interpréter tout ce que Nayeong et Minjun lui avaient raconté jusque-là. Les lettres de Brin-d'Osier, entre autres... Comment un chat pouvait-il écrire et envoyer des lettres ? C'était insensé !... Mais si elle n'y croyait pas, comment expliquer le fait que Minjun soit allé voir Sena ?

La mère de Minjun rentra dans la cour de sa maison tout en réfléchissant profondément. Une légère inquiétude la gagnait. Elle craignait que Minjun, à force de laisser libre cours à son imagination délirante, ne se renferme à nouveau dans son monde. Le fait que Sena soit une enfant autiste la préoccupait également. Car, pour être tout à fait franche, cela ne lui plaisait qu'à moitié que Minjun fréquente Sena. D'un autre côté, elle éprouvait une grande compassion envers la petite fille et sa mère. Et en fin de compte, c'était ce sentiment-là qui l'emportait sur tout le reste. Elle comprenait très bien ce que pouvait ressentir la mère de Sena. Elle avait vécu la même chose quand Minjun était petit. Lorsque l'autisme de son petit garçon avait été détecté, elle avait eu la sensation que le ciel lui tombait sur la tête. Puis Minjun s'en était sorti. Quelle joie cela avait été pour elle ! Et quel soulagement !

Au bout de quelques minutes d'attente, un bruit de moteur se fit enfin entendre au bout de la ruelle et une voiture s'immobilisa peu après devant le portail. La mère de Minjun se précipita dehors. Deux dames descendirent du véhicule, l'une avait une petite fille dans les bras. C'était Sena, la tête enfouie contre la poitrine de sa mère. Voyant le visage sombre de la femme, la mère de Minjun sentit des picotements lui chatouiller le nez. Peut-être avait-elle eu, elle aussi, ce visage, du temps où Minjun était malade...

— Alors, c'est toi, Sena ? Comme tu es jolie ! s'exclama-t-elle en guise de bienvenue.

Elle prit la petite fille dans ses bras. Mais sans doute saisie d'angoisse à l'idée d'être arrachée à sa mère, Sena se mit à pleurnicher.

— Calme-toi, ma petite Sena, n'aie pas peur, dit sa mère en lui tapotant le dos d'un geste apaisant.

— Je vous en prie, entrez ! suggéra la mère de Minjun.

D'un signe, elle invita les deux femmes à la suivre à l'intérieur de la maison. Quant à Nayeong et Minjun, elle ne leur accorda pratiquement pas un regard. Quelle mouche l'avait donc piquée ? se demandèrent les enfants ahuris en voyant leur mère se comporter ainsi. C'était bien la première fois qu'elle les traitait de la sorte !

— Maman ! appela Nayeong.

Mais sa mère, sans même tourner la tête vers elle, se contenta de lui ordonner :

— Fais partir ces horribles chats d'ici, veux-tu ? Pourquoi faut-il qu'ils fassent un tel vacarme ?...

Et sur ces paroles irritées, elle disparut derrière la porte d'entrée.

Une idée traversa alors l'esprit de Nayeong. Oui ! c'était cela ! Elle comprenait, ou du moins croyait comprendre, pourquoi sa mère accueillait si chaleureusement la famille de Sena. Ce n'était bien sûr qu'un vague souvenir de sa petite enfance qui remontait à la surface, mais elle se rappelait maintenant que l'ambiance à la maison avait toujours été tristounette à cause de la maladie de son petit frère.

Nayeong et Minjun repassèrent le portail et se dirigèrent vers l'endroit d'où venaient des feulements de colère. Les chats bagarreurs avaient établi leur champ de bataille en bordure d'un terrain vague que l'on avait déblayé pour y construire de nouveaux immeubles.

— Oh ! Mais c'est Mori ! s'exclama Minjun.

Pas de doute, c'était bien lui ! D'un regard vide, il semblait contempler fixement un petit groupe de chats qui, les pattes inextricablement emmêlées, se battaient comme des chiffonniers.

— Et là, c'est ce voyou d'Arlequin ! murmura Nayeong.

En examinant la scène de plus près, les enfants s'aperçurent qu'aux côtés d'Arlequin, deux autres chats étaient en train de livrer une bataille acharnée contre un félin de plus grande taille.

— Ce grand costaud, ce ne serait pas Boîte-à-Lettres, par hasard ? Tu sais, le chat dont Brin-d'Osier nous parle dans ses lettres ? s'écria Minjun.

Comme l'endroit était assez sombre, pauvrement éclairé par la lumière de lointains réverbères, Minjun ne pouvait discerner avec netteté la couleur des pelages. Cependant, oui, cela ne faisait guère de doute, ce chat ressemblait étonnamment à l'image qu'il s'était faite de Boîte-à-Lettres, d'après les descriptions données par Brin-d'Osier.

— Dans ce cas, tu crois qu'Arlequin et ses copains sont des chats-ombres ? hasarda Nayeong.

Et en effet, scrutant l'obscurité de ses yeux plissés par l'effort, elle eut l'impression de discerner des ombres en forme de serpents planant au-dessus d'Arlequin et de sa bande.

— Ces horribles chats ! Quelles sales bêtes !

Minjun, oubliant sa peur, leur jeta une pierre de toutes ses forces. Mais les quatre chats étaient si absorbés dans leur bataille qu'ils n'y prêtèrent pas la moindre attention. C'est alors que Minjun sentit de nouveau l'autre se réveiller en lui. Son regard se figea sur Arlequin et ses complices. Bien sûr, encore une fois, ce n'était pas Minjun,

mais l'autre qui regardait. Et comme les autres fois, l'effet ne se fit pas attendre ! Les ombres en forme de serpents qui tournoyaient lentement autour d'Arlequin disparurent peu à peu. Pourchassés par Boîte-à-Lettres, Arlequin et ses compères s'enfuirent à travers le terrain vague. Gardant ses distances, Mori les suivit d'un regard de spectateur indifférent.

Il ne restait plus à Nayeong et Minjun qu'à se lancer à leur poursuite – sauf qu'ils ne couraient pas assez vite pour les rattraper. Ils furent bientôt distancés, et lorsqu'ils parvinrent au terrain vague, les chats n'étaient déjà plus là. Ils se précipitèrent alors pour escalader le rocher le plus élevé et de là ils virent les quatre chats s'éloigner à toute allure de l'autre côté du terrain.

— Où est passé Mori ? demanda Nayeong.

Elle se mit à appeler son chat à tue-tête. Avec un miaou discret, Mori sortit en rampant de l'ombre au pied du rocher.

Nayeong et Minjun, leur chat dans les bras, regagnèrent la maison.

— Eh bien, au revoir !

— Au revoir et à bientôt !

Au moment où Nayeong et Minjun s'approchèrent du portail, les trois femmes se faisaient leurs adieux. A la lumière d'un lampadaire qui illumina un instant le visage de la mère de Sena, les deux enfants remarquèrent qu'elle avait les yeux gonflés. Elle avait dû pleurer. Tout comme leur mère d'ailleurs, qui, les yeux rouges, raccompagnait ses invitées jusqu'à leur voiture. Pourtant, le visage des deux femmes rayonnait de bonheur.

Ah, les grandes personnes ! Quelle énigme ! Minjun secoua pensivement la tête. Il ne les comprendrait jamais !

Comment Boîte-à-Lettres, attaqué par les chats-ombres,
se tirera-t-il de ce mauvais pas ?
Les chats de cristal seront-ils capables
de sauver Minjun et Sena du danger qui les menace ?
Jojo refera-t-il son apparition ?
Et sous quelle forme, cette fois ?

Vous le découvrirez en suivant les incroyables aventures
de nos héros dans le tome 3 de *L'Ecole des Chats.*

LA PROPHÉTIE
SE RÉALISE
3

# Boîte-à-Lettres a disparu

Le soleil était couché, l'obscurité se faufilait entre les branches de l'orme. Brin-d'Osier, qui se reposait à l'ombre de l'arbre, s'étira de tout son long avant de se redresser sur ses pattes.

— Bon, rentrons maintenant, annonça-t-il. C'est l'heure d'aller chez le directeur.

L'un après l'autre, Mot-d'Amour, Viking et Lynx se levèrent à leur tour. Avec un grand bâillement, Mandragore ronchonna :

— Je me demande bien ce qu'il nous veut, cette fois.

— Il doit avoir quelque chose d'important à nous dire, suggéra Viking.

— Oui, intervint Mot-d'Amour, c'est sûrement parce que l'attaque des chats-ombres ne va plus tarder maintenant.

Les cinq chats traversèrent lentement la cour. Plusieurs élèves de l'école, la mine sombre, les croisèrent à petits pas précipités. D'autres, rassemblés en groupes, leur jetèrent des coups d'œil rapides, tout en chuchotant entre eux des messes basses.

Ces derniers temps, une certaine tension régnait au sein de l'école. Des rumeurs troublantes circulaient : une éclipse solaire se préparait, les chats-ombres allaient envahir l'école, et autres bruits du même genre. Chaque fois que deux chats se rencontraient, qu'ils soient enseignants ou élèves, ils échangeaient leurs craintes, d'une voix pleine d'anxiété.

— Pourquoi font-ils tous une tête pareille ? bougonna Mandragore en lançant un regard autour de lui.

— Parce qu'ils ont peur, expliqua Mot d'Amour, agacée par une question aussi bête. Ils sont morts d'inquiétude, voilà pourquoi.

— Je n'aime pas ça du tout, ajouta Mandragore.

— Moi non plus, renchérit l'enfant-ginseng niché dans son pendentif de cristal. Je préfère la bagarre, c'est plus amusant !

— Ce n'est pas un jeu, gronda Mot-d'Amour en le regardant de travers. Il se passe des choses très graves.

— Entrez !

Le professeur Barbu leva les yeux de son journal pour accueillir les cinq camarades. Le directeur leur adressa un sourire puis tourna de nouveau son regard vers la colonne de cristal sur son bureau.

— Qu'est-ce que vous lisez ? demanda Mot-d'Amour à son professeur.

— Un article sur les éclipses solaires. Il paraît que la prochaine sera totale.

— Qu'est-ce que ça veut dire ? interrogea Lynx.

— Quand la lune cache complètement le soleil, on appelle ça une éclipse totale.

— Ce qui veut dire que le jour d'Apophis sera d'autant plus terrible, alors ? C'est pour nous prévenir que vous nous avez convoqués ?

— Non, répondit Chaussettes à voix basse, sans quitter des yeux sa colonne de cristal. Il y a plus important.

— Plus important que ça ?

— Oui, beaucoup plus : Boîte-à-Lettres a disparu !

— Pas possible !

Brin-d'Osier sursauta, les yeux ronds de surprise.

— J'ai peur que les chats-ombres ne l'aient enlevé, dit le professeur d'une voix où perçait l'inquiétude.

— Mais alors, Sena et Minjun sont aussi en danger ! s'écria Mot-d'Amour.

— Il faut envoyer quelqu'un pour les protéger. Laissez-nous y aller !

— C'est précisément pour cela que je vous ai fait venir. Vous partez demain soir. Il faut commencer à vous préparer.

— Waouh !

Mandragore, Viking et Lynx poussèrent un miaulement d'enthousiasme. Mais Brin-d'Osier et Mot-d'Amour avaient pris un air soucieux.

— Est-ce qu'on ne pourrait pas partir tout de suite ? demanda Brin-d'Osier.

— Je comprends que Mot-d'Amour et toi soyez inquiets, dit le directeur en se levant lentement. Mais... ce ne sera pas facile de protéger Minjun et Sena quand viendra le jour d'Apophis. Bien sûr, je vais faire de mon mieux pour vous inculquer quelques éléments de base de la magie de cristal ce soir, mais...

Laissant sa phrase en suspens, Chaussettes poussa un gros soupir.

— C'est vrai ? Vous allez nous l'apprendre pour de bon ?

— C'est le moment ou jamais, répondit le professeur avec un hochement de tête.

— Mais il reste si peu de temps ! Comment allons-nous faire ?

— Eh bien, à proprement parler, la magie de cristal n'est pas quelque chose que l'on enseigne. C'est une magie que vous devez apprendre tout seuls. Tout ce que je pourrai faire sera de vous montrer la voie. Regardez Mandragore ! Ce qu'il sait de la magie de cristal, il l'a acquis par lui-même, n'est-ce pas ?

Brin-d'Osier et Mot-d'Amour jetèrent un regard envieux à Mandragore, tandis que Viking et Lynx baissaient la tête, l'air renfrogné. Après quelques hésitations, Lynx prit son courage à deux pattes et demanda :

— Comment allons-nous nous y prendre ? Viking et moi, nous n'avons pas de cristal...

— Ne vous inquiétez pas, je vous en donnerai un, fit Chaussettes avec un sourire, en leur tapotant l'épaule.

Mais avant, vous devez prêter le serment des défenseurs.

— Le serment des quoi ?

— Tu as très bien compris. Le serment qui fera de toi un protecteur du Chat-Soleil. Jadis, le Chat-Soleil parcourait le monde nocturne, escorté de nombreux gardes. Ces gardes connaissaient toutes les techniques de la magie de cristal qui existaient dans le monde. Ils les maîtrisaient parfaitement.

— Que faut-il promettre dans ce serment ? s'emballèrent Viking et Lynx, impatients d'en découdre.

— Holà, calmez-vous ! Vous êtes bien pressés, on dirait. Eh bien, puisque vous êtes prêts, posez l'une de vos pattes de devant sur la colonne de cristal et essayez d'imaginer ce que vous connaissez de plus beau au monde.

Lynx s'approcha le premier du cristal, mais s'arrêta net. La mystérieuse lueur émise par la pierre lui causait toujours une appréhension, malgré lui.

— Tu crains encore la lumière du cristal, à ce que je vois, observa Chaussettes. Mais n'aie pas peur, tout ira bien. Tu as déjà quelques notions sur le cristal. Aie confiance en toi. Le plus important est de croire en soi.

A ces mots, Viking, devançant son camarade, posa sa patte sur la colonne de cristal. La pierre diffusa une sorte de brume vert clair qui se répandit dans la pièce. La patte de Viking vira lentement au vert.

— Tu vois quelque chose ? demanda Chaussettes, posant à son tour sa patte sur le cristal.

— Oui, je vois un grand frêne.

Viking, fermant doucement les yeux, esquissa un sourire de bonheur. Devant lui, s'élevait un frêne majestueux dont les innombrables branches semblaient soutenir le ciel. Sur l'une d'elles, perché avec noblesse, un aigle, ses yeux perçants scrutant l'univers. Les trois grosses racines qui s'étiraient du tronc géant enserraient la planète, comme un filet autour d'un ballon.

— Yggdrasil... chuchota Viking, les yeux toujours fermés.

La légende du royaume des Vikings que Léo lui avait racontée un jour lui revint en mémoire. C'était bien le grand frêne Yggdrasil de la légende qui se dressait devant lui. Chaque fois qu'il lui avait parlé d'Yggdrasil, Léo murmurait d'un air rêveur :

— Notre monde est une merveille de magie, la plus grande de toutes.

Viking répéta à voix basse les mots de Léo.

— Tu avais raison, Léo, notre monde est la plus belle des magies.

— C'est magnifique ! approuva le directeur, s'extasiant devant l'image évoquée par l'esprit de Viking. Maintenant, jure de protéger Yggdrasil, quoi qu'il arrive. Car défendre Yggdrasil revient à protéger le Chat-Soleil.

Sur le visage de Chaussettes flottait un sourire satisfait.

Quelque peu désorientés, Brin-d'Osier, Mot-d'Amour, Mandragore et Lynx observaient la scène, sans comprendre. Il faut dire qu'à leurs yeux, l'arbre géant demeurait invisible.

En même temps qu'il contemplait Yggdrasil, Viking voyait avec émotion défiler dans sa mémoire des souvenirs de Léo. Le chat errant avait mené une vie misérable mais digne, fouillant les sacs-poubelles pour se nourrir, et, à l'heure de sa mort, il n'avait rien perdu de sa fierté. C'était peut-être Yggdrasil qui avait veillé sur Léo tout au long de sa vie et lui avait permis de connaître le bonheur, pensa Viking. En mémoire de son vieil ami, il ne pouvait faire moins : il jura de protéger Yggdrasil. Puis il ouvrit lentement les yeux. La lueur dégagée par le cristal l'enveloppait tout entier.

— La lumière du cristal qui t'entoure est aussi celle de ton serment, dit solennellement Chaussettes en accrochant au cou de Viking un collier muni d'un pendentif. A partir de maintenant, tu fais partie des défenseurs du Chat-Soleil. Ta route sera longue et périlleuse. En tant que défenseur, tu devras faire passer ton devoir avant ta propre vie.

— Compris ! répondit Viking avec enthousiasme avant de retirer sa patte du cristal.

— A ton tour, Lynx !

Lynx, qui avait jusque-là observé Viking d'un regard envieux, s'empressa de poser sa patte sur la colonne de cristal.

— Tu vois quelque chose ?

— Oui, un grand mûrier.

L'image d'un mûrier géant venait en effet de surgir derrière les paupières closes de Lynx. Sur ses longues branches reposaient dix soleils et sur l'une d'elles était perché un grand coq doré, le cou fièrement tendu. Il semblait sur le point de pousser son premier cocorico de la journée. Au pied du mûrier, les eaux orangées d'un océan clapotaient doucement. Lynx, envoûté par la beauté de la scène, bredouilla :

— Oh ! c'est Busangsu...

C'était l'arbre sacré, le mûrier qui pousse de l'autre côté de la mer de l'Est. Selon la mythologie chinoise, les dix soleils posés sur ses branches se lèvent chaque matin dans le ciel, à tour de rôle. Puis le coq doré pousse son premier cri et tous les autres coqs du monde l'imitent pour annoncer l'aube.

Alors qu'il n'était encore qu'un chaton, Lynx avait rencontré un vieux chat, nommé Papy Mûrier, qui lui avait raconté l'histoire de Busangsu.

Lynx, qui n'avait jamais connu ses parents, avait l'habitude de rôder dans les champs d'orge le long de la rivière. C'était là qu'un jour, un chat aux allures de vieil ermite l'avait adopté et lui avait donné son nom : Lynx.

Les chats du coin appelaient le vieux chat Papy Mûrier car il avait élu domicile sous un grand mûrier. Chaque matin, en contemplant le soleil qui se levait entre les branches de son arbre, Papy Mûrier racontait l'histoire de Busangsu.

— J'aimerais tellement voir Busangsu avant de mourir ! disait-il. Un jour, j'irai jusqu'à la mer de l'Est pour admirer l'arbre sacré.

A cette époque, Lynx avait commencé à rêver au mûrier, dans lequel, disait-on, vivait le soleil. Le souhait de Papy Mûrier était devenu le sien.

Puis Lynx avait grandi. Il s'était frotté aux dures réalités de la vie et son rêve avait fini par s'estomper.

« Où est-il donc, ce mûrier qui soi-disant abrite le soleil ? se disait-il avec amertume. Et ces dix soleils qui habitent dedans ? Tu parles ! Tout ça, ce ne sont que des sornettes de Papy Mûrier ! Comme j'ai été bête de le croire pendant si longtemps ! »

Pourtant, dans un coin de son cœur, le mûrier vivait toujours.

— Maintenant, tu dois promettre de protéger ce mûrier, fit la voix du directeur, semblant venir de très loin.

Lynx hocha vigoureusement la tête. Les dix soleils et le coq doré du mûrier représentaient ses propres rêves et espoirs, il le pressentait. N'avaient-ils pas veillé sur son enfance de chat errant, de pauvre chaton abandonné à la naissance ? C'était aussi à la recherche de ses rêves et de ses espoirs que Papy Mûrier avait tant voulu aller voir la mer de l'Est.

Lynx, le museau rouge d'émotion, ouvrit les yeux. Il avait l'impression d'être né pour la deuxième fois.

Chaussettes lui accrocha un collier de cristal autour du cou.

— Je vois que tu as gardé dans ton cœur l'arbre du soleil resplendissant, dit-il.

Lynx sourit de bonheur. Un jour, il irait jusqu'à la mer de l'Est et il verrait Busangsu, il s'en fit intérieurement la promesse.

— L'esprit du frêne et celui du mûrier vont désormais vivre à l'intérieur de vos pendentifs de cristal, annonça le professeur Barbu qui avait assisté à la scène en silence.

Brin-d'Osier, Mot-d'Amour et Mandragore s'approchèrent en hâte pour féliciter leurs camarades. Viking et Lynx, caressant de la patte leurs pendentifs, rayonnaient de fierté.

# LES PERLES D'INDRA

— Tu as l'air préoccupé, Brin-d'Osier ! Qu'est-ce qui t'inquiète ? demanda le directeur d'une voix douce.

— Non, c'est juste que... hésita Brin-d'Osier.

— Ce n'est pas bon de douter, dit le directeur. Le plus petit doute aura vite fait de se transformer en un immense nuage noir, qui envahira ton cœur quand viendra le jour d'Apophis. Et à ce moment-là, les chats-ombres en profiteront pour te voler ton âme.

D'abord réticent, Brin-d'Osier finit par avouer ce qui le chiffonnait :

— En voyant les tombes des espèces disparues, je me suis dit que les êtres humains étaient vraiment mauvais.

Ses quatre compagnons approuvèrent d'un hochement de tête. Ils ressentaient le même désarroi que leur camarade. La même peine aussi.

— Quand le Chat Noir nous a ensorcelés dans la Grotte de Cristal, reprit Brin-d'Osier, nous nous sommes retrouvés dans la peau d'espèces en voie de disparition, comme le tigre blanc ou le crabe géant. C'était effrayant. Et tellement triste ! Les hommes sont vraiment méchants. Parfois, je pense que le Chat Noir avait raison. Je me demande si nous ne devrions pas nous battre contre les hommes...

La phrase de Brin-d'Osier mourut dans sa gorge.

— Je te remercie de ta franchise, intervint le directeur qui lisait dans ses pensées.

Il regarda tour à tour les cinq chats et poursuivit :

— Les hommes sont plus stupides que méchants. Tenez, je vais vous montrer quelque chose.

Il posa une patte sur la colonne de cristal et récita à voix basse une formule magique. Apparut alors au-dessus de leurs têtes une sorte d'immense filet tissé de perles transparentes, qui rayonnaient d'une douce lueur verte.

— Oh ! Que c'est beau ! s'exclama Mot-d'Amour, les yeux rivés sur le filet qui semblait s'étendre à l'infini. Mais qu'est-ce que c'est ?

— Ce sont les perles d'Indra, répondit le directeur.

— Les perles d'Indra ?

— Oui, chaque perle abrite la vie d'une espèce vivante.

— Il y a une perle pour les chats ? demanda Mandragore.

— Bien sûr ! Il y a une perle pour chaque espèce vivante de notre planète. En fait, ce filet représente notre monde.

— Notre monde est donc si beau ? s'étonna Lynx, ébloui.

— Naturellement ! Il est magnifique, car toutes les espèces vivantes sont harmonieusement liées entre elles et forment ainsi un seul et immense organisme. Mais cette vie est aussi fragile qu'elle est belle.

— Pourquoi ? demanda Viking.

— Quand l'une des mailles d'un filet de pêche se déchire, celles qui se trouvent à côté ne tardent pas à se dénouer également, et bientôt, le filet tout entier se défait. C'est pareil pour ce filet de perles. Chaque fois que, par malheur, une perle s'éteint et se brise, ses voisines s'éteignent et se brisent également. Si ça continue, ce filet si précieux finira par se désagréger complètement. Les humains sont vraiment stupides. Ils ne se rendent pas compte que la destruction des autres espèces signifie leur propre mort... Pourtant, même les brins d'herbe de leurs jardins savent cela !

Tandis que parlait le directeur, les perles, une à une, perdirent leur éclat et se brisèrent. Le filet se défit lentement avant de disparaître tout à fait. A ce spectacle désolant, la mine des chats s'assombrit.

— Donc, à cause des hommes, plusieurs centaines de milliers de perles ont déjà été cassées... dit Brin-d'Osier en fixant Chaussettes droit dans les yeux. Et malgré ça, le filet d'Indra n'est pas encore tombé en morceaux ?

— On dirait que non, heureusement ! répondit le professeur Barbu à la place du directeur. Notre monde continue d'exister, tant bien que mal.

— Le filet de perles d'Indra résiste, mais à grand-peine. S'il tient toujours, c'est surtout grâce aux efforts des êtres comme nous, les chats de cristal, qui se battent pour le préserver. Cependant, il est en grand danger. Il faudrait que les hommes en prennent conscience...

Le directeur s'interrompit un instant et poussa un soupir.

— Le Chat Noir connaît parfaitement les perles d'Indra. Mais cela ne l'empêche pas de vouloir à tout prix exterminer les hommes. Il prétend que c'est pour le bien des autres espèces, mais en réalité c'est de la pure méchanceté. De plus, ce serait extrêmement dangereux. Cela pourrait provoquer la destruction totale et définitive du filet d'Indra.

Les chats écoutaient gravement leur directeur, sans prononcer un mot.

— Si quelque chose d'autre vous tracasse, dites-le-moi, dit Chaussettes en les regardant tour à tour.

Les cinq camarades gardèrent le silence. Depuis qu'ils avaient vu le filet d'Indra, ils n'avaient plus qu'une idée en tête : le protéger coûte que coûte.

— Puisque vous n'avez pas d'autre question, nous allons redescendre en classe. Il est temps que vous appreniez la magie de cristal.

Sur ces paroles, le professeur Barbu sortit du bureau et se dirigea vers la salle du sous-sol. Les chats lui emboîtèrent le pas.

— On n'enseigne pas la magie de cristal à n'importe qui, fit remarquer le professeur Barbu en s'installant d'un bond sur le poêle rouillé... L'un de vous en connaît-il la raison ?

Brin-d'Osier et ses compagnons secouèrent la tête. Non, ils n'en avaient aucune idée.

Le professeur reprit :

— Jusqu'ici, la magie que je vous ai montrée servait à agir sur soi-même. Par exemple, à se faire grandir, rapetisser ou à se rendre invisible... Mais la magie de cristal est différente. Elle agit sur les autres. Il ne faut donc pas l'employer à tort et à travers. Même sur une simple pierre.

— Pourquoi ? demanda Mandragore.

— A vos yeux, ce n'est qu'une pierre sans vie. Mais réfléchissez cinq minutes. Combien d'êtres dépendent de cette pierre pour vivre ? La mousse, les fourmis, les insectes, les vers, les animaux de toutes sortes qui vivent dans les trous creusés sous cette pierre, les fougères qui poussent dans son ombre... Ce morceau de caillou peut vous paraître insignifiant, mais son existence même relève de la magie la plus merveilleuse. On peut toujours admirer la puissance de la magie de cristal, mais elle est dérisoire à côté de la magie de la nature elle-même. Il ne faut donc pas risquer de détruire cette belle magie en s'amusant à des tours de sorcellerie.

— C'est difficile d'apprendre la magie de cristal ? demanda Mot-d'Amour.

— En fait, c'est à la fois facile et difficile !

— Comment ça ?

— Regardez-moi : *Akongkagua agukakonga !*

Tout en récitant la formule magique, le professeur Barbu pointa son cristal vers Mandragore. Celui-ci, qui était très occupé à se gratter sous l'oreille, se figea, la tête inclinée sur la droite, une patte arrière sous l'oreille, un œil légèrement fermé, la langue pendante. Devant ce spectacle, ses quatre compères furent pris d'un fou rire irrésistible.

— On dirait un mannequin dans un magasin de farces et attrapes ! s'exclama Mot-d'Amour.

Et pour vérifier ses dires, elle le poussa d'un grand coup d'épaule. Le corps tout raide de Mandragore se mit à osciller de gauche à droite. On aurait dit le gros rocher du mont Seorak, qui vacille sur sa base dès qu'on le touche du doigt, sans jamais s'effondrer.

— Petits voyous ! gronda le professeur en agitant sa pierre de cristal dans leur direction. Si vous continuez à vous moquer comme ça, je vous pétrifie sur place !

Les chats se calmèrent aussitôt, à l'exception de quelques gloussements qui leur échappaient malgré eux.

— C'est avec l'esprit qu'on maîtrise la magie de cristal. Il suffit de se concentrer et de réciter la formule magique. Si vous hébergez un génie dans votre cristal, comme c'est

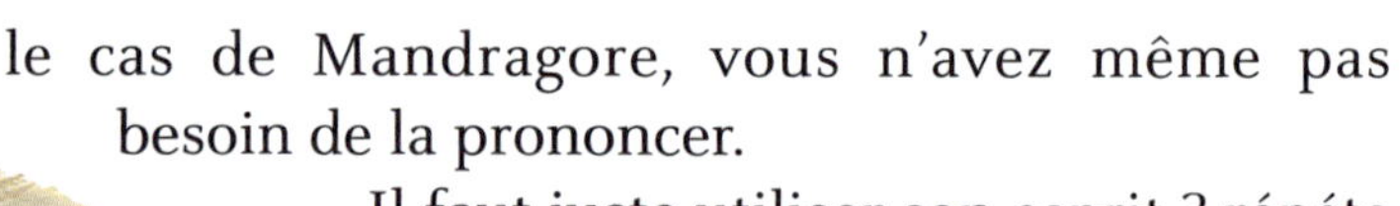

le cas de Mandragore, vous n'avez même pas besoin de la prononcer.

— Il faut juste utiliser son esprit ? répéta Mot-d'Amour avec un petit rire.

— Si tu crois être prête, veux-tu essayer, Mot-d'Amour ? Commence par faire revenir Mandragore à son état normal.

Mot-d'Amour, comme s'il s'agissait d'un jeu d'enfant, récita la formule d'un ton détaché, tout en pointant son cristal sur Mandragore. Mais ce dernier ne bougea pas d'un poil. Mot-d'Amour, vexée, se gratta la tête.

— A ton tour, Viking ! dit le professeur. Essaie.

Viking n'eut pas plus de succès : Mandragore demeurait comme paralysé.

— A toi, Lynx. Voyons si tu y arrives !

Lynx échoua tout aussi lamentablement. Seule la langue de Mandragore ébaucha un léger frémissement avant de réintégrer l'intérieur de sa gueule.

— Brin-d'Osier, vas-y !

Brin-d'Osier murmura la formule en pointant son pendentif. Mandragore ouvrit un œil et lança un regard de travers à Mot-d'Amour. Mais ce fut tout !

— Pfff ! Tu crois peut-être me faire peur ? grogna Mot-d'Amour en poussant Mandragore d'un brusque coup de patte.

Chancelant sur son unique patte, il la fusilla du regard. Il avait l'air si ridicule, avec ses yeux qui semblaient rouler dans leurs orbites, que ses camarades éclatèrent de rire.

— La magie de cristal n'est pas facile à maîtriser, expliqua le professeur. Et personne ne peut vous apprendre à le faire... Il est difficile de se concentrer et d'empêcher ses idées de vagabonder dans tous les sens. Surtout pour des débutants ! Essayez de réciter plusieurs fois la formule, en ne pensant à rien d'autre. Pour le reste, il faut vous débrouiller tout seuls.

Les quatre chats répétèrent la formule magique à voix basse.

— Je vous rappelle que vous partez demain soir. Soyez prêts. Et j'ai oublié de vous prévenir : Pilastre, de la classe de l'Assemblée nocturne, viendra avec vous.

— Pilastre ? Mais pourquoi ? demanda Mot-d'Amour.

— Il faut un chat pour diriger les réunions nocturnes à la place de Boîte-à-Lettres. Et il pourra aussi nous contacter s'il arrivait quelque chose...

Sa phrase à peine achevée, le professeur Barbu sortit de la salle de classe comme une flèche. Mandragore, toujours immobile, ne put que lui lancer un regard suppliant.

— Professeur, vous n'allez pas laisser Mandragore dans cet état ! s'écria Lynx.

Mais trop tard ! Le professeur Barbu s'était éclipsé.

# OÙ DES CHATS SE CACHENT DANS DES DESSINS

— Quelle guigne ! Qu'est-ce qu'on va faire ? s'inquiéta Lynx en regardant tour à tour Mandragore et ses camarades.

— Pourquoi est-ce que Mandragore reste immobile comme ça ? demanda Pilastre qui venait d'apparaître sur le pas de la porte. C'est un nouveau jeu ?

— Un jeu ? rétorqua Mot-d'Amour d'un ton dédaigneux. Tu nous prends pour qui ? Pour des humains ? Nous sommes en train d'apprendre la magie de cristal, figure-toi. Et ceci fait partie de notre entraînement. Mandragore nous sert de cobaye.

— Super ! Alors, vous apprenez la magie de cristal pour de vrai ?

Fixant avec envie le pendentif de Mot-d'Amour, Pilastre ravala bruyamment sa salive.

— Exactement ! acquiesça Brin-d'Osier avec un sourire taquin. Nous avons utilisé un petit tour de magie pour regarder à l'intérieur du ventre de Mandragore et voir ce qu'il avait mangé... On a même pu toucher son cœur.

— Ça alors ! C'est génial !

Pilastre tapota le ventre de Mandragore avec enthousiasme.

— Fais attention ! prévint Brin-d'Osier. Ta patte pourrait s'enfoncer. Il n'est pas encore totalement délivré du sortilège.

Pilastre recula d'un bond effrayé. Les quatre complices éclatèrent de rire. Mandragore sentait la moutarde lui monter à la truffe. Mais impossible de faire un geste ! Son corps refusait toujours de lui obéir.

— Vous devez être drôlement contents, non ? reprit Pilastre. Maintenant que vous maîtrisez la magie de cristal, vous pourrez combattre les chats-ombres. Tandis que nous, les chats de l'Assemblée nocturne, nous sommes très inquiets. S'ils nous attaquent, nous serons incapables de riposter. Il y en a même qui disent qu'il vaudrait mieux quitter l'école au lieu de rester ici, sans pouvoir se défendre.

Pilastre poussa un long soupir.

— Tu as raison, c'est embêtant, fit Viking en fronçant les sourcils.

— J'ai une idée !... annonça Brin-d'Osier, après un instant de réflexion.

— Laquelle ? demanda Pilastre, les oreilles dressées.

— Tu te rappelles les dessins que le professeur Kotkam nous a montrés en cours ?

— Oui, pourquoi ?

— Si on faisait entrer les chats de ta classe dans ces dessins ? Ils pourraient s'y cacher. Comme ça, même si les chats-ombres arrivent jusqu'ici, ils ne les trouveront pas.

— C'est une idée géniale ! Nous n'avons qu'à nous servir de la magie de cristal.

— Waouh ! Qu'est-ce qu'on va s'amuser ! s'écrièrent les chats en chœur, au comble de l'excitation.

— C'est un très bon plan, fit Pilastre, redevenu soudain sérieux. Mais l'idée de rester caché ne me plaît pas trop. C'est lâche ! Nous aussi, nous voulons nous battre. Il n'y aurait pas un moyen ?

Le bout du nez froncé par l'effort, Brin-d'Osier réfléchit un instant, puis murmura :

— Un labyrinthe... Oui, c'est ça ! Si on trouvait un tableau représentant un labyrinthe, vous pourriez vous battre, vous aussi.

— Comment ça ? Explique-toi.

— D'abord, les chats de ta classe entrent dans le labyrinthe. Ils repèrent les lieux, puis se cachent dans les coins.

Quand les chats-ombres envahissent l'école, on les fait entrer dans le tableau par un tour de magie. Forcément, ils se perdent. Ils se mettent à errer dans le labyrinthe et, à ce moment-là, vous n'avez plus qu'à les attaquer de tous les côtés à la fois.

— Hum ! Pas mal comme idée ! approuva Pilastre. Si nous lançons une attaque surprise dans ce genre, nous sommes sûrs de gagner. Je vois déjà les gros titres : « Victoire écrasante des troupes de Pilastre dans la bataille du Labyrinthe ! » Waouh, super ! Il paraît qu'il faut battre le fer pendant qu'il est chaud. Je vais chercher les dessins tout de suite !

Et, Pilastre, le museau radieux, sortit en courant.

— Est-ce qu'on peut vraiment faire entrer des chats dans un tableau, par un simple tour de magie ? demanda Viking, sceptique.

— Pour savoir si ça marche, il faut déjà essayer, intervint Lynx. De toute façon, ça ne peut pas faire de mal. Ça redonnera au moins de l'espoir aux chats de l'Assemblée nocturne.

La remarque de Lynx surprit Brin-d'Osier. Il avait eu exactement la même pensée. L'important, c'était de donner aux élèves de l'Assemblée nocturne, terrifiés à l'idée de ce qui les attendait, le sentiment qu'eux aussi participaient à la lutte contre les chats-ombres, et même qu'ils pouvaient la gagner.

— Au fait, il faudrait peut-être libérer Mandragore, non ? rappela Viking, comme s'il venait soudain de se rappeler quelque chose.

— Ah, c'est vrai ! Je l'avais complètement oublié ! s'exclama Brin-d'Osier. Avec cette histoire de Pilastre...

— Si on essayait de pointer tous ensemble nos cristaux sur Mandragore, en récitant la formule magique ? suggéra Mot-d'Amour.

— D'accord, tentons le coup, acquiesça Brin-d'Osier. Répétons-la trois fois, tous en même temps.

Ils chantonnèrent la phrase magique, comme des enfants sages récitent leurs tables de multiplication, chacun dirigeant son pendentif de cristal vers Mandragore. Celui-ci s'affala en arrière avec fracas.

— Oh là là ! On y a peut-être été un peu fort ! s'écria Viking en éclatant de rire.

— En tout cas, il arrive à bouger maintenant. C'est déjà ça ! dit Brin-d'Osier en s'esclaffant à son tour.

D'un bond, Mandragore, sifflant de colère, avait en effet sauté sur Mot-d'Amour.

— Arrête, Mandragore, tu vas la tuer !

Lynx tenta de s'interposer entre les deux chats qui roulaient sauvagement par terre. Viking et Brin-d'Osier, qui n'auraient raté cela pour rien au monde, se jetèrent aussitôt dans la mêlée. Bientôt, il n'y eut plus qu'une seule grosse boule de pattes et de queues enchevêtrées, qui semblait tournoyer quelques centimètres au-dessus du sol. La pièce, où régnait déjà en temps ordinaire un désordre indescriptible, ressemblait maintenant à un capharnaüm.

— Vous vous entraînez à vous battre contre les chats-ombres ? demanda Pilastre qui venait de rentrer, accompagné de plusieurs de ses camarades de classe.

Tout excité, et un peu jaloux tout de même, il frappa l'air de ses pattes de devant en s'écriant :

— Allons-y, faisons comme eux ! En avant !

Et les élèves de l'Assemblée nocturne plongèrent comme un seul chat dans la bagarre. Des feulements fusaient, des touffes de poils volaient. Au bout d'un moment, Mot-d'Amour réussit enfin à s'extraire de la pelote de chats emmêlés et ordonna d'une voix forte :

— Stop ! Ça suffit maintenant ! Ce genre d'exercice est très dangereux. Vous n'avez pas l'air de vous en rendre compte !

Elle avait l'air on ne peut plus sérieux, mais les chats de l'Assemblée nocturne ne l'entendaient pas de cette oreille ! Refusant de cesser leur jeu, ils plaidèrent :

— Comment ça, dangereux ? Au contraire, c'est très amusant. On continue !

— Si vous trouvez ça drôle, on recommencera, mais plus tard, répliqua Mot-d'Amour, inflexible. A propos, pourquoi êtes-vous venus si nombreux ?

— M'en parle pas ! Quand j'ai annoncé que nous allions nous battre contre les chats-ombres, ils se sont tous précipités pour m'accompagner. J'ai eu un mal fou à les calmer.

Il désigna les rouleaux de dessins posés sur le sol.

— Bon travail, Pilastre ! dit Lynx. Voyons maintenant si ça marche. Accroche les dessins au mur. Comme nous débutons dans la magie de cristal, je ne suis pas sûr des résultats. Mais on ne risque rien à essayer !

Brin-d'Osier, Mandragore, Mot-d'Amour et Viking détournèrent les yeux avec gêne. Eux non plus n'étaient pas certains de réussir. Mais alors, pas du tout !

— On est coincés, chuchota Mot-d'Amour à Mandragore. On va être la risée de tous, j'en ai peur.

— On ne peut plus reculer, grommela Mandragore. Il faut y aller.

Ils décidèrent de se charger chacun d'un chat de l'Assemblée nocturne. Brin-d'Osier devait faire entrer Pilastre dans le dessin qui représentait une pie et un chat. Avec son sourire béat, Pilastre semblait parfaitement assorti au chat du dessin. Brin-d'Osier récita *Akongkagua agukakonga* au moins une dizaine de fois, puis pointa son cristal sur Pilastre, qui peu à peu fut comme aspiré à l'intérieur du tableau. Quelques secondes plus tard, son nez, ses épaules et ses pattes de devant, aplatis comme des galettes, réapparurent lentement sur le dessin.

— Ça marche ! s'écria Brin-d'Osier, excité comme une puce. Pilastre est en train de s'intégrer au tableau.

Mais Pilastre n'alla pas plus loin. Il resta coincé au niveau du ventre : son derrière, ses pattes arrière et sa queue gigotaient comiquement à l'extérieur du tableau. Et pour comble de malchance, la même mésaventure arrivait à ses copains ! L'un d'eux n'avait réussi à entrer que la tête, un autre les épaules, un autre s'était arrêté à la taille, un autre encore aux hanches. Les pauvres chats se débattaient, agitant désespérément la queue et les pattes arrière. Brin-d'Osier et ses compagnons se regardèrent en se tortillant les moustaches d'un air embarrassé. Brusquement, Mot-d'Amour partit d'un grand éclat de rire.

— On dirait une exposition de tableaux vivants ! s'exclama-t-elle, en se tenant les côtes, bientôt imitée par ses camarades.

— Oh, j'en ai mal au ventre de rire ! gémit Lynx. Jetant un coup d'œil vers la fenêtre, il ajouta : Mais assez plaisanté ! Regardez, l'aube se lève déjà. Il fait presque jour.

— Tu as raison, dit Brin-d'Osier, soudain redevenu sérieux. Il faut les délivrer. Mais si ça ne marchait pas non plus ? Cette histoire commence à m'inquiéter.

Il récita plusieurs fois la formule magique et poussa bientôt un énorme soupir de soulagement. Le corps de Pilastre commençait à se détacher de son tableau, centimètre par centimètre. Au bout d'un moment, il s'immobilisa, toujours en partie collé au dessin.

— Pilastre, qu'est-ce que tu fabriques ?

— J'ai une oreille coincée.

— Quoi ?

Brin-d'Osier s'approcha pour jeter un coup d'œil. En effet, un bout d'oreille restait prisonnier du tableau.

— C'est embêtant, ça ! pesta-t-il, contrarié.

En hâte, il prononça de nouveau la phrase magique, et pointa son pendentif vers Pilastre. Mais, peut-être parce qu'il s'était trop précipité, le bout d'oreille refusait obstinément de se détacher. Quant aux autres chats, leur situation n'était guère plus brillante : l'un restait accroché par la tête, un autre par les pattes de devant ou les moustaches.

— Qu'est-ce qu'on fait ? demanda Pilastre, au bord des larmes, en regardant Brin-d'Osier.

— Tant pis ! On n'a plus qu'à découper les tableaux. Il vaut mieux abîmer des dessins que des chats. On va découper la partie qui vous retient.

— Ça va faire des trous ! dit Pilastre. Nous aurons des ennuis si quelqu'un s'en aperçoit.

— On n'a qu'à couper les bords de façon irrégulière, dit Brin-d'Osier. Comme ça, le professeur Kotkam croira que ce sont des souris qui les ont rongés.

— Tu es sûr ? fit Pilastre, peu convaincu.

— On n'a pas le choix, intervint Mot-d'Amour. Le soleil se lève déjà, et nous n'avons pas encore fermé l'œil.

Avec un long bâillement, elle le fixa d'un regard ensommeillé. Résigné, Pilastre hocha la tête. Il était à deux doigts de fondre en larmes. Brin-d'Osier découpa soigneusement le morceau du tableau collé à son oreille. Un fragment de papier coloré resta accroché sur la pointe. Les autres chats se trouvaient aussi hérissés de bouts de papier sur la tête, les pattes ou les moustaches.

— Je meurs de sommeil, je ne peux plus garder les yeux ouverts !

Lynx se laissa tomber comme une masse sur le sol. Une seconde plus tard, il dormait profondément.

— Hé, vous n'allez pas nous laisser comme ça ! s'écria Pilastre.

— Non, bien sûr ! répondit Brin-d'Osier, en se grattant derrière la tête d'un air embêté. Quand on maîtrisera mieux la magie de cristal, on s'occupera de vous, c'est promis !

Les chats de l'Assemblée nocturne enroulèrent les tableaux troués et sortirent de la pièce à la queue leu leu.

# Il n'y a pas d'élève parfait

— Vous êtes prêts ? demanda le professeur Barbu, en entrant par la fenêtre.

Brin-d'Osier et ses compagnons, le museau encore chiffonné de sommeil, regardèrent leur professeur qui s'installait sur son poêle rouillé.

— Oui ! répondit hardiment Pilastre, même s'il ne savait pas à quoi il fallait être prêt.

Mot-d'Amour, occupée à lécher sa fourrure ébouriffée, lui lança un regard somnolent.

— Pourquoi faut-il toujours qu'il se mette à jouer les élèves modèles, dès qu'il voit un prof ? ronchonna-t-elle dans ses moustaches.

— Où est Mandragore ? demanda le professeur.

Alors seulement, les chats se rendirent compte de l'absence de leur camarade. Ils jetèrent un regard autour d'eux.

— Où est-il passé, ce gros paresseux ? mamonna Mot-d'Amour.

— Il a dû sortir prendre l'air, suggéra Viking.

— Tu crois ? Dans ce cas, nous ferions mieux d'attendre qu'il revienne. Pendant ce temps, je vais vérifier quelque chose dans le traité de magie.

Le professeur Barbu ouvrit le couvercle du poêle rouillé et en sortit un gros volume. Une minute plus tard, Mandragore entrait d'un bond par la fenêtre.

— Oh, vous êtes déjà là, professeur ?

— Où étais-tu ? demanda ce dernier, sans quitter son livre des yeux.

— Je suis sorti faire respirer au gamin de mon pendentif un peu d'air frais de la forêt. Il n'en aura plus beaucoup l'occasion, quand nous serons en ville.

— Tu as bien fait. Il est vrai que le ginseng sauvage puise son énergie de la terre. La campagne lui est nécessaire. Il va avoir du mal à supporter la ville, j'imagine.

Et le professeur Barbu retourna à sa lecture. Les six chats mouraient d'envie de savoir ce qu'il cherchait dans ce gros manuel avec autant d'application.

— Ah, nous y voilà ! s'exclama le professeur en posant une griffe sur une page du livre. J'ai trouvé.

— Qu'est-ce que vous avez trouvé ?

Viking, les yeux brillants de curiosité, s'approcha.

— Je cherchais des précisions sur le jour d'Apophis. Tout ce que je savais, c'est qu'il y aurait ce jour-là une éclipse solaire et que le pouvoir des chats-ombres serait décuplé. Mais ce n'était pas suffisant. Je n'étais pas très rassuré. J'espérais donc trouver des détails complémentaires dans cet ancien traité de magie. Et j'ai été bien inspiré de chercher !

— Qu'est-ce qu'il dit, ce livre ? demanda Mot-d'Amour, s'approchant à son tour. J'aimerais bien le savoir !

— Je vais vous en lire un passage, commença le professeur Barbu avant de poursuivre en ânonnant : Hum... voyons... « Apophis... désigne ce qui n'est plus de ce monde. Donc, le jour d'Apophis... est le jour où reviennent... les choses qui ont cessé d'être en ce monde. Pendant l'éclipse... les portes du Royaume des Morts s'ouvrent... » Je n'arrive pas à lire la suite. Cette écriture ancienne est trop compliquée...

Il pencha la tête, les sourcils froncés, colla sa loupe sur la page, l'éloigna, essaya de nouveau, et finalement ferma les yeux.

— Qu'est-ce que ça veut dire ? interrogea Pilastre.

— On dirait une énigme, remarqua Mot-d'Amour. Je n'y comprends rien.

Les oreilles dressées, ils dévisagèrent leur professeur qui se grattait la tête.

— « Apophis désigne ce qui n'est plus de ce monde... » Autrement dit, c'est un dieu destructeur qui vise à supprimer notre monde. Cette partie-là, ça va encore... Mais, ensuite, je ne sais pas trop.

Les six chats n'en revenaient pas. Ainsi, même leur professeur ne connaissait pas tout !

— En tout cas, rappelez-vous ce que je viens de vous dire. Même si on ne comprend pas, tout deviendra plus clair le jour d'Apophis. C'est pourquoi nous devons être prêts à affronter les événements. Et maintenant, sortons. Le directeur nous attend.

Le professeur Barbu emmena ses élèves dans la cour, où le directeur les accueillit avec un gentil sourire.

— Je suis très ennuyé, leur dit Chaussettes. J'ai l'impression que la tâche que je vous confie est bien lourde pour vos jeunes épaules. J'ai bien peur de ne pas vous y avoir suffisamment préparés. Ce qui m'inquiète surtout, c'est que vous n'avez pas beaucoup d'expérience. J'aimerais tant que Machen revienne !...

— Qui est Machen ? demanda Mot-d'Amour.

— C'était un élève de la classe de Cristal. Il est parti en pèlerinage, voici très longtemps, après la bataille contre le Chat Noir. Il a dit qu'il reviendrait le jour d'Apophis... S'il est encore en vie, il tiendra sa promesse, j'en suis sûr. Il vous sera d'une grande aide, le moment venu... Le sort de notre école est entre vos pattes. Je crois que vous saurez vous débrouiller avec sagesse, je vous fais confiance.

Le directeur donna à chacun une petite tape d'encouragement sur l'épaule.

— Vous avez une longue route à faire, leur dit le professeur Barbu d'une voix teintée à la fois d'espoir et d'inquiétude. Dépêchez-vous de partir.

Comme les six chats s'apprêtaient à prendre congé, la voix du professeur Kotkam retentit derrière eux :

— Au revoir, Pilastre. Bon courage !

Leur cœur se mit à battre à grands coups. Et s'il prenait à Kotkam l'envie de leur poser des questions au sujet des tableaux troués ?

Pilastre, l'air innocent, fit volte-face et salua son professeur, comme si de rien n'était.

— Au revoir, professeur !

— Mais qu'est-il arrivé à ton oreille ?

— Je me suis égratigné, et j'ai mis un bout de papier en guise de sparadrap.

Ses compagnons n'en croyaient pas leurs oreilles. Pilastre, le chouchou du professeur, mentait avec un aplomb à couper le souffle !

— Je vois... Au fait, je me suis aperçu que tous mes tableaux avaient des trous. Est-ce que par hasard, tu saurais quelque chose ? demanda le professeur Kotkam, le regard fixé sur l'oreille droite de Pilastre.

Les six chats sursautèrent intérieurement. Ils étaient faits comme des rats !

— C'est peut-être... des souris ? bredouilla Pilastre. Elles ont dû grignoter les toiles, je ne vois que ça comme explication.

— Des souris ? Dans une école qui grouille de chats ?

Le professeur Kotkam n'avait pas du tout l'air convaincu. Pilastre devint tout pâle.

*Oups !* Brin-d'Osier retint une exclamation de panique.

— Pouvons-nous parler de cela plus tard ? coupa heureusement le professeur Barbu. Ces jeunes chats ont une mission urgente à accomplir.

Dépité, le professeur Kotkam renonça à poursuivre son interrogatoire. Les six chats ne se firent pas prier. Ni une, ni deux, ils tournèrent les talons et s'élancèrent hors de la cour. Derrière eux, leur parvint la voix du professeur Kotkam qui continuait :

— Des souris dans l'Ecole des Chats ? Ça n'a aucun sens !

De peur qu'il ne les rappelle pour leur poser d'autres questions, ils se mirent à courir. Ils sentaient leurs poils se hérisser sur la nuque.

— Alors, comme ça, tu t'es collé un bout de papier sur l'oreille en guise de sparadrap ? ironisa Lynx, dès qu'ils furent entrés dans le bois.

Incapable de se retenir plus longtemps, il laissa échapper un grand éclat de rire. Ses compagnons l'imitèrent. Pilastre eut un sourire comique qui découvrit toutes ses dents. Décidément, il ressemblait de plus en plus au chat du tableau !

— J'ai le regret de constater que finalement l'élève parfait n'existe pas, conclut Mot-d'Amour en pleurant de rire.

Les six chats filèrent à vive allure sur un chemin forestier. Comme ils approchaient d'une grande route, leurs narines furent soudain assaillies d'odeurs qu'ils croyaient avoir oubliées : odeur piquante de fumée, relents de poissons pourris et autres émanations nauséabondes se dégageant des poubelles, effluves d'une multitude de rats...

— Ça fait si longtemps que je n'ai pas humé de telles odeurs !... murmura Lynx, en aspirant avec délice une grande bouffée d'air. J'ai l'impression d'être revenu à la maison. J'en suis tout ému !

## MORI N'A PLUS D'AMIS

Mori-l'agitateur, qui adorait se bagarrer avec les chats errants, avait grandi. Et ce voyou de chaton s'était transformé en une ravissante chatte. Eh oui, surprise ! Mori était un vrai garçon manqué, si bien que tout le monde, y compris Brin-d'Osier, l'avait toujours traité comme un matou. Mais maintenant, aucun doute n'était permis. Mori était devenue coquette, amoureuse, et voilà qu'elle avait des ennuis...

Mori était couchée sur le ventre, le museau posé sur ses pattes de devant. Des moineaux sautillaient dans la cour. En temps ordinaire, elle aurait bondi pour les attraper. Mais ce jour-là, elle n'avait pas envie de

bouger. Elle se sentait lasse. Dans sa tête, les pensées s'embrouillaient.

Pourquoi Boîte-à-Lettres et Arlequin s'étaient-ils battus ? Mori n'arrivait pas à comprendre. Elle ne connaissait pas les chats qui s'étaient jetés dans la bagarre aux côtés d'Arlequin. Et il y avait encore plus incompréhensible ! Depuis ce soir-là, Boîte-à-Lettres n'assistait plus aux assemblées nocturnes. Ni Arlequin, d'ailleurs. Au début, beaucoup de chats en avaient été ravis. Plusieurs nuits de suite, le terrain vague où avaient lieu les réunions s'était transformé en champ de bataille. Les chats présents s'étaient amusés comme des fous à la guerre, cherchant à prendre possession du rocher sur lequel s'installait d'habitude Boîte-à-Lettres. Divisés en deux camps, ils se jetaient les uns contre les autres, roulaient au sol avec des feulements guerriers, puis battaient en retraite au milieu d'un tourbillon de poils de toutes les couleurs. Ils avaient aussi organisé des concours, à qui grimperait le plus vite aux arbres, ou à qui exécuterait le plus spectaculaire saut périlleux.

Mais bientôt, ils s'étaient lassés de jouer et s'étaient mis à espérer le retour de Boîte-à-Lettres. Ils étaient de plus en plus nombreux à se dire que quelque chose de grave avait dû arriver. Puis une étrange rumeur s'était répandue. On racontait que Boîte-à-Lettres avait été enlevé par des chats malveillants et qu'Arlequin leur servait d'agent. Dans tous les coins, les chats échangeaient des messes basses. Certains disaient même qu'il fallait se méfier de Mori, qu'elle était très liée avec Arlequin, et que sa maison grouillait de fantômes de chats. Les amis de Mori avaient commencé à lui manifester de la froideur. Bientôt, plus personne ne lui avait adressé la parole.

Au cours de la réunion de la veille, rien n'avait changé. Aucun chat n'avait voulu s'asseoir à côté de Mori. L'espace autour d'elle était resté vide, comme si une bombe y était tombée. Les autres chats murmuraient entre eux en lui jetant des regards en coin. Mori s'était efforcée de faire bonne figure, mais son cœur s'était brisé. Surtout quand Ocelot, le chat tacheté qu'elle trouvait à son goût, s'était ostensiblement écarté d'elle. Elle en avait été si triste qu'elle n'avait pu retenir ses larmes.

— Mori, viens manger !

Le soleil était sur le point de se coucher. Minjun versa des restes de poisson dans la gamelle de Mori. Mais celle-ci, accablée, se contenta d'y jeter un regard las.

— Nayeong, j'ai l'impression que Mori est malade, dit Minjun à sa sœur qui venait de franchir le portail de la maison. Je lui ai donné du poisson, mais ça ne lui fait même pas envie.

— Tu es malade, Mori ?

Nayeong prit la chatte dans ses bras et approcha quelques miettes de nourriture de ses babines. Un court instant, Mori fit mine de manger, puis enfouit sa tête contre la poitrine de sa maîtresse. Celle-ci lui tâta la truffe puis la reposa à terre.

— Je ne crois pas qu'elle ait de la fièvre. Elle a encore dû manger des saletés en fouillant dans les poubelles. Elle n'a pas faim, c'est tout.

Nayeong et Minjun regagnèrent l'intérieur de la maison tandis que Mori allait se blottir dans un coin tranquille de la cour. La nuit tombait, l'heure de l'assemblée nocturne approchait. Mori se sentait le cœur de plus en plus lourd. Le regard méfiant de ses amis, leurs chuchotements dans son dos... Rien que d'y penser, elle en avait des frissons.

— Je n'irai pas à la réunion. Ils vont encore me rejeter.

Elle secoua violemment la tête pour chasser ses idées noires.

— Mais si je n'y vais pas, ils vont croire pour de bon que je fais partie de cette bande de méchants chats. Et Ocelot sera sûrement du même avis. Il faut que j'y aille. Je dois leur prouver qu'ils se trompent.

Avec résolution, Mori crispa ses pattes de devant. Mais l'instant d'après, elle n'avait toujours pas réussi à se lever. Elle réfléchit un moment, puis rassembla des petits cailloux et se mit à les lancer en l'air un par un, en disant : « J'y vais... j'y vais pas. » C'est alors que Mori entendit des pas feutrés s'approcher. Le bruit était si faible que des oreilles humaines n'auraient pu l'entendre. Mais l'ouïe de Mori était assez aiguisée pour lui signaler qu'un chat de grande taille s'avançait vers elle. Elle arqua l'échine, tournée dans la direction d'où venait le bruit. Mais l'endroit était désert !

— Curieux ! J'entends un chat, je sens un chat, mais...

Le bruit des pas s'arrêta net devant la gamelle de Mori. Elle perçut une légère respiration, et aussitôt après, un bruit de déglutition. Et là, soudain, juste sous son nez, les restes de poisson commencèrent à disparaître... Incrédule, elle se frotta les yeux. Toujours aucun chat en vue ! Pourtant, ce bruit, cette odeur, ces restes de poisson qui s'évanouissaient comme par enchantement... Mori se sauva à toutes pattes en poussant un miaulement d'horreur.

En entendant ce drôle de miaulement, Nayeong sursauta et ouvrit la fenêtre. Où donc était passée Mori ? Il ne restait plus que sa gamelle, toute vide d'ailleurs.

— Sacrée Mori ! Elle fait comme si elle n'avait pas faim, mais elle a tout dévoré sans en laisser une miette !

Et Nayeong, avec un sourire, referma la fenêtre.

Son cœur battant la chamade, Mori courait ventre à terre. Sans y penser, elle avait pris la direction du terrain vague où se tenait l'assemblée nocturne.

— Ma parole ! Ils avaient raison, ma maison est hantée ! se disait-elle, effarée.

Arrivée à destination, elle reprit son souffle bruyamment. Sur le terrain, un grand nombre de chats étaient

déjà là. Ils ne firent pas attention à elle. Ils regardaient tous le gros rocher qui, en temps ordinaire, servait de tribune à Boîte-à-Lettres. Comme eux, elle leva les yeux vers le rocher pour savoir ce qui se passait. Au sommet, se tenait un chat plutôt costaud. Boîte-à-Lettres était revenu ! Tout heureuse, Mori plissa les yeux et le fixa attentivement. Mais non ! Ce chat-là ressemblait à Boîte-à-Lettres, mais à bien y regarder, ce n'était pas lui.

— Qui est-ce ? demanda quelqu'un.

— Il dit qu'il vient de l'Ecole des Chats pour remplacer Boîte-à-Lettres. Mais j'ai bien l'impression qu'il se moque de nous. Hier aussi, un chat a prétendu la même chose, et il s'en est mordu les pattes quand on a découvert qu'il mentait !

Un gros matou, la mine féroce, fit quelques pas vers le rocher et gronda :

— Hé toi, là-haut ! Arrête de nous prendre pour des imbéciles ! Sinon, tu vas le regretter.

— Tu descends, ou il faut qu'on vienne te chercher ? menaça à son tour un chat efflanqué à l'air colérique.

Sans aucun doute, ces deux mauvais caractères allaient faire descendre de force le chat perché au sommet du rocher. C'est alors que se produisit un phénomène tout à fait inattendu.

Comme ils s'approchaient, le chat sur le rocher murmura entre ses dents, puis pointa une patte dans leur direction. A l'instant même, il y eut un bruit de pétard, et la queue des deux chats devint soudain énorme. Sans s'apercevoir de ce qui leur était arrivé, ils bondirent pour grimper sur le rocher. Mais peine perdue ! Ils avaient beau se démener, agiter leurs pattes en tous sens, on aurait dit des chiens attachés à un piquet. Comprenant que quelque chose d'anormal se passait, ils tournèrent la tête et poussèrent un miaulement de frayeur. Toute l'assemblée des chats s'esclaffa.

— Waouh ! Il est extraordinaire !

— Ce n'était pas une blague ! Il vient bien de l'Ecole des Chats !

— Ce chat-là n'est pas comme les autres. Il paraît qu'on apprend la magie dans cette école. Il doit y avoir du vrai, là-dedans !

Les chats de l'assemblée nocturne échangèrent des clins d'œil entendus.

— C'est exact, déclara le chat qui ressemblait à Boîte-à-Lettres. Je suis un élève de l'Ecole des Chats. Je m'appelle Pilastre. Je veillerai sur vous comme le faisait Boîte-à-Lettres. De votre côté, j'espère que vous ne manquerez aucune de nos réunions. Prévenez ceux qui ne sont pas là ce soir. Qu'ils viennent demain, sans faute. D'accord ?

— Oui, répondirent-ils d'une seule voix, tout excités à l'idée d'avoir un nouveau chef.

Un chat assis au premier rang interpella Pilastre.

— Il est arrivé quelque chose à Boîte-à-Lettres ? On dit qu'il a été enlevé par des chats malveillants. C'est vrai ?

— J'avais justement l'intention de mener une enquête, répondit Pilastre. Une chose est sûre, c'est que la guerre contre les chats-ombres a commencé. Vous aussi, vous devez vous tenir sur vos gardes. Si vous remarquez quoi que ce soit d'anormal, prévenez-moi tout de suite.

— C'est quoi, un chat-ombre ? Un chat méchant ?

— Oui, ce sont des chats très méchants et très dangereux. Je vous en dirai plus demain, quand tout le monde sera là.

Au mot « chat-ombre », tous les chats commencèrent à s'agiter et à poser des questions.

— Qu'est-ce que ça veut dire ?

— Ce sont des fantômes de chats ?

— Comme ceux qui hantent la maison de Mori ?

En entendant son nom, Mori se fit toute petite. Et encore plus, quand elle se rappela la scène étrange à laquelle elle avait assisté avant de venir.

— Bon, ça suffit pour aujourd'hui, déclara Pilastre. Ah, une minute ! Est-ce que par hasard, Mori serait ici ?

Le cœur de Mori fit un bond. Ce Pilastre la soupçonnait sûrement, comme tous les autres. Elle n'avait pourtant rien fait de mal !

Dès qu'ils entendirent prononcer son nom, les chats fouillèrent les alentours du regard. Bientôt, tous les yeux convergèrent vers Mori, assise à l'écart, toute tristounette.

— La voilà, c'est elle ! dénoncèrent-ils d'une voix triomphante.

Mori voulut prendre ses pattes à son cou, mais trop tard ! Les chats l'encerclèrent pour l'empêcher de s'enfuir et, l'air menaçant, la forcèrent à reculer vers le grand rocher.

— Dommage pour toi, Mori !

— Tu es fichue !

— Vous voyez, je vous avais bien dit qu'elle avait l'air louche !

Chacun avait son mot à dire, quelque chose à lui reprocher. Elle se sentit sombrer dans un gouffre de désespoir. Plus encore qu'un sentiment d'injustice, elle ressentait une peur terrible. Elle était terrorisée à l'idée que Pilastre, par un tour de magie, allait la congeler comme un vulgaire morceau de cabillaud, mettre le feu à sa fourrure ou la transformer en monstre hideux. Poussée pas à pas vers le haut du rocher, elle jeta un regard craintif sur Pilastre.

— Alors, c'est toi, Mori ?

Pilastre s'approcha de Mori, qui gardait la tête baissée, et frotta gentiment son nez contre le sien. Mori, ébahie, leva les yeux vers lui.

— Brin-d'Osier m'a beaucoup parlé de toi. Viens avec moi. Il nous attend.

— Comment ? Brin-d'Osier est ici, avec toi ?

— Oui.

— Comme je suis contente ! Brin-d'Osier est revenu !

Au pied du rocher, les chats les observaient, stupéfaits. Ils ne pipaient mot, comme s'ils avaient perdu leur langue. Mori, dressant fièrement la tête, suivit Pilastre. Son regard chercha Ocelot. Où se cachait-il ? Etait-il déjà parti ? Elle ne le voyait nulle part. Au moment de quitter le terrain vague, elle se souvint du dédain que ses camarades lui avaient témoigné ces derniers temps. Elle fit volte-face et leur tira la langue.

Pilastre gagna l'allée peu fréquentée qui menait chez Minjun. Arrivé à l'endroit où les habitants du quartier déposaient leurs ordures, il s'écria :

— Allez, vous pouvez sortir maintenant !

Alors, surgit brusquement, comme flottant dans l'air, une grosse tête de chat.

— Au secours !

Terrifiée, Mori fit un bond et se cacha précipitamment derrière Pilastre.

— Ah, te voilà, Mori ! fit la tête. Mais qu'est-ce qui te fait si peur ?

— C'est un ffff... fantôme ! hoqueta Mori, tremblant de toutes ses pattes.

— Un fantôme ? Ah oui, c'est vrai ! Ce que je suis étourdi !

La tête de chat murmura quelques mots incompréhensibles et aussitôt un corps et des pattes apparurent à leur tour. C'était Mandragore ! Il s'approcha de Mori, toujours secouée de frissons, et la salua.

— Je m'appelle Mandragore. J'ai bien aimé ton poisson, tout à l'heure !

— Comment ?

— Le poisson dans ta gamelle.

— C'était toi, le fantôme ?

— Le fantôme ? Bon, si tu veux. C'était moi, en effet.

Mandragore releva les épaules, d'un air important. Mori, incrédule, le scrutait attentivement.

— Où est Brin-d'Osier ? demanda Pilastre.

— Il est ici, fit Mandragore en tapotant le tronc d'un arbre à côté.

— Brin-d'Osier est dans l'arbre ? s'étonna Mori.

— Non, ça, c'est sa patte.

— Quoi ?

En y regardant de plus près, Mori s'aperçut que le pied de l'arbre était recouvert de longs poils et terminé par des griffes acérées. Du sommet, parvenaient des chuchotements. Le tronc d'arbre retrouva alors petit à petit une apparence de patte de chat normale. Brin-d'Osier avait profité de sa position élevée pour surveiller les alentours de la maison de Minjun. Le tour de magie pour débutants qui lui permettait d'agrandir démesurément sa patte arrière se révélait très utile pour faire le guet !

— Comment vas-tu, Mori ?

Brin-d'Osier frotta affectueusement son museau contre celui de Mori, qui en eut les larmes aux yeux. Finalement, songea-t-il, ce brigand de Mori s'était métamorphosé en une jolie demoiselle chat !

Mandragore les observa un moment en silence avant de demander à Brin-d'Osier :

— As-tu remarqué des chats-ombres en train de rôder autour de chez Minjun ?

— Je n'ai rien vu.

— Bizarre ! Comme Boîte-à-Lettres a disparu, je croyais que quelque chose de grave allait arriver à Minjun... Mais tout a l'air calme.

— C'est le calme avant la tempête. Ils ont sans doute l'intention de lancer une attaque massive le jour d'Apophis.

Mori, qui ne comprenait pas un traître mot de ce que disaient les deux autres, se contentait d'attendre, la mine désemparée.

— Au fait, merci de me l'avoir prêtée, fit Pilastre en rendant sa pierre de cristal à Brin-d'Osier. Grâce à elle, tout s'est bien déroulé, je n'ai eu aucun problème.

— Tant mieux ! répondit Brin-d'Osier. Et maintenant, il faut que tu te mettes à la recherche de Boîte-à-Lettres.

A ces mots, Mori intervint :

— Il y a quelques jours, j'ai vu Boîte-à-Lettres se battre avec Arlequin. Depuis, je n'ai plus eu de nouvelles de lui. Vous croyez qu'Arlequin lui a fait du mal ?

— Ils se sont bagarrés ?

— Oui, ça s'est passé justement dans cette allée. Il y avait deux autres chats avec Arlequin. Et des ombres noires qui ressemblaient à des serpents flottaient au-dessus d'eux.

— C'étaient sûrement des chats-ombres. Et tu ne sais pas où ils sont partis ?

— La bande d'Arlequin s'est enfuie en direction du terrain vague. Boîte-à-Lettres les poursuivait. Ils se sont battus là-bas aussi. Puis ils se sont sauvés dans une allée de la résidence, de l'autre côté de la rue. C'est la dernière fois que je les ai vus.

— C'est là qu'il faut chercher, alors, décréta Brin-d'Osier, qui réfléchissait tout en écoutant le récit de Mori. Pilastre, tu emmènes Mori avec toi.

— D'accord. J'ai des amis qui dirigent les assemblées nocturnes dans d'autres quartiers. Je vais leur demander s'ils ont vu Boîte-à-Lettres. Nous finirons bien par trouver quelque chose.

— Tu connais tous les chats qui président les assemblées nocturnes ?

— Mais voyons, c'est ça que nous apprenons dans notre classe ! Le professeur Kotkam écrit les informations au tableau, et nous devons les savoir par cœur.

— Tu veux dire que le professeur Kotkam vous enseigne quelque chose pour de bon ? s'étonna Mandragore. Et nous qui nous moquions de lui et de ses histoires barbantes de tigre et de kaki séché !

Vexé, Pilastre se frappa la poitrine.

— Sache que, sans lui, l'Ecole des Chats n'aurait plus qu'à mettre la clé sous la porte. D'où crois-tu que viennent tous les journaux que nous utilisons en classe ? Et la nourriture ? Tu pensais peut-être que ça tombait du ciel ? Ce sont tous les chats responsables des assemblées nocturnes qui se démènent pour nous les procurer.

— Pas possible ! s'exclama Brin-d'Osier, abasourdi.

— Dis donc, tu n'as pas l'impression que tu lui jettes un peu trop de fleurs, à ton professeur ? ironisa Mandragore. Puis, avec un regard admiratif, il ajouta : N'empêche, je ne me doutais pas que c'était la classe de l'Assemblée nocturne qui se chargeait de toutes ces corvées.

Pilastre releva fièrement le menton. Puis il se tourna vers Mori.

— On y va ! lança-t-il d'une voix pleine d'assurance.

# LE JOUR D'APOPHIS EST PROCHE

Minjun s'arrêta devant le portail de sa maison. Il hésita un moment puis fit demi-tour et reprit sa route vers l'école, d'un pas pressé. Comme il arrivait à la grille, le professeur d'éducation physique traversa la cour dans sa direction. Minjun le salua en inclinant la tête. Le professeur, sans faire du tout attention à lui, le dépassa rapidement, un balai à la main.

— Les petits gredins ! grommelait-il. Ils sont partis sans nettoyer !

Minjun se précipita vers sa salle de classe. Un horrible soupçon venait de lui traverser l'esprit. Et si quelque farceur avait encore renversé des ordures dans l'escalier qu'il s'était donné tant de mal à balayer ? Hélas, pour son malheur, il ne s'était pas trompé ! Sur les marches menant au premier étage, gisaient pêle-mêle des chaussures

trouées, des morceaux de papier déchiré, des stylos, des bouts de crayons, des livres sans couverture, des cahiers, de vieux chiffons...

— Qui a pu faire une chose pareille ? lâcha Minjun, hors de lui.

Il monta en hâte au premier étage. Comme il tournait l'angle, il entendit, venant de la classe voisine, un bruit d'objets qui s'entrechoquaient.

— Ha ha ! Je t'y prends !

Cette fois, Minjun ne laisserait pas échapper le mauvais plaisant ! Il courba le dos et s'approcha à pas de loup de la porte du fond. Il l'ouvrit lentement, jeta un regard à l'intérieur et se figea, muet de stupeur. Il n'y avait personne dans la salle. Personne ! Mais partout sur le sol, sur les chaises et les bureaux renversés, des tas de vieux papiers, des baskets trouées, des bouts de craie cassés, des stylos usés. Et non contents de salir le parquet, tous ces détritus semblaient animés d'une vie propre ! Ils dansaient, sautillaient et tourbillonnaient avec un vacarme insolent.

Minjun laissa échapper un cri d'horreur. Aussitôt, tout s'arrêta net. Minjun sentit un frisson lui parcourir le dos.

Il se rua en bas de l'escalier, gagna l'entrée principale et se mit à courir, courir. Il courut sans ralentir jusqu'à la ruelle devant chez lui. Alors seulement, il se laissa tomber par terre et essaya de reprendre son souffle.

— Qu'est-ce qui se prépare encore ? se dit-il en secouant la tête.

Ce qu'il venait de voir, ce n'était pas le mauvais tour d'un farceur. C'était une véritable scène de fantômes !

Il tourna un regard effrayé en direction de l'école.

Ce jour-là, c'était au tour de Minjun de balayer l'escalier jusqu'au premier étage de l'école. Après avoir achevé sa tâche, il était sorti et s'apprêtait à rentrer chez lui lorsque sa maîtresse l'avait rappelé.

— Où vas-tu comme ça ? Tu n'as pas terminé.

— Mais si !

— Tu as balayé l'escalier ? Et tu l'as laissé dans cet état ? Viens voir un peu.

Minjun, avec une moue boudeuse, avait suivi son institutrice et retraversé la cour en sens inverse. Là, un spectacle désolant l'attendait. Il n'en croyait pas ses yeux ! L'escalier était jonché de détritus. Encore plus sale qu'avant !

— Ça alors ! s'était exclamé Minjun. Qui a jeté ces saletés dans *mon* escalier ?

— Ecoutez-moi ce bandit ! N'essaie pas de trouver des excuses. Tu voulais rentrer chez toi plus tôt, c'est tout !

Minjun n'avait pas eu le choix. Avec l'aide de la maîtresse, il avait été obligé de recommencer. En rentrant enfin à la maison, il avait senti une sourde inquiétude lui envahir le cœur : et si quelqu'un allait *encore* salir son escalier ? Aussi, à peine arrivé à son portail, il avait fait demi-tour et regagné précipitamment l'école.

En rentrant chez lui pour la deuxième fois, Minjun se sentait tout secoué d'effroi. C'est alors qu'il entendit un faible miaulement. Mori guettait son arrivée près du portail. Dès qu'elle le vit, elle fonça vers lui et remua la tête en donnant de brefs petits coups de menton en l'air, comme pour lui faire signe de la suivre.

— Miaou ! Miaou !

A peine entrée dans la cour, elle se mit à miauler encore plus fort.

— Qu'y a-t-il ? Je ne t'ai pas vue depuis hier soir. Je commençais à m'inquiéter... Où étais-tu ?

Minjun jeta son sac de gymnastique devant la porte d'entrée et suivit Mori. Ils tournèrent l'angle de la maison. A quelque distance de là, une bande de chats les attendait.

— Tu as encore ramené des copains de gouttière !...

Minjun allait gronder Mori quand l'un des chats s'avança, la mine réjouie. Minjun crut rêver ! C'était Brin-d'Osier, son chat qui lui avait tant manqué !

— Brin-d'Osier, c'est bien toi ?

Minjun prit le chat dans ses bras et frotta son visage contre son museau. Brin-d'Osier, miaulant de bonheur, léchait le visage de son petit maître de sa langue râpeuse. Maintenant qu'il les voyait de plus près, Minjun croyait reconnaître les autres chats. C'étaient ceux dont Brin-d'Osier lui avait parlé dans ses lettres.

— Attends un peu ! Celui-ci, c'est Mandragore... celui-là, oui, ce doit être Pilastre, c'est bien ça ?

Il leur caressa la tête.

— Je croyais que vous étiez à l'Ecole des Chats... Vous en avez eu assez de travailler ? Vous n'avez pas fait de fugue, au moins ?

— Non, tu n'y es pas du tout ! Nous sommes venus parce que Boîte-à-Lettres a disparu.

— Comment ça, disparu ?

— Tu comprends, demain est le jour d'Apophis. Mais comme Boîte-à-Lettres n'est pas là, c'est nous qui sommes chargés de te protéger.

— Vous êtes venus pour me protéger ?

Brin-d'Osier, Mandragore et Pilastre hochèrent vigoureusement la tête.

— Exactement ! Et Mot-d'Amour, Viking et Lynx sont allés défendre Sena.

— Et vous avez appris la magie ? demanda Minjun. Vous vous débrouillez bien ? Vous serez vraiment capables de me défendre ?

— Bien sûr ! Pouvoir parler avec toi, est-ce que ce n'est pas déjà de la magie ?

— Mais c'est vrai ! s'écria Minjun, se rendant enfin compte de ce qui se passait. Je suis en train de parler avec des chats !

Avec un sourire, Brin-d'Osier lui demanda :

— Comment ça s'est passé aujourd'hui ? Nous avions peur de ne pas arriver à temps et qu'il survienne un malheur.

— Eh bien, il s'est produit une chose très étrange. Des ordures se sont mises à se déplacer toutes seules, comme si elles avaient des jambes. Je les ai vues, de mes yeux, se promener dans une salle de classe de l'école.

Au souvenir de la scène, Minjun se remit à trembler de tout son corps.

— Alors, ici aussi, c'est arrivé ? intervint Pilastre en hochant la tête. Je m'en doutais !

Et Pilastre rapporta ce qu'il avait entendu dire à droite et à gauche.

— Vous connaissez la décharge près de la rivière ? Tôt ce matin, j'ai rencontré le chat qui dirige l'assemblée nocturne de ce quartier. Il m'a dit qu'il s'était passé des choses bizarres hier.

— Quel genre de choses ?

— Un vieux frigo est sorti d'une couche d'ordures, comme un mort qui surgit de sa tombe, et il est parti se balader. On a vu de vieux vêtements se lever et se mettre à marcher tout seuls, comme s'ils étaient portés par des hommes invisibles. Et une carcasse de camion a fait démarrer son moteur et a commencé à rouler, sans chauffeur... Du coup, tous les chats du coin se sont réfugiés dans le quartier voisin.

— Est-ce que cela a un rapport avec ce que j'ai vu à l'école ? demanda Minjun, les sourcils froncés.

— Cela veut dire que le jour d'Apophis est proche.

— Mais je ne comprends pas, intervint Mandragore en penchant la tête de côté. Si le pire qui puisse arriver, le jour d'Apophis, ce sont des ordures qui se promènent toutes seules... pourquoi s'inquiéter ?

— Tu as raison, approuva Pilastre. Ce n'est pas sérieux, c'est même ridicule !

— Pas si vite ! objecta Brin-d'Osier. Il ne s'agit pas du gros de l'attaque, seulement de quelques incidents annonciateurs...

— Qu'est-ce que tu veux dire ? Explique-toi.

— Vous vous rappelez ce qui était écrit dans le livre de magie ? « Le jour d'Apophis est le jour où reviennent les choses qui ont cessé d'être en ce monde. » D'une certaine façon, cela concerne les ordures.

— Comment ça ? demanda Mandragore qui décidément ne comprenait plus rien.

— Réfléchis ! Rien dans ce monde ne commence son existence en tant qu'ordure. Regarde les baskets de Minjun. Ce sont des baskets tant qu'il les porte. Mais dès qu'il les jettera à la poubelle, elles cesseront d'être des baskets. Elles deviendront des ordures. Elles n'existeront plus dans ce monde en tant que baskets.

Minjun et Pilastre, qui écoutaient Brin-d'Osier attentivement, acquiescèrent d'un hochement de tête. Mais

Mandragore n'avait encore pas tout à fait compris. Il grommela d'un ton bourru :

— Pourquoi les hommes jettent-ils autant de choses ? Nous, les chats, nous ne jetons rien. Nous ne produisons pas de déchets qui risqueraient de nous envahir. Qu'allons-nous faire maintenant, si tous les détritus des humains reviennent nous hanter ?

— Je crois que Pilastre a une solution, dit Brin d'Osier.

— Moi ? Qu'est-ce que j'y peux ? protesta Pilastre.

— Comment Boîte-à-Lettres fait-il pour transporter les fournitures de l'école à lui tout seul ? Il a sûrement un truc, non ?

— Il a raison, approuva Mandragore. Comment s'y prend-il ? Dis-nous un peu.

— Ah, ça ? Je n'y avais pas pensé... fit Pilastre, puis, agitant une patte, il ajouta, embarrassé : Non, je ne peux rien vous dire. Seuls les chats de la classe de l'Assemblée nocturne ont accès à ce genre de magie.

— Mais nous, nous t'avons bien appris la magie de cristal ! protesta Mandragore, furieux.

— Je n'ai pas le droit, répondit Pilastre avec gêne en évitant son regard. Pour tous les chats de ma classe, c'est top secret.

Brin-d'Osier tenta à son tour de le persuader.

— Ce n'est pas le moment de s'arrêter à ce genre de

problèmes moraux. Si on ne peut pas repousser l'attaque des chats-ombres, il n'y aura plus ni Ecole des Chats, ni classe de l'Assemblée nocturne.

Tous dévisageaient Pilastre d'un air suppliant. Celui-ci hésita un moment, puis, résigné, leur révéla enfin le secret.

— Je vais vous expliquer le tour de magie pour transporter beaucoup de choses d'un seul coup. Il suffit de réciter *Bihi ! Bihi ! Bihi !* en faisant tourner une patte de devant dans le sens des aiguilles d'une montre, sur deux tours complets et trois quarts. Pour déposer les objets à terre, on prononce la même formule en tournant la patte dans le sens inverse, sur deux tours complets et trois quarts.

Pilastre fit une démonstration. Il murmura *Bihi ! Bihi ! Bihi !* en dessinant des cercles avec sa patte. Puis il désigna une chaise cassée qui traînait dans un coin. Et hop ! la chaise s'éleva dans les airs et suivit Pilastre, comme une couvée de poussins sur les pas de leur maman poule.

— Super ! s'exclama Minjun, la bouche grande ouverte. Tu devrais monter une entreprise de déménagement, tu ferais fortune en un rien de temps !

— Qu'est-ce que ça veut dire, *Bihi* ? s'étonna Mandragore.

— Jadis, vivait un dragon qui avait neuf enfants. Chacun d'eux avait un talent particulier. L'un était un redoutable combattant. Dès qu'il rencontrait quelqu'un, il le provoquait en combat singulier. Et, bien sûr, il gagnait à tous les coups. C'est pourquoi les guerriers gravent une figure de dragon combattant sur le pommeau de leur sabre. Un autre des enfants du dragon s'appelait Bihi et il était d'une force herculéenne. Il était si costaud qu'il pouvait porter sur son dos un rocher gros comme une maison. C'est pour cette raison qu'au pied des anciennes tombes, on trouve une tortue qui s'appelle Bihi, comme ce dragon : elle a pour tâche de soutenir la pierre tombale.

— C'est chouette comme histoire ! déclara Mandragore qui, sans savoir pourquoi, se sentait des points communs avec ce Bihi. Vous devriez changer de nom et vous appeler la classe de Bihi. Vous pourriez même vous fabriquer un étendard avec l'image de Bihi peinte dessus.

Pilastre récita de nouveau *Bihi ! Bihi ! Bihi !* et fit des cercles en sens inverse. La chaise cassée atterrit doucement sur le sol de la cour. Mori n'en revenait pas ! Elle donna quelques coups de patte sur les pieds de la chaise pour s'assurer qu'elle ne rêvait pas.

— Avec cette magie, Mandragore pourrait sûrement soulever une maison !

— Tu l'as dit ! approuva Pilastre, sautant sur l'occasion pour repasser la corvée à Mandragore. Si les ordures nous envahissent, Mandragore nous en débarrassera vite fait.

— Tu essaies me refiler ton sale boulot, hein ? rouspéta Mandragore. Mon gamin a déjà assez de mal à supporter l'air pollué de cette ville, ajouta-t-il en montrant son pendentif.

— Ce n'est pas le moment de se disputer pour savoir qui doit faire quoi, intervint Brin-d'Osier. Nous devons unir nos forces. Que des ordures se promènent, ce n'est rien. Beaucoup d'autres choses extraordinaires arriveront le jour d'Apophis. Ce qui est grave, c'est qu'on ne sait pas de quelle manière les chats-ombres vont attaquer.

Minjun serra ses bras sur sa poitrine. Il en avait la chair de poule.

— J'ai peur... souffla-t-il.

— C'est pour ça qu'on doit rester unis.

Les moustaches frisées par l'effort, Pilastre réfléchit quelques secondes. Mais comme aucune idée géniale ne lui venait, il se tourna vers Brin-d'Osier :

— Qu'est-ce qu'on fait, alors ?

— C'est demain, le jour d'Apophis. On devrait tous aller chez Sena pour y retrouver Mot-d'Amour, Viking et Lynx, et rassembler nos forces.

— Tu as raison ! C'est une bonne idée.

— Mandragore et Pilastre, passez d'abord à la décharge. Il faut savoir ce qui s'y passe. Et puis, nous aurons besoin de l'aide des chats qui dirigent les assemblées nocturnes dans les différents quartiers.

— Et toi ?

— J'accompagnerai demain Minjun à l'école, puis je l'emmènerai chez Sena. Mais surtout, n'oubliez pas, tous les deux : il faut absolument que vous arriviez chez Sena avant l'éclipse.

# LES ORDURES EN FOLIE

Le lendemain matin, Brin-d'Osier suivit Minjun qui partait pour l'école.

— Tu veux que je porte ton sac de gym ? demanda-t-il.

Aussitôt dit, aussitôt fait ! Brin-d'Osier récita *Bihi ! Bihi ! Bihi !* en dessinant des cercles avec sa patte. Le sac s'éleva illico dans les airs.

— Arrête ! s'écria Minjun. Si quelqu'un nous voit, on aura des ennuis.

— Qu'est-ce que ça peut faire ? C'est amusant, non ?

— Si mes copains me croient possédé par des démons, ils vont me mettre en quarantaine. Et qu'est-ce que je deviendrai, alors, tu peux me le dire ?

— En quarantaine ? Ça veut dire quoi ?

— Ils m'éviteront et ne voudront plus m'adresser la parole.

— Ils feraient ça ? Les humains sont vraiment bizarres ! marmonna Brin-d'Osier dans ses moustaches, sans pour autant faire retomber le sac de gym.

Minjun, qui commençait à s'impatienter, leva brusquement la main pour attraper son sac. Et pile à cet instant, quelqu'un derrière lui l'appela.

— Minjun !

C'était Hak-seob, l'un de ses camarades de classe.

— Pourquoi tu portes ton sac au-dessus de ta tête ?

— Ah, ça ? Je voulais juste me muscler un peu le bras...

Et sur cette réponse improvisée de justesse, Minjun essaya de tirer son sac vers lui. Mais, pas moyen ! Le sac s'obstinait à flotter en l'air. Minjun jeta un coup d'œil furtif à Brin-d'Osier qui se contentait de sourire, la gueule fendue jusqu'aux oreilles, les canines étincelantes.

— Ça te vexe à ce point d'avoir perdu le concours de bras de fer avec moi ? plaisanta Hak-seob.

— Tu appelles ça un concours ? Ce n'était qu'un jeu...

— Dans ce cas, pourquoi as-tu tout à coup besoin de faire de la musculation ? demanda Hak-seob d'un ton espiègle, en entourant de son bras l'épaule de Minjun. D'habitude, tu n'aimes pas particulièrement le sport.

Brin-d'Osier pouffa de rire. En entendant miauler, Hak-seob baissa les yeux vers lui.

— C'est ton chat ? demanda-t-il. Tu ne vas tout de même pas l'emmener à l'école ?

A ce moment-là, Brin-d'Osier murmura la formule magique. Et *pfft !* envolé !

Minjun récupéra son sac de gym qui atterrit doucement dans ses bras.

— Quel chat ? demanda-t-il, feignant l'innocence. Où as-tu vu un chat ? Tu dois avoir des hallucinations.

— Mais !... Il était là, il y a une seconde...

Comme Hak-seob, les sourcils froncés, jetait un regard circulaire autour de lui, les deux garçons entendirent une grande clameur en provenance de la cour de l'école.

— C'est quoi ce bruit ? demanda Minjun.

— Ils ont peut-être déjà commencé le match de foot. Allons vite voir !

Hak-seob, qui était fan de football, s'élança vers l'école. Avec un soupir de soulagement, Minjun le suivit à pas lents. Mais à peine arrivé à la grille, Hak-seob s'arrêta pile et se tourna vers Minjun.

— Regarde-les ! Qu'est-ce qu'ils font ?

Dans la cour régnait le chaos le plus total. Une multitude d'enfants couraient

dans tous les sens en poussant des hurlements, chacun remorquant derrière lui une longue traîne formée de détritus de toutes sortes. Alors que Minjun et Hak-seob assistaient, éberlués, à cette scène stupéfiante, ils sentirent de petits coups frappés derrière leurs talons. Ils se retournèrent et là, que virent-ils ? Sous leurs yeux de plus en plus ahuris, se rassemblaient cahiers et livres déchirés, crayons cassés, trousses abîmées, vieilles baskets, sachets de biscuits vides... Et tous ces déchets se déplaçaient seuls, comme s'ils étaient vivants !

— Au secours ! s'écrièrent ensemble Minjun et Hak-seob avant de s'engouffrer dans la cour.

Dae-hun, le cancre le plus paresseux et le plus turbulent de la classe, se précipita à leur rencontre. Au contraire des autres enfants pâles de frayeur, il avait le visage hilare. La situation lui semblait d'un comique irrésistible.

— Waouh, cria-t-il en agitant la main, je parie qu'on n'aura pas cours aujourd'hui !

Et il poursuivit sa course parmi les autres enfants.

— Qu'est-ce qu'il y a de si drôle ? bougonna Hak-seob, hors d'haleine.

— Dae-hun ? Il trouve tout amusant. Sauf, le travail, bien sûr !

— Tu parles comme c'est drôle ! Regarde un peu là-bas.

Devant le préau, dans un coin de la cour, deux fillettes étaient effondrées. C'étaient Jin-hui et Isseul. Jin-hui, les épaules secouées convulsivement, sanglotait ; Isseul claquait des dents, tremblante de peur. Encerclées par un tas de déchets, dont certains s'étaient même collés à leurs vêtements, elles étaient si effrayées qu'elles n'osaient plus faire un geste pour s'enfuir.

— On ne peut pas les laisser comme ça ! s'exclama Minjun en ralentissant le pas.

Mais Hak-seob, qui ne l'avait pas entendu, continuait à foncer vers le toboggan, dans la direction opposée.

Minjun, penché en avant, essaya de reprendre son souffle. Comme si elles n'avaient attendu que cette occasion, les ordures qui le suivaient en profitèrent pour s'agripper à lui.

— Brin-d'Osier, fais quelque chose ! cria-t-il à son chat invisible.

Dans son dos, il entendit un chuchotement. Une seconde plus tard, les détritus qui s'étaient agglutinés sur Jin-hui et Isseul se détachaient des deux fillettes et formaient une sorte de ballon qui s'envola dans les airs. Sans demander leur reste, Jin-hui et Isseul se relevèrent d'un bond et se ruèrent dans leur salle de classe. Les enfants qui galopaient dans la cour, poursuivis par les ordures, convergèrent également vers les classes.

— Qui est le garnement qui s'amuse à faire des choses pareilles ?

Le professeur d'éducation physique surgit dans la cour, un long bâton à la main. Avec sa coupe en brosse et sa voix autoritaire, on aurait dit un général prêt à sonner la charge. Le directeur, son adjoint et tous les enseignants sortirent de la salle des professeurs. Ils n'avaient pas l'air contents du tout. Quelle mouche avait donc piqué leurs élèves, pour qu'ils s'agitent de la sorte de si bon matin ?

Brin-d'Osier fit redescendre discrètement le tas de détritus qu'il avait expédié dans les airs. Dès qu'elles eurent touché le sol, les ordures se mirent à ramper en direction des salles de classe.

— Les enfants d'aujourd'hui ! s'exclama le directeur. Qu'est-ce qu'ils ne vont pas inventer ? Je ne les comprendrai jamais !

— Je suis bien d'accord avec vous, acquiesça son adjoint.

— Minjun, petit vaurien ! gronda la maîtresse, en fusillant le garçon du regard. Tu n'arrêtes pas de faire des bêtises depuis hier ! Qu'est-ce qui te prend ? Et qu'est-ce que c'est que toutes ces saletés sur toi ?

— Ce n'est pas ma faute ! Regardez ! répondit Minjun en désignant les ordures qui se dirigeaient en files vers les salles de classe. C'est elles qui se collent sur nous !

— Quoi ? Tu oses me mentir à présent ? Allez, entre en classe, et plus vite que ça !

Avec une grimace de dépit, Minjun obéit.

— Tout ça, c'est votre faute, les chats ! s'écria-t-il, furieux.

— Quoi ? répliqua Brin-d'Osier, vexé. On se donne un mal fou pour te protéger, et tu dis que c'est notre faute ? Très bien ! Si tu n'as pas besoin de moi, je m'en vais, salut !

Puis il y eut un long silence.

Bin-d'Osier était-il parti pour de bon ? Minjun regarda autour de lui d'un air inquiet. Sur le sol, à l'endroit où la couche de sable était plus épaisse, de petites traces de

pattes se dessinaient l'une après l'autre. Il fit semblant de ne pas y prêter attention et continua de marcher.

Dans la classe, le brouhaha était à son comble. Des

éclats de rire fusaient. Les enfants, rassurés de savoir que la même chose leur était arrivée à tous, bavardaient bruyamment d'une voix excitée. Qu'est-ce qu'il leur prenait, à ces ordures ? Elles étaient devenues folles ? Finalement, ils avaient eu tort d'avoir peur, tout ça était plutôt amusant !

Brin-d'Osier, assis sur le poste de télévision, à côté du tableau noir, observait les enfants. L'un portait un bout de chiffon sur la tête, l'autre une vieille pantoufle sur la joue, un autre encore était à moitié assis, une boîte de conserve collée à la fesse... Rien qu'à les voir, Brin-d'Osier avait envie de rire. Finalement, il ne put se retenir et s'esclaffa tout haut.

— Qui a poussé un miaulement ?

La maîtresse venait de faire son entrée, après avoir donné un grand coup de règle sur la porte. Elle était folle de rage.

— Silence !

Elle tapa plusieurs fois sur le bureau. Le vacarme cessa instantanément.

— Si je découvre le responsable de tout ce raffut, il sera puni, et sévèrement, je vous le promets ! Comme il est impossible de travailler dans ces conditions, vous allez tous rentrer chez vous et apprendre vos leçons. Et ne traînez pas en...

Mais personne n'entendit le reste de sa phrase. Une immense clameur de joie explosa. Impatientée, la maîtresse tapa de sa règle le tableau noir. Le bruit retomba sur-le-champ.

— A la place des cours, je vous donne un devoir à faire.

Le mot « devoir » fut accueilli par des huées et des sifflets.

— Nous en avons déjà parlé hier : il y aura une éclipse totale du soleil cet après-midi. Vous allez l'observer et décrire ce que vous aurez vu. Je vous dispense de nettoyage pour aujourd'hui. Vérifiez seulement que les portes et les fenêtres sont bien fermées, avant de partir. Et...

Les élèves se levèrent avec des cris, sans attendre la fin de la phrase. La maîtresse pointa sa règle vers Minjun, tout en formant avec ses lèvres des mots que personne n'entendit. On aurait dit une carpe. Que lui voulait-elle encore ? Qu'avait-il fait cette fois ? Minjun fronça les sourcils.

# LES GRANDES PERSONNES SONT BIZARRES

Minjun suivait le couloir, quelques pas derrière la maîtresse. De vieux stylos et des crayons cassés plantés dans ses cheveux comme des cornes le faisaient ressembler à un petit diable. Et ce n'était pas tout ! Son corps tout entier était recouvert de pelures de gomme, de vieux mégots et de feuilles déchirées. Dans son sillage, un cortège de détritus avançait à la queue leu leu.

Minjun chercha Brin-d'Osier du regard. A plusieurs reprises, il entendit un miaulement étouffé, chaque fois accompagné de l'apparition d'un bout d'oreille, de nez, de queue.

— Arrête, ordonna Minjun entre ses dents. Si la maîtresse te voyait ?

— Ce n'est pas grave. Même si elle m'aperçoit, elle fera semblant de ne pas me voir.

— Qu'est-ce que tu veux dire ?

— Les grandes personnes sont comme ça !

— Je ne comprends rien à ce que tu racontes ! gémit Minjun.

— Même si la maîtresse voyait un chat voler sous son nez, elle ne le croirait pas ! Elle penserait que c'est une illusion. Elle n'imaginerait pas une seconde que ça puisse être vrai.

— Là, tu as raison ! approuva Minjun, avec un petit rire involontaire.

— A ta place, je ne rirais pas ! s'exclama sèchement la maîtresse. Tu as vu dans quel état tu es ? Attends-moi ici.

Laissant Minjun devant la porte, elle entra dans la salle des professeurs. Minjun eut le temps d'apercevoir les enseignants, rassemblés autour d'une table, la mine grave.

— Arrange-toi pour que ça ne dure pas trop longtemps, fit la voix de Brin-d'Osier. Il ne faut pas arriver en retard chez Sena.

— Ça ne dépend pas de moi, figure-toi !

— C'est pour ça que tu ne dois absolument pas parler du jour d'Apophis ni des chats-ombres.

— Tu me prends pour un imbécile ? Pourquoi je leur parlerais de tout ça ? Ils me traiteraient de menteur et j'aurais des ennuis.

— Il ne faut pas non plus parler des ordures qui se baladent toutes seules comme si elles étaient vivantes.

— Je sais. Mais comment je vais expliquer cette histoire ? Je ne vais quand même pas dire que c'est ma faute !

— Pourquoi pas ? Explique que c'était une blague. Ils te feront copier cent fois : « Je ne ferai plus de blagues stupides à l'école », et on n'en parlera plus. Si tu veux, je pourrai même l'écrire à ta place.

— Quoi ? Tu veux que je dise que c'était pour rire ? Et si la punition est plus grave, tu prendras aussi ma place ?

— Ne t'inquiète pas, tu ne seras pas puni. Rappelle-toi le premier président des Etats-Unis, George Washington. Il est devenu un héros, simplement pour s'être accusé en toute franchise d'une faute devant son père. Tous les livres sur sa vie racontent cette histoire. On a admiré son honnêteté et on l'a présenté comme un modèle. Tu n'as qu'à l'imiter. Dis à ta maîtresse que c'est toi le coupable.

— Pas question ! Washington a avoué une bêtise qu'il avait vraiment commise. Moi, je n'ai rien fait de mal. Ce n'est pas juste !

— Tu préfères qu'on te garde ici jusqu'à ce soir ?

— Je ne veux pas avouer quelque chose que je n'ai pas fait.

Mais Minjun ne pouvait s'empêcher de réfléchir sérieusement aux paroles de Brin-d'Osier. Il savait que le plus important était de sortir d'ici le plus vite possible. Il fallait trouver un moyen de se tirer de ce mauvais pas, sans pour autant renoncer à sa dignité.

— Très bien, concéda Brin-d'Osier. Dans ce cas, tu n'as qu'à juste leur dire que c'est une blague.

— C'est déjà ce qu'ils pensent.

— Tu commences enfin à comprendre ! C'est exactement ça. Il faut leur dire ce qu'ils attendent. Mais le mieux serait encore de reconnaître que tu es le coupable.

— Pourquoi je dirais ça ? C'est faux. Je ne vois pas pourquoi je devrais mentir.

Minjun ne voulait pas s'accuser. Décidément, cette idée ne lui plaisait pas du tout ! Il se sentait pris au piège.

— Toutes les grandes personnes ont dans leur esprit une sorte de boîte, expliqua Brin-d'Osier. Ces boîtes n'ont pas toujours la même taille ni la même forme ; mais tout ce qui leur arrive, les grandes personnes essaient de le faire entrer dans cette boîte. Si, malgré tous leurs efforts, ça ne rentre pas, elles refusent d'y croire. Elles préfèrent se persuader que ça n'existe pas, tout simplement !

— Hum ! Tu as peut-être raison... Depuis quand tu es aussi intelligent ?

— A l'Ecole des Chats, on apprend ce genre de choses en jouant.

— En jouant ? Tu te moques de moi !

Brin-d'Osier pouffa de rire.

— Tu ne me crois pas parce que tu ignores que le jeu est une excellente méthode d'apprentissage. Il n'y a rien de plus important ni de plus merveilleux que le jeu. C'est ce que dit toujours Chaussettes, notre directeur. Alors, forcément, ça doit être vrai !

A cet instant, la porte de la salle des professeurs s'ouvrit. Le visage de la maîtresse apparut dans l'entrebâillement.

— Tu peux entrer, Minjun.

Minjun, d'un pas hésitant, obéit. Vif comme l'éclair,

Brin-d'Osier se faufila à l'intérieur avant que la porte se referme. Les maîtres étaient encore en pleine discussion.

— Toute cette histoire reste incompréhensible. Je n'arrive pas à croire qu'il s'agit d'une plaisanterie des enfants. Ils ont beau être nombreux, je les imagine mal capables de déplacer autant d'ordures en si peu de temps.

La maîtresse de musique, une grosse dame à la voix forte, était en train d'exposer son opinion avec véhémence. En la regardant attentivement, Minjun remarqua que de vieux papiers et des miettes de gomme pendaient au dos de sa chaise. Il ne put retenir un petit gloussement. Un maître près de lui s'en aperçut et lui lança un clin d'œil.

— Mme Kim a raison, intervint le professeur d'arts plastiques.

Dans le dos de tous les adultes présents, s'étiraient des ribambelles de tubes de rouge à lèvres vides, de copies d'examens en lambeaux, et autres vieilleries de ce genre.

— Vous voulez dire que les ordures sont vivantes et se promènent toutes seules ? s'écria le professeur d'éducation physique, en se redressant d'un bond. C'est ça votre hypothèse ?

— Mais non ! Je n'ai jamais affirmé une chose pareille, protesta la maîtresse de musique. Vous savez très bien où je voulais en venir. Tout ce que je dis, c'est qu'il faut faire confiance aux enfants.

— Ça revient au même, non ? rétorqua le professeur d'éducation physique, le regard furieux. S'il ne s'agit pas d'un mauvais tour des enfants, la seule explication c'est que les ordures sont ensorcelées ou possédées par des démons. Vous voyez une autre raison ?

En entendant cette conversation, Minjun se sentait bouillir. Instinctivement, il serra les poings et avança d'un pas. Il avait envie de hurler : « C'est exactement ça ! Les ordures sont ensorcelées ! » Mais Brin-d'Osier le tira par un pan de son tee-shirt et lui chuchota :

— N'oublie pas Sena !

Ils devaient se dépêcher d'aller chez Sena. Il n'y avait pas une minute à perdre.

Le maître de la classe voisine se tourna vers eux et inclina la tête, perplexe. Il avait cru entendre un miaulement, mais peut-être ses oreilles l'avaient-elles trompé.

— Allons, allons ! dit l'adjoint du directeur. Ça ne sert à rien de s'énerver. Ecoutons ce que l'un de nos élèves a à nous dire. Tu t'appelles Minjun, c'est ça ?

— Oui, monsieur.

— D'après ta maîtresse, tu as été le premier à remarquer des ordures éparpillées dans l'escalier. C'est exact ?

— Oui, monsieur.

— Bien, alors, raconte-nous ce que tu as vu.

Minjun jeta un coup d'œil vers sa maîtresse et hésita un instant.

— Presse-toi ! lui rappela Brin-d'Osier. N'oublie pas qu'il faut aller chez Sena. Fais comme je t'ai dit tout à l'heure.

Le maître de la classe voisine regarda de nouveau Minjun d'un air interrogateur. Celui-ci fixa son regard sur une colline, au loin, et se mit à parler d'une voix forte, comme si on lui avait demandé de lire dans un manuel de coréen, debout devant toute sa classe. Il raconta toute l'histoire, depuis la veille où il avait retrouvé des saletés dans l'escalier qu'il avait soigneusement nettoyé, jusqu'à l'invasion des ordures de ce matin. Il conclut :

— A mon avis, ce sont de vilaines personnes qui ont fait ça. Elles ne savaient pas où jeter leurs ordures et ont voulu s'en débarrasser. Je ne crois pas que des enfants puissent transporter autant de détritus, ce serait trop difficile.

Ses explications terminées, Minjun guetta la réaction des maîtres. Le professeur d'éducation physique se leva brusquement en frappant la table d'un grand coup de poing, le visage rouge de colère. Minjun sentit son estomac faire des nœuds.

— Mais bien sûr ! s'écria le professeur. Pourquoi n'y avons-nous pas pensé plus tôt ? Il a raison, ce garçon. Comment ont-ils osé jeter leurs ordures dans notre école ? Quels ignobles individus !...

Serrant les dents, il s'efforça, non sans mal, de contenir sa rage.

— Monsieur le directeur, reprit-il, laissez-moi prendre mon tour de garde cette nuit. Je démasquerai les coupables. Je tiens absolument à les attraper.

Les autres maîtres, toutefois, n'étaient pas tous d'accord et tenaient à exprimer leur avis. Certains hochaient la tête en signe d'approbation, d'autres affichaient un air de doute. Minjun poussa intérieurement un soupir de soulagement.

— Puisqu'il le dit, conclut l'adjoint du directeur, j'imagine que c'est tout à fait possible. C'est bien Minjun, ton nom ? Tu es un garçon intelligent.

Et son visage s'éclaira d'un grand sourire de satisfaction, comme si le problème était résolu une fois pour toutes !

— On ne peut pas traiter cette affaire à la légère, ajouta le professeur d'éducation physique, haussant de nouveau la voix. Il faut à tout prix arrêter les criminels !

— Nous en discuterons entre nous plus tard, répondit le directeur. Pour l'instant, laissons partir ce jeune garçon. Tu peux rentrer chez toi, Minjun.

La maîtresse de Minjun se leva et, donnant une petite tape affectueuse sur la tête de son élève, dit :

— Tu as été très bien, Minjun. Va-t'en vite maintenant, et n'oublie pas d'observer l'éclipse solaire.

Minjun la salua en inclinant la tête et, sans demander son reste, se hâta de quitter la salle. Dans le couloir, des détritus vadrouillaient tranquillement.

— Les grandes personnes sont vraiment bizarres, remarqua Brin-d'Osier avec un petit rire. Elles ne voient pas ce qui se passe juste sous leur nez. Même si c'est évident ! Une fois qu'elles ont réussi à faire entrer de force un problème dans leur petite boîte, elles s'imaginent qu'elles ont tout résolu.

— Pfft ! Tu l'as dit, bougonna Minjun. Si tu avoues la vérité, on te gronde, et si tu mens, on te félicite pour ton intelligence...

Il renvoya d'un coup de pied la canette qui roulait vers lui. Elle dégringola l'escalier avec un bruit de ferraille.

# Les portes du Royaume des Morts

— Bonté divine ! Qu'est-ce que c'est que ça ?

Ahurie, la mère de Sena se figea devant l'évier, la bouche grande ouverte. L'évier débordait de couverts rouillés et d'assiettes ébréchées. De la vaisselle qu'elle avait jetée depuis des lustres ! Un frisson lui parcourut le dos.

— Ouh... ouh... ouh !

Dans la pièce voisine, Sena s'était brusquement mise à crier, accompagnée de Clochette qui miaulait d'une voix plaintive.

— C'est Sena qui pleure ? Que lui arrive-t-il ? Ah oui, j'avais oublié.

La mère de Sena se ressaisit aussitôt. C'était son jour de congé, et la tante de Sena, qui s'occupait d'habitude de la petite, en avait profité pour sortir voir une amie. Elle courut au salon et prit sa fille dans ses bras.

— Sena, qu'est-ce que tu as ?

L'enfant, serrant Clochette contre son cœur, continuait à gémir, tout en désignant du doigt la porte du séjour : un vieil oreiller en forme de tête de chat y était collé.

— Oh, mais on dirait ton oreiller de quand tu étais petite ! remarqua sa mère.

Mais pour Sena, cet objet était bien plus qu'un oreiller. Elle l'avait adoré. Longtemps, elle avait joué avec, le traînant derrière elle, lui tirant les oreilles, refusant de s'en séparer de nuit comme de jour.

— Mais que fait-il ici ? s'étonna la jeune femme.

S'apprêtant à sortir dans la cour, elle s'arrêta net et se pinça le nez. La cour était remplie d'ordures qui dégageaient une odeur épouvantable. Vieilles chaussures, cartons de lait, bouteilles vides, vaisselle cassée, et même un frigo en panne ! Tout un assortiment d'immondices qui se dandinaient lentement en direction de la maison, comme s'ils avaient l'intention d'entrer dans le salon.

La mère de Sena se frotta les yeux, incrédule. Voilà que ça recommençait ! A tous les coups, elle avait encore des hallucinations ! Elle faillit pousser un cri : une chaussure avachie s'avançait vers elle d'un pas lent.

Non loin de là, Mot-d'Amour, Viking et Lynx montaient la garde autour de la maison de Sena. Le cri de Sena et le miaulement de Clochette les firent sursauter. Il se passait quelque chose d'anormal.

— Les chats-ombres ne se sont pas encore montrés. Nous n'avons pas relâché notre surveillance une seule seconde, et nous n'avons rien vu.

— Il faudrait peut-être aller voir à l'intérieur, qu'est-ce que tu en penses, Mot ?

— Si nous débarquons tous ensemble, la mère de Sena va avoir peur...

— Vas-y seule, alors, suggéra Viking. Toi, elle te connaît déjà.

— D'accord, acquiesça Mot-d'Amour en hochant la tête. J'y vais la première. Vous, vous restez ici, et gardez l'œil ouvert.

Elle pénétra dans la cour. En la voyant, la mère de Sena poussa un cri de surprise.

— Mot-d'Amour, c'est bien toi ? Que fais-tu ici ?

La mère de Sena était ravie de revoir la chatte, qu'elle avait prise en affection du temps où celle-ci fréquentait le bureau de poste. Mot-d'Amour se jeta dans ses bras en ronronnant. Elle essaya avec force mimiques de lui expliquer qu'elle était venue avec ses amis pour protéger Sena. Mais tout ce qu'entendait la mère de la petite fille, c'étaient des miaulements incompréhensibles.

— Oui, toi aussi, tu m'as manqué ! J'ai été si triste quand tu as disparu d'un seul coup... Mais tu vois un peu ce qui se passe ici ? Je n'y comprends rien...

Pendant ce temps, Minjun arrivait enfin sur les lieux et rejoignait Viking et Lynx. En voyant Brin-d'Osier sur ses talons, les deux compères poussèrent des miaulements soulagés.

— Dépêche-toi, Brin-d'Osier ! On dirait qu'il se passe quelque chose de louche chez Sena.

— Qu'est-ce que vous attendez pour aller voir ? Où est Mot ?

— Elle est déjà à l'intérieur, répondit Viking, qui ajouta en regardant Minjun : C'est lui, Minjun ?

Brin-d'Osier se contenta d'esquisser un sourire.

— Oui, c'est moi, Minjun, dit le garçon. Tu dois être Viking, et toi, Lynx, c'est ça ? Brin-d'Osier m'a beaucoup parlé de vous.

Au même instant, la mère de Sena, accompagnée de Mot-d'Amour, franchissait le portail de la cour. Au milieu de tous ces miaulements, elle avait cru reconnaître une voix familière. Son cœur bondit de joie.

— Bonjour, madame ! la salua poliment Minjun.

— Ah, Minjun, tu es là ! s'écria la mère de Sena avec chaleur, saisissant la main du petit garçon. Je ne m'étais pas trompée. Je savais bien que c'était ta voix. Entre donc ! Mais que font tous ces chats ici ?

— Lui, c'est Brin-d'Osier qui habitait chez moi, avant. Les deux autres sont des amis à lui.

— Et eux, là-bas ? interrogea la mère de Sena en désignant du doigt le fond de la ruelle.

Brusquement inquiet, Minjun tourna la tête, aussitôt imité par Brin-d'Osier. Les chats-ombres étaient-ils déjà arrivés ? Ouf ! Fausse alerte ! Ce n'étaient que Mandragore et Pilastre, accompagnés de plusieurs chats inconnus.

— Enfin, vous voilà ! s'exclama Brin-d'Osier. Vous arrivez pile ! Mais qui sont ces chats ? Ils sont venus en renfort ?

Mandragore et Pilastre miaulèrent en hochant la tête.

— C'est toi qui as amené tous ces chats, Minjun ? demanda à son tour la mère de Sena. Rentrons vite. La cour est un peu sale, à cause de tous ces déchets, mais tant pis...

— Vous avez dû avoir peur, non ? dit Minjun avec gentillesse. Notre école aussi est pleine de saletés. C'est pour ça qu'on nous a laissés partir plus tôt.

— Ah, je comprends ! Je me disais aussi... Je trouvais bizarre de te voir avant l'heure de la sortie. Mais qu'est-ce qui se passe aujourd'hui ? J'avoue que je suis un peu perdue.

A peine entré dans la cour, Pilastre entreprit de la débarrasser des ordures qui s'y amoncelaient. Il murmura *Bihi ! Bihi ! Bihi !* et hop ! le vieux frigo se souleva de toute sa masse dans les airs. Les autres chats, responsables des assemblées nocturnes de leurs quartiers, récitèrent à leur tour la formule. En un clin d'œil, les détritus se regroupèrent et, flottant au-dessus du sol, sortirent en file indienne par le portail.

La mère de Sena regardait, les yeux écarquillés.

— Entrons, maintenant, dit Minjun en la tirant par le bras.

— Oui, oui... c'est... c'est ça, entrons, bredouilla-t-elle.

Sans lâcher son bras, Minjun la conduisit à l'intérieur, suivi de Brin-d'Osier et de tous ses compagnons. La mère de Sena fixait d'un regard vague la main de Minjun serrée sur son bras. Puis, comme frappée d'une idée soudaine, elle s'exclama :

— Si mon fils était encore en vie... il aurait ton âge, maintenant.

— Votre fils ?

— Il y a longtemps, j'ai eu un fils... Le frère aîné de Sena... Il est mort à sa naissance... Pourquoi est-ce que je repense à tout ça ? C'est sûrement à cause de ces choses étranges qui arrivent depuis quelque temps.

Elle regarda Minjun avec un petit sourire peiné. Puis, tout à coup, son visage pâlit, son corps fut secoué d'un violent frisson. Minjun, étonné, suivit la direction de son regard. Et ce qu'il vit le fit lui aussi sursauter. Sur la porte vitrée, se reflétait vaguement le visage d'un bébé dont les grands yeux tristes fixaient la mère de Sena.

— Ouh... ouh... ouh... ! cria de nouveau Sena, qui n'avait pas quitté le séjour.

Brin-d'Osier et Mot-d'Amour se précipitèrent vers elle.

Dès qu'elle vit Mot-d'Amour, Clochette miaula de joie. Elle avait beau vivre séparée de sa sœur jumelle depuis leur plus tendre enfance, elle la reconnut sans l'ombre d'une hésitation. Mot-d'Amour s'approcha de sa sœur et frotta affectueusement sa truffe contre la sienne.

— Mon... mon bébé ! balbutia la mère de Sena. Elle tomba à genoux, le regard rivé sur la porte. Mon bébé, viens voir maman !

Les yeux remplis de larmes, elle tendait les bras vers le reflet du nourrisson qui tremblotait sur la vitre. Le bébé sourit, drapé d'une faible lueur verte, et s'approcha d'elle. Minjun, bouche bée, recula de quelques pas. Comme l'enfant rejoignait les bras de sa mère, son image jeta un éclat plus vif avant de s'évanouir tout à fait. La mère de Sena fondit en larmes.

— Excuse-moi, Minjun, dit-elle d'une voix entrecoupée. Je vais me reposer dans ma chambre. Veux-tu rester un moment avec Sena ? Sa tante n'est pas là aujourd'hui...

Elle entra dans sa chambre en chancelant, comme si son âme avait déserté son corps.

— On dirait que l'éclipse a commencé, murmura Mot-d'Amour. Il fait déjà presque nuit.

Au-dehors, le ciel s'assombrissait.

# JE TE SAUVERAI

— Qui était ce bébé, tout à l'heure ? demanda Viking.

— Ce devait être le frère de Sena, j'imagine, répondit Minjun, encore tout frissonnant de peur. Celui qui est mort à sa naissance...

— Comment un bébé mort peut-il réapparaître en plein jour ? s'étonna Lynx.

— On a dit que le jour d'Apophis, ce qui n'existait plus dans ce monde revenait à la vie, suggéra Mot-d'Amour en guise d'explication.

— Mais le retour d'un enfant mort n'a rien à voir avec celui des ordures, quand même ! répliqua Lynx, toujours pas convaincu.

— Attendez une minute ! dit Brin-d'Osier, qui faisait un effort pour se souvenir du traité de magie du professeur Barbu. Vous vous rappelez le passage qui parle des portes du Royaume des Morts ? Il était écrit qu'elles s'ouvriraient pendant l'éclipse. C'est par là que le petit mort est revenu.

— Ce qui veut dire que les portes du Royaume des Morts sont ouvertes ? répéta Mandragore, en jetant un regard inquiet vers la fenêtre. J'en ai la chair de poule !

L'obscurité envahissait la cour jusque dans les moindres recoins. L'éclipse avait bel et bien commencé.

C'est alors qu'une voix ironique, ponctuée d'applaudissements, tonna dans leur dos.

— Ha ha ha ! Aladin a réussi à vous expliquer ça ? Il a dû se donner beaucoup de mal pour en arriver là !

La voix leur était malheureusement familière ! Brin-d'Osier et ses compagnons, le poil hérissé, firent brusquement volte-face. Derrière eux, Ali-Baba, flanqué d'une ombre sinistre, les observait d'un œil moqueur. Depuis quand était-il là ? Viking se tassa sur lui-même en grondant, prêt à l'attaque. Une faible lumière perça l'obscurité de la pièce et la voix d'Ali-Baba leur parvint, comme un écho lointain :

— Hé, du calme ! Je n'ai pas l'intention d'en finir avec vous dans un endroit aussi peu digne de moi.

Et soudain, ils n'étaient plus chez Sena. Une gigantesque grotte s'ouvrait devant eux, pareille à la gueule noire d'un monstre terrifiant. A l'intérieur, comme formées par des coulées de lave, les parois rocheuses, dans plusieurs teintes de gris, ondulaient comme des vagues. On se serait cru à l'intérieur des boyaux d'un animal géant.

Muets de surprise, Minjun et ses compagnons regardèrent autour d'eux. Des ombres noires de chats les encerclaient de toutes parts.

Minjun se sentit tout à coup envahi d'un sentiment étrange. Il lui semblait que « l'autre », celui qui vivait en lui depuis longtemps, se mettait à grandir. Une sensation mystérieuse tourbillonnait dans son cœur avec violence. C'était comme un mélange de tristesse, de regret et d'indignation qui parcourait son corps, chamboulant tout sur son passage.

Il entendit Sena murmurer d'une petite voix :

— Je...

— Quoi ? fit Minjun en lui saisissant le bras. Qu'est-ce que tu dis ?

— Je... je...

Sa voix était si faible que Minjun n'arrivait pas à saisir ce qu'elle voulait dire.

C'est alors que se produisit un phénomène incroyable. Pendant que Sena essayait de parler, une forme vague s'échappa de son corps et flotta un court moment dans l'air. Puis la même chose arriva à Mot-d'Amour. Avant que Minjun et Brin-d'Osier aient eu le temps de comprendre ce qui se passait, les deux formes s'évanouirent dans les profondeurs obscures de la grotte. Tout s'était déroulé en moins d'une seconde.

— Sena !

Minjun secoua la petite fille, dont le corps était devenu aussi raide que du bois.

— Mot ! s'écria Brin-d'Osier, saisi de panique.

Mais Mot-d'Amour ne réagissait pas non plus. Son

corps s'était durci, comme celui d'un chat empaillé. Désespéré, Brin-d'Osier se tourna vers Minjun. Celui-ci comprit qu'il était temps d'agir. Mais que faire ? Et comment ? Il n'en avait aucune idée.

— La phrase ! Dis-la, maintenant ! le pressa Brin-d'Osier d'un ton affolé.

— Quelle phrase ?

— Celle que le Chat-Soleil avait dite à la Chatte-Terre.

— Ah oui, tu as raison. C'est ce qu'il faut faire.

Minjun rassembla ses idées éparpillées par la peur. Il saisit les mains inertes de Sena. Elles étaient glacées. Il lui chuchota à l'oreille le serment du Chat-Soleil :

— Je te sauverai des ténèbres ! Je te sauverai des ténèbres !

A mesure qu'il prononçait ces mots, le mystérieux sentiment qui l'étreignait se faisait de plus en plus intense. Lorsqu'il récita la phrase pour la troisième fois, il se sentit aspiré au cœur d'un profond tourbillon. Au même instant, il se passa la même chose que pour Sena et Mot-d'Amour : des silhouettes floues sortirent des corps de Minjun et de Brin-d'Osier avant de s'effacer, happées par les ténèbres de la grotte. Tout se passa à la vitesse de l'éclair.

Mandragore, Viking et Lynx demeuraient interdits. Même Ali-Baba, qui pourtant aurait dû s'en réjouir, semblait déconcerté.

— Brin-d'Osier et Mot-d'Amour ? grommela-t-il dans ses moustaches.

Il n'en croyait pas ses yeux !

— Stapha ! Tu as gagné ! s'exclama-t-il. Tu as trouvé les chats de la prophétie...

Il lança un regard mauvais à Mandragore et ses compagnons.

— Il a eu de la chance, reprit-il. Mais ça n'ira pas plus loin. Viking, tu crois peut-être que vous arriverez à protéger ces quatre malheureuses marionnettes sans âme ? Grrr ! Pauvres innocents, préparez-vous à une sacrée surprise !

Sur ces menaces, Ali-Baba leva brusquement la patte. Aussitôt, les ombres noires qui les entouraient se transformèrent en serpents et s'approchèrent. Les horribles bêtes se jetèrent sur les quatre corps pétrifiés.

— O... din ! cria Viking.

Il bondit sur les attaquants et les frappa d'un puissant coup de patte. De son côté, Lynx se mit à distribuer des coups de dents et de griffes, envoyant ses adversaires rouler sur le sol. Quant à Mandragore, il essaya de faire appel à la magie de cristal, mais sans succès. Le pendentif accroché à son cou n'émettait plus aucune lumière. Comment cela se faisait-il ? se demanda-t-il, perplexe. Ah, mais oui ! C'était à cause de l'éclipse. On l'avait prévenu que le cristal perdait son pouvoir à ce moment-là.

Pendant ce temps, un serpent noir en avait profité pour enrouler ses anneaux autour du corps immobile de Minjun. Il ouvrit sa gueule béante, découvrant ses crocs venimeux.

— Non ! hurlèrent d'un seul miaulement Mandragore et Viking.

L'attaque avait été si rapide qu'ils n'avaient pas eu le temps de réagir.

Encore une seconde et les crochets empoisonnés du serpent allaient mordre Minjun.

Mais juste à ce moment, retentit le cri perçant d'un oiseau. Un faucon géant, auréolé d'une vive lumière, s'abattit sur le serpent et lui planta sauvagement son bec acéré dans le crâne. Le reptile s'effilocha et s'évapora dans les airs.

Soulagés, Mandragore, Viking et Lynx poussèrent un gros soupir.

— Ouf ! Je suis arrivé à temps ! fit une voix au-dessus d'eux.

D'un vol puissant, le faucon descendit et, à la seconde où ses pattes touchèrent le sol, il se métamorphosa en chat. C'était un majestueux chat abyssin aux allures de lionne.

Mandragore, Viking et Lynx, stupéfaits, fixaient le nouveau venu. Ses moustaches et ses favoris blancs, ses yeux brillants lui donnaient une expression à la fois de

bonté et de sagesse. Le professeur Ultra, de la classe des Chats sauvages, était aussi un chat d'Abyssinie ; mais son aspect à lui était féroce et intimidait ses élèves. Ce chat-là dégageait une impression tout à fait différente.

— Qui... qui es-tu ? balbutia Ali-Baba, stupéfait. D'où diable sors-tu ?

— Je m'appelle Machen. Si tu veux savoir qui je suis, demande au Chat Noir. De tous les chats qui ont pris part à la bataille de la Grotte de Cristal, il y a mille ans, Stapha, le Chat Noir et moi sommes les seuls survivants. J'avais promis de revenir le jour d'Apophis. Mais en attendant, j'étais parti faire un long voyage.

Machen parlait d'une voix empreinte de gravité. Ainsi, c'était lui, le héros légendaire dont on leur avait tant vanté les exploits à l'Ecole des Chats ! Il était là, devant eux ! Mandragore, Viking et Lynx poussèrent un cri d'admiration.

— C'est vous le chat qui était parti en pèlerinage ? demanda Lynx timidement.

Machen se tourna vers lui et hocha la tête.

— C'est exact ! Je vois que vous avez entendu parler de moi, répondit-il. Comment va le professeur Stapha ?

— Chaussettes... le directeur, vous voulez dire ? Il va très bien. Nous sommes des élèves de l'Ecole...

— Je sais, coupa Machen. Je l'ai deviné en voyant les pendentifs de cristal à vos cous.

Ali-Baba les foudroya du regard. Il était vert de rage. Machen et les autres chats ne faisaient même plus attention à lui. Ils semblaient totalement absorbés par le plaisir de leur conversation. Il s'écria d'une voix coléreuse :

— Ce n'était pas la peine de revenir, Machen, tu ne pourras pas grand-chose ! Vous aurez beau fouiller dans tous les manuels d'histoire, personne n'a jamais ramené quelqu'un du Royaume des Morts. De toute façon, il y a là-bas une sorte de loup de l'Arctique qui empêche les intrus d'approcher. Machen, tu ne perds rien pour attendre ! Quant à vous, les petits, on se reverra.

Sur ces mots, Ali-Baba prit soudain l'apparence sinistre d'un loup et partit au galop vers le fond de la grotte.

— Tu peux toujours me menacer, Ali-Baba, je ne te crains pas ! cria Machen derrière son dos. Tu oublies que j'ai accumulé toute la sagesse du monde, pendant presque mille ans, pour m'en servir aujourd'hui. Avec moi, les choses vont se passer différemment, tu peux me croire !

Transformé de nouveau en un rapace flamboyant, il s'envola d'un coup d'aile à la poursuite d'Ali-Baba.

— Vous, les jeunes, cria-t-il aux chats, restez ici et occupez-vous de vos amis. Je vous fais confiance. Vous êtes parfaitement capables d'affronter quelques minables chats-ombres, non ?...

Sa voix se perdit dans les profondeurs obscures de la grotte, laissant traîner derrière elle un long écho sonore.

Mandragore et Lynx poussèrent une vigoureuse acclamation. Machen les avait tellement épatés, ils se sentaient prêts à faire mordre la poussière à leurs plus terribles ennemis ! Mais Viking inclina la tête d'un air songeur.

— Viking, à quoi penses-tu ? Tu as l'air bien absorbé !

— Je pense à ce qu'a dit Ali-Baba tout à l'heure, que personne n'avait jamais réussi à ramener quelqu'un du Royaume des Morts. Que voulait-il dire par là ? Machen avait l'air de savoir.

— Moi aussi, je me suis posé la question, dit Lynx. Qu'est-ce que tout cela signifie ?

— On le découvrira plus tard, dit Mandragore, en rassemblant son courage. Nous demanderons à Machen quand il reviendra. En attendant, nous devons rester vigilants pour protéger nos amis.

Et il jeta un regard autour de lui. De toutes parts, les ombres noires avaient lentement recommencé à se rassembler autour d'eux.

# LE DRAGON-CANDÉLABRE

Minjun et Brin-d'Osier se retrouvèrent dans une plaine immense, couverte de neige. Pas le moindre rayon de soleil n'éclairait ce paysage. Seule la neige brillait d'une lueur blanchâtre au cœur de l'obscurité. Un froid terrible s'en dégageait, donnant à Minjun la chair de poule.

— Où sommes-nous ? demanda-t-il d'une voix inquiète. Qu'est-ce qui nous est arrivé, Brin ?

Le chat scruta les alentours, l'air songeur, puis, contemplant le ciel, murmura :

— J'ai bien peur que nous soyons au Royaume des Morts.

— Tu veux dire que nous sommes morts ?

— Non, pas exactement. Nous ne sommes pas morts, c'est sûr... Ce qui signifie que les âmes des vivants peuvent pénétrer dans le Royaume des Morts.

— Comme Orphée ?

— Orphée ? Qui c'est ?

— C'est un musicien dans la mythologie grecque. Il est descendu aux Enfers pour aller chercher sa femme Eurydice, mordue mortellement par un serpent.

— Est-ce qu'il y est arrivé ?

Brin-d'Osier ravala sa salive, les yeux brillants de curiosité.

— Oui, mais il avait promis de ne pas se retourner, quoi qu'il arrive, avant d'avoir quitté avec elle le Royaume des Morts. Mais il n'a pas pu s'en empêcher, il voulait tellement revoir le visage de sa femme ! Du coup, il l'a perdue pour toujours.

— Personne n'a jamais réussi à ramener un être à la vie ? insista Brin-d'Osier, attristé par cette histoire. Tu es sûr qu'il n'existe aucun exemple d'un mort revenu parmi les vivants ?

Minjun fronça les sourcils en fouillant sa mémoire à la recherche des contes et légendes qu'on lui avait racontés.

— Euh, voyons... si j'arrive à me rappeler...

— Réfléchis bien.

— Ah oui ! J'ai trouvé ! Il y a l'histoire de la princesse Barideki.

— Qui est-ce ?

— Une princesse d'une légende coréenne. Elle avait été abandonnée par ses parents. Un jour, son père est tombé gravement malade. Alors elle s'est rendue au Royaume des Morts pour chercher un médicament capable de le sauver. Là-bas, elle a épousé le gardien de l'Eau de Vie et, grâce à son sacrifice, elle a pu rapporter un peu de cette eau à son père. Il était mort entre-temps, mais elle l'a ramené à la vie !

— Hum ! Cette histoire-là au moins me redonne un peu d'espoir !

— Tu espères que nous sortirons d'ici vivants ?

— Pas seulement ça. Nous avons aussi des morts à ramener avec nous.

— Des morts ? Mais de qui tu parles ?

Perplexe, Minjun dévisagea Brin-d'Osier. Le chat jeta un coup d'œil vers le ciel obscur et dit :

— C'est étrange. Depuis que nous sommes arrivés ici, j'entends des voix qui murmurent à mes oreilles. Plein de voix. Elles disent que le Chat-Soleil doit faire sortir la Chatte-Terre du Royaume des Morts.

— Qu'est-ce que c'est que cette histoire ? Qui est le Chat-Soleil ? C'est toi, Brin ?

Minjun, complètement dépassé, regardait son chat d'un air perdu. Celui-ci le contempla un moment avant de déclarer :

— Mais non, gros bêta ! Le Chat-Soleil, c'est toi !

— Moi ?

— Tu m'as très bien compris !

— Je suis le Chat-Soleil...

Minjun s'interrompit tout à coup et pressa ses poings sur sa poitrine. A la seconde même où il avait prononcé la phrase « Je suis le Chat-Soleil », il s'était senti envahi d'une soudaine bouffée de chaleur qui se répandit dans tout son être comme un feu de forêt.

— Qu'est-ce qui t'arrive ? demanda Brin-d'Osier, inquiet. Tu as mal quelque part ?

— Non, ce n'est rien, ça va déjà mieux, répondit Minjun en redressant le torse avec une grimace.

— Il fait trop froid ici, dit Brin-d'Osier en frissonnant.

Dépêchons-nous. D'après le livre, les portes du Royaume des Morts ne s'ouvrent que pendant les éclipses solaires. Elles se refermeront peut-être dès que l'éclipse sera terminée.

— Mais où allons-nous trouver la Chatte-Terre ? demanda Minjun.

Il jeta un regard circulaire sur la plaine qui s'étendait à perte de vue.

— Il faut prendre la direction que te dicte ton cœur... répondit Brin-d'Osier, comme si une petite voix lui soufflait la réponse. A mon avis, c'est par là.

Sans plus attendre, Minjun se mit en route. Ils ne pouvaient se permettre d'hésiter plus longtemps. Mais la couche de neige qui recouvrait le sol était si épaisse qu'elle rendait leur marche difficile. Bientôt Minjun se sentit les jambes lourdes et glacées ; elles n'allaient pas tarder à refuser de lui obéir. Le froid était si coupant que ses pieds rougis avaient commencé à enfler. Quant à ses mains, complètement gelées, il n'arrivait même plus à les bouger. Et la neige tombait si fort qu'il avait du mal à garder les yeux ouverts. Pourtant, il savait qu'il devait continuer d'avancer avec courage, sans faiblir.

C'est alors qu'ils entendirent un hurlement dans le lointain. Ils s'accroupirent dans la neige, épouvantés. Le cri se rapprocha. Tout à coup, une forme noire surgit devant eux.

C'était un loup de l'Arctique, grand comme une montagne. Ses yeux immenses jetaient des flammes rougeoyantes. Brin-d'Osier arqua l'échine. Sa queue se dressa droit en l'air. Prêt à l'attaque, il gronda avec toute la férocité dont il était capable. Derrière lui, Minjun, tremblant de peur, claquait des dents. Pauvre Brin-d'Osier ! Ne voyait-il pas qu'il était loin de faire le poids contre ce monstre ?

— Vous vous êtes plutôt bien débrouillés jusqu'à présent. Bravo, les mômes ! Mais pour vous, le voyage s'arrête ici. Cette neige sera votre linceul.

C'était la voix d'Ali-Baba.

— Ne fais pas le malin ! jeta Brin-d'Osier avec rage.

Dans un éclaboussement de neige, il bondit sur le loup. Mais son adversaire n'eut qu'à brandir une patte de devant, et Brin-d'Osier s'affala de tout son poids sur le sol.

— Il y a un proverbe qui dit que le chiot n'a pas assez d'expérience pour avoir peur du tigre, railla Ali-Baba. On dirait qu'il est fait pour toi, non ?

Les yeux étincelants s'approchèrent lentement de Brin-d'Osier, toujours à terre. Une terrible odeur de fauve le prit à la gorge.

— Sauve-toi, Brin ! hurla Minjun. Cours !

A cet instant précis, avec un cri strident, un faucon géant descendit en piqué et enfonça impitoyablement ses serres dans l'échine du loup.

— Partez vite ! ordonna-t-il.

Aussitôt dit, aussitôt fait ! Sans un regard en arrière, Minjun et Brin-d'Osier prirent leurs jambes à leur cou. Derrière eux, les échos du combat entre le loup et le faucon moururent peu à peu, étouffés par la tempête de neige.

Ils ne savaient plus depuis combien de temps ils marchaient. Les violentes rafales de neige se calmaient peu à peu. Encore un moment qui leur parut interminable, et la lueur limpide des étoiles commença à se refléter sur la neige. Le ciel était maintenant complètement dégagé. Minjun et Brin-d'Osier poursuivaient leur chemin. Bientôt le paysage alentour s'éclaira d'une splendide lumière aux multiples couleurs.

— Oh, regarde ! s'écria Brin-d'Osier.

Minjun, épuisé, leva à grand-peine la tête.

— Que c'est beau !

Dans le ciel nocturne, un gigantesque dragon volait, son long corps ondulant gracieusement. Du bout de sa queue jusqu'à sa tête, ses innombrables pattes portaient chacune une chandelle allumée. Ces chandelles rappelèrent à Brin-d'Osier la colonne de cristal sur le bureau du directeur de l'école. Leur lumière formait un voile vaporeux, suspendu dans le ciel comme un rideau aux couleurs changeantes.

Tandis que Minjun et Brin-d'Osier contemplaient ce

spectacle, la douce mélodie d'une harpe vint caresser leurs oreilles. Avec un sourire de bonheur, ils glissèrent tout doucement dans le sommeil, sans même résister. Ah ! C'était donc ça, mourir, songèrent-ils. Finalement, ce n'était pas si effrayant ! A mesure qu'ils sombraient plus profondément dans le sommeil, la douce musique et la lumière multicolore se dissipaient dans le lointain.

— Hé ho, les enfants, il ne faut pas vous endormir !

Le son étouffé d'une voix angoissée leur parvint à travers les dernières notes de la mélodie.

Comment ça, ne pas dormir ? pensèrent-ils ensemble. Pas question ! Qu'on nous laisse en paix ! Qui osait perturber aussi grossièrement ce moment de tranquillité ?

— Réveillez-vous, surtout ne dormez pas ! répéta la voix.

Elle s'enfla, de plus en plus impérieuse, jusqu'à ce que Minjun et Brin-d'Osier l'entendent tout près de leurs oreilles. Ils se réveillèrent en sursaut. En ouvrant les yeux, ils virent une lionne. Ou plutôt, non ! Un chat abyssin aux yeux clairs et aux favoris blancs, qui faisait penser à un fauve.

— Une minute de plus, et c'était trop tard ! leur dit-il. Je m'appelle Machen.

— Ma... Machen ? balbutia Brin-d'Osier, les yeux encore embrumés de sommeil.

— J'étais un élève de Stapha. Je suis revenu de mon pèlerinage.

Aussitôt, Brin-d'Osier se détendit ; ses joues reprirent des couleurs.

— Ah, je vois ! C'est vous qui vous êtes frotté le nez avec le directeur...

— C'est exact. Je viens de faire la connaissance de tes amis.

— Je suis si heureux que vous soyez revenu ! J'avais hâte de vous rencontrer !

Brin-d'Osier pointa de la patte le dragon lumineux qui disparaissait dans le ciel et reprit :

— En regardant ce dragon avec toutes ses chandelles, je me suis endormi sans m'en apercevoir. J'avais l'impression de mourir.

— C'est le Dragon-Candélabre. Les humains l'appellent Aurore. Si on se laisse ensorceler par lui et qu'on s'endorme, on ne peut plus jamais ressortir du Royaume des Morts.

— Oh là là ! On l'a échappé belle, alors ! marmonna Minjun entre ses dents.

Machen le dévisagea.

— Ainsi, c'est toi le Chat-Soleil ! Tu dois poursuivre ta route. Elle sera dure, mais tu dois à tout prix aller jusqu'au bout. Vite, partez tous les deux. D'ici peu, vous rencontrerez le Chevalier Noir. Je vous rejoindrai bientôt.

Et Machen, de nouveau métamorphosé en faucon, s'envola d'un battement d'ailes.

Minjun et Brin-d'Osier se remirent en route. Plus ils avançaient, plus le manteau neigeux qui recouvrait le sol s'amincissait. Au bout d'un moment, une solide couche de glace l'avait remplacé. La marche devint plus aisée. Minjun et Brin-d'Osier pressèrent le pas.

# LES LARMES DU CHEVALIER NOIR

Après avoir parcouru une longue étendue de plaine glacée, Minjun et Brin-d'Osier aperçurent au loin la crête d'une grosse vague jaillissant au-dessus de l'horizon.

— Ce doit être la mer là-bas, dit Brin-d'Osier. Je vois des vagues.

— Des vagues, par un froid pareil ? s'étonna Minjun. C'est sûrement un glacier qui se déplace.

Ralentissant le pas, ils avancèrent avec précaution.

— Waouh ! Je n'ai jamais rien vu de pareil ! s'écria Minjun.

Devant eux s'étendait une sorte de mer recouverte de blocs de glace, dont la surface houleuse tour à tour se creusait et s'élevait en une seule vague gigantesque.

— Mais... qu'est-ce que c'est ? demanda Brin-d'Osier en désignant le sommet de la vague.

Tout en haut, flottait une grosse tortue. En guise de queue, un long serpent ondulait et s'enroulait autour de sa carapace, comme une plante grimpante. Un chevalier se tenait debout sur son dos. Vêtu d'une armure noire, il portait une épée de la même couleur. Son visage pâle n'exprimait absolument rien.

— Ce doit être... le Chevalier Noir dont Machen nous a parlé tout à l'heure, chuchota Minjun prudemment.

— Je suis le chevalier gardien du Royaume des Morts, annonça l'impressionnant personnage d'un ton grave. Aucun être vivant ne peut passer par ici, sans avoir d'abord obtenu une de mes larmes. Etes-vous capables de me faire verser des larmes ?

Minjun et Brin-d'Osier, embarrassés, se creusèrent la tête un instant, les yeux plissés sous l'effort. Plutôt difficile de s'imaginer un chevalier en train de pleurer ! Et un chevalier à l'expression si froide par-dessus le marché ! On aurait dit que même son cœur était fait de glace.

Pendant qu'ils hésitaient, le Chevalier Noir répéta d'un ton glacial :

— Si vous n'arrivez pas à me faire pleurer, vous devrez faire demi-tour.

A cet instant précis, la vague glacée s'éleva à une hauteur vertigineuse. Minjun et Brin-d'Osier eurent

l'horrible impression qu'une énorme masse de glaçons allait leur tomber dessus et les engloutir.

Terrifiés, ils reculèrent nerveusement.

— Puis-je essayer à leur place ?

Au son de la voix dans leur dos, Minjun et Brin-d'Osier se retournèrent d'un seul coup. Machen se tenait derrière eux, l'air majestueux. Et derrière lui, ils virent briller, l'espace d'un éclair, les yeux jaunes étincelants du loup de l'Arctique.

— Qui es-tu ? interrogea le Chevalier Noir.

— Je suis chargé de protéger ce garçon et son chat.

— Dans ce cas, tu as le droit d'essayer pour eux.

— Votre véritable nom est Kun, n'est-ce pas ? affirma Machen. Vous êtes le petit-fils du Seigneur du Ciel.

Le Chevalier Noir, désarçonné, ouvrit de grands yeux.

— Il y a très très longtemps, reprit Machen, le Seigneur du Ciel a envoyé un grand déluge sur la Terre pour punir les hommes de leurs fautes. Beaucoup ont péri, et ceux qui ont survécu menaient des vies misérables. Bientôt le genre humain s'est retrouvé menacé d'extinction. Mais vous les avez pris en pitié. Vous avez décidé de mettre fin au déluge afin de sauver les hommes. Pour cela, vous avez dérobé le trésor du Seigneur du Ciel : la « terre vive ». Vous vous souvenez ? Quand on en éparpillait une poignée sur le sol, la « terre vive » se mettait à pousser toute seule, jusqu'à former des montagnes. Vous en avez jeté un peu partout, et c'est comme ça que vous avez stoppé l'inondation et sauvé les humains.

Au fil du récit de Machen, une chaleur diffuse semblait se répandre sur le visage pâle et froid du Chevalier Noir.

— Les hommes vous en étaient reconnaissants et vous ont acclamé. Mais le Seigneur du Ciel est devenu furieux contre vous, car non seulement vous aviez osé empêcher le déluge qu'il avait ordonné, mais en plus vous lui aviez volé l'un de ses plus précieux trésors. Alors le Seigneur du Ciel a confié son épée préférée à l'un de ses généraux et lui a ordonné de vous tuer. Le général est descendu sur terre et vous a trouvé au bord d'un grand lac. Et là, il vous a frappé d'un méchant coup d'épée.

Le visage du Chevalier Noir exprimait maintenant une profonde tristesse. Mais il n'allait pas jusqu'à verser des larmes.

— Tu connais vraiment beaucoup de choses, reconnut-il. En t'écoutant raconter cet épisode de ma vie passée, je sens, pour la première fois depuis longtemps, mon cœur se réchauffer. Cependant, ce n'est pas ça que j'ai envie d'entendre. Je veux la suite de l'histoire. Comme je ne l'ai pas vécue en personne, j'ai tendance à l'oublier. Car, comme tu sais, vous êtes ici au Pays de l'Oubli.

Le Chevalier Noir fixa Machen d'un regard impatient.

— Le Seigneur du Ciel a précipité un autre déluge sur la Terre, continua Machen. A ce moment-là, vous étiez allongé, mortellement blessé, sur la rive du lac. Mais votre désir d'empêcher le déluge était si puissant que vous ne vouliez pas mourir tout à fait. Alors vous avez fait pousser une nouvelle vie dans votre ventre. Quand le Seigneur du Ciel l'a appris, il a de nouveau donné son épée au général et lui a ordonné de vous ouvrir le ventre, même si vous étiez déjà mort, pour supprimer cette nouvelle vie qui grandissait à l'intérieur. Le général est retourné au lac pour accomplir sa mission. C'est alors que de votre ventre a surgi un bébé dragon cornu qui a plongé aussitôt dans le lac. Le général n'a pas eu le temps de le tuer avant qu'il disparaisse.

Les yeux du Chevalier Noir s'embuaient de larmes.

— Qu'est-il advenu de ce dragon ? demanda-t-il.

— Il a grandi et on l'a appelé Wu. Votre fils Wu a creusé des canaux, construit des digues, et a ainsi réussi à drainer les eaux du déluge. Il lui a fallu plus de dix ans pour y parvenir. On dit que tous les génies de la terre, des montagnes et des rivières l'ont aidé.

Lorsque Machen eut terminé son récit, le Chevalier Noir hocha lentement la tête. De ses yeux tomba une grosse larme. Il la recueillit dans sa main et la tendit à Minjun. La larme, grosse comme un galet, était gelée. On aurait dit une perle. Dans la main de Minjun, elle commença à émettre une vive lumière.

— La route qui mène au Pays du Feu est si sombre que vous ne pourrez l'emprunter sans ma larme pour vous éclairer, dit le Chevalier Noir. Dans ce pays, vit l'Oiseau de Feu. Quand il frappe l'écorce d'un arbre de son bec, des flammes en jaillissent. C'est pour cela que le Pays du Feu est toujours éclairé comme en plein jour.

Machen s'approcha de quelques pas du Chevalier Noir et s'agenouilla :

— Seigneur Kun, j'aimerais encore savoir une chose.

— Il y a bien longtemps que je n'ai entendu prononcer mon nom. Que veux-tu savoir ?

— Nous sommes venus chercher deux âmes pour les ramener du Royaume des Morts. S'il vous plaît, dites-nous comment nous y prendre.

— Il n'y a qu'un moyen pour libérer un mort. Vous devrez emmener avec vous l'Oiseau de Feu sans le faire sortir de son pays.

Minjun et Brin-d'Osier secouèrent la tête. Allons bon, il ne manquait plus que ça ! Encore des paroles mystérieuses qu'ils n'étaient pas sûrs de bien comprendre !

— Mais comment l'emmener sans le faire sortir ?

— Ça, je n'en sais rien moi-même. C'est à vous de

résoudre cette énigme. Maintenant, vous deux, vous pouvez passer. Quant à votre gardien et au loup, ils doivent s'en retourner et repasser les portes du Royaume des Morts.

Le Chevalier Noir n'eut pas plus tôt terminé sa phrase que la vague de glace s'éleva encore plus haut avant de retomber. Une route obscure s'ouvrit alors devant Minjun et Brin-d'Osier. Comme ils commençaient à marcher, ils entendirent un grand vacarme dans leur dos. Ils se retournèrent précipitamment. Machen et les yeux du loup avaient disparu. Seule, la vague de glace se reformait derrière eux en grondant.

Minjun et Brin-d'Osier n'avaient désormais plus le choix. Derrière eux, un océan menaçant, devant eux un chemin glacé, si sombre qu'ils ne distinguaient pas le bout de leur nez. Minjun leva très haut la larme du chevalier qu'il tenait à deux mains. Une lumière douce et chaleureuse illumina aussitôt la voie devant eux. Minjun et Brin-d'Osier se remirent en route avec précaution.

# L'ÉNIGME DE L'OISEAU DE FEU

Après avoir longtemps suivi le chemin obscur et glacé, ils aperçurent enfin une vive lumière à l'horizon.

— Ça doit être le Pays du Feu !

Ils se mirent à courir à toute vitesse vers la lumière. A mesure qu'ils s'en approchaient, l'air devenait plus tiède autour d'eux, et ils commencèrent à distinguer çà et là des touffes d'herbe au bord du chemin. Quelques pas de plus, et ils entendirent des voix encore indistinctes.

— Il doit y avoir des êtres humains qui habitent dans cette région, dit Brin-d'Osier.

— Comme il fait bon ici ! s'exclama Minjun en respirant à pleins poumons. Ça me rassure un peu de savoir que des gens vivent là.

Devant eux s'élevait une haute muraille, entourée de douves profondes et percée d'une entrée défendue par un pont-levis. Comme Minjun et Brin-d'Osier allaient

s'engager sur la passerelle, un petit groupe de gardes leur barra le chemin.

— Qui va là ? cria le chef des gardes en s'approchant d'eux.

Mais en voyant la larme du Chevalier Noir dans les mains de Minjun, son expression s'adoucit aussitôt. Ses compagnons, curieux, s'avancèrent pour regarder de plus près.

— Les seules sources de lumière dans ce pays, dit le chef des gardes, ce sont les flammes que l'Oiseau de Feu fait jaillir des arbres et les larmes du Chevalier Noir. Vous pouvez entrer.

— Est-ce que vous avez tellement de visiteurs, pour monter ainsi la garde ?

— Environ une fois tous les mille ans, il nous en arrive quelques-uns. Comme vous, par exemple.

— Votre pays possède peut-être un trésor, ou quelque chose de très précieux ?

— Nous avons l'Oiseau de Feu. Sur cette terre de glace, privée de soleil, tout est mort, mais nous, nous sommes bien vivants. Et c'est uniquement grâce à l'Oiseau de Feu. Quand il frappe un arbre de son bec, une éclatante lumière rouge jaillit de l'écorce. Sans cette lumière, nous n'aurions jamais pu bâtir une cité pour y vivre. Si on nous volait l'Oiseau de Feu, nous mourrions tous. C'est pour cela qu'il est si important de monter la garde.

— L'Oiseau de Feu doit être magnifique ! s'exclama Minjun. Où vit-il ? J'ai hâte de le voir.

— Si tu y tiens vraiment, va dans la forêt qui s'étend derrière la cité. Mais il faudra te contenter de regarder avec les yeux. N'essaie surtout pas de porter la main sur lui !

Minjun et Brin-d'Osier franchirent le pont-levis et pénétrèrent dans la cité brillamment éclairée. En bordure des rues et dans les jardins, les arbres irradiaient une éclatante lumière rouge, qui jaillissait des fentes creusées dans l'écorce.

— Si je comprends bien, toute la vie de ce pays dépend de l'Oiseau de Feu, fit remarquer Brin-d'Osier. Même si on pouvait l'emmener avec nous, je ne le ferais jamais. Ce serait trop cruel pour les habitants de cette ville !

— C'est sûrement pour ça que le Chevalier Noir nous a dit qu'il fallait emmener l'Oiseau de Feu sans le faire sortir. Mais comment y arriver ?

Minjun secoua la tête d'un air abattu. Il ne voyait pas de solution.

— Allons déjà dans la forêt, fit Brin-d'Osier. En voyant l'Oiseau de Feu, nous comprendrons peut-être le sens des paroles du Chevalier Noir.

Ils prirent la direction indiquée par les gardes. Au bout du chemin, la forêt tout entière rougeoyait comme un soleil levant.

— Waouh ! C'est fantastique !

— Que c'est beau !

A peine entrés dans la forêt, ils entendirent un toc-toc sonore, comme de petits coups frappés sur un morceau de bois. Tendant l'oreille, ils se dirigèrent vers l'endroit d'où venait le son. En plein cœur de la forêt, apparut soudain devant leurs yeux la silhouette d'un flamboyant oiseau rouge perché sur un arbre. L'oiseau s'envola et changea de branche. De ses ailes déployées, tombaient en pluie des étincelles de lumière écarlate.

Minjun et Brin-d'Osier contemplaient la scène, béats d'admiration.

L'Oiseau de Feu reprit ses inlassables coups de bec sur le tronc de l'arbre. De la plaie béante qu'il creusait dans l'écorce, fusa une vive lueur rougeâtre. Des boules de feu s'en échappèrent, que l'oiseau avala promptement. Puis, d'un battement d'ailes, il gagna un autre arbre.

Vif comme l'éclair, Brin-d'Osier grimpa sur l'arbre que l'oiseau venait de quitter et observa le trou qu'il y avait creusé.

— On dirait de la lave qui coule à l'intérieur, lança-t-il à Minjun resté au pied de l'arbre.

— Vraiment ? Attends ! J'ai une idée...

— Quel genre d'idée ?

Brin-d'Osier redescendit lestement et fixa Minjun d'un air interrogateur.

— Il me semble avoir entendu dire que le premier homme à avoir fait du feu, il y a de cela très longtemps, était venu dans ce pays.

— Et alors ?

— Lui non plus n'a pas fait sortir l'Oiseau de Feu. En s'apercevant que la lumière jaillissait sous les coups de bec de l'oiseau, il a eu l'idée de frotter deux morceaux de branche, l'un contre l'autre. Et c'est comme ça qu'il a découvert le feu ! Enfin, si je me souviens bien ! Donc...

— Oui, quoi ?

— Peut-être que cela veut dire que, pour emmener l'Oiseau de Feu sans le faire sortir de son pays, il suffit de frotter deux branches. A ce moment-là, le feu apparaît sous forme d'un oiseau et c'est lui qu'il faut emmener. Qu'est-ce que tu en penses ?

— C'est bien possible ! Mais si ça rate ?

— Nous n'avons qu'à essayer tout de suite.

Brin-d'Osier grimpa de nouveau dans l'arbre et en redescendit avec deux morceaux de branche. Minjun frotta la branche la plus mince contre l'autre. Dès que l'écorce se fendit, ils crurent voir se dessiner vaguement la forme d'un Oiseau de Feu.

— Regarde, c'est lui ! s'écria Minjun. Tu as vu ?

— Je ne sais pas, c'était tellement flou ! Mais en effet, ça ressemblait à l'Oiseau de Feu.

Brin-d'Osier leva la tête et chercha le regard de Minjun.

— Et maintenant, qu'est-ce qu'on fait ? demanda Minjun.

— Il n'y a pas de temps à perdre, le pressa Brin-d'Osier d'un ton anxieux. Il faut prendre une décision, et vite !

Minjun réfléchit un moment et dit :

— Je suis presque sûr que c'était l'Oiseau de Feu. Il y a trop de lumière ici, c'est peut-être pour ça qu'on ne l'a pas bien vu. Il faut se fier à son intuition. Allons-y !

Et sans plus attendre, Minjun et Brin-d'Osier se hâtèrent de quitter le Pays du Feu. Ils parcoururent en sens inverse la route froide et obscure et se retrouvèrent devant la mer de glace.

— Comment allons-nous traverser ? demanda Minjun.

Brin-d'Osier secoua la tête, désemparé. Il était à court d'idées.

C'est alors que la voix du Chevalier Noir résonna comme un coup de tonnerre.

— Rends-moi ma larme maintenant, ordonna-t-elle. Jette-la dans la vague de glace.

Les deux amis plissèrent les yeux, essayant vainement de distinguer la silhouette du Chevalier Noir.

— Merci, Chevalier Noir ! s'écria Minjun en caressant la larme dans le creux de sa main.

Et de toutes ses forces, il la lança au loin. Aussitôt, la vague, jusque-là agitée d'une violente colère, se calma d'un seul coup. Elle prit l'aspect d'un paisible lac gelé.

Mais, une fois Minjun et Brin-d'Osier parvenus au bout du chemin, la vague se souleva de nouveau et recommença à se balancer avec force.

— Vite ! s'impatienta Brin-d'Osier, dès qu'ils atteignirent sains et saufs l'autre rive. Essaie encore de frotter les bouts de bois.

— Voilà ! voilà ! Pourvu que ça marche !

Les mains tremblantes, Minjun sortit les deux morceaux de branche de sa poche et entreprit avec une ardeur désespérée de les frotter l'un contre l'autre. Au bout de quelques minutes, un Oiseau de Feu miniature surgit entre les branches. Il battit plusieurs fois des ailes et se mit à grandir à vue d'œil.

— Ça a marché ! C'est lui, c'est l'Oiseau de Feu !

— Ouf ! On a réussi !

Minjun et Brin-d'Osier trépignèrent de joie.

— Dépêchons-nous ! La fin de l'éclipse ne devrait plus tarder.

— Tu as raison, partons vite !

Le cœur rempli d'un courage renouvelé, Minjun et Brin-d'Osier s'élancèrent bravement à travers la tempête de neige.

Minjun et Brin-d'Osier ont résolu l'énigme de l'Oiseau de Feu. Mais réussiront-ils à sauver Sena et Mot-d'Amour ? Parviendront-ils tous à sortir du Royaume des Morts avant la fin de l'éclipse ?

Vous le saurez en lisant la suite des aventures de nos héros dans le tome 4 de *L'Ecole des Chats.* Une histoire captivante vous y attend !

Achevé d'imprimer
sur les presses de
Toppan Leefung
Chine

Dépôt légal : octobre 2007